CURSO DE DIREITO AGRÁRIO

Volume 1

Conselho Editorial
André Luís Callegari
Carlos Alberto Molinaro
Daniel Francisco Mitidiero
Darci Guimarães Ribeiro
Elaine Harzheim Macedo
Eugênio Facchini Neto
Draiton Gonzaga de Souza
Giovani Agostini Saavedra
Ingo Wolfgang Sarlet
Jose Luis Bolzan de Morais
José Maria Rosa Tesheiner
Leandro Paulsen
Lenio Luiz Streck
Paulo Antônio Caliendo Velloso da Silveira

Dados Internacionais de Catalogação na Publicação (CIP)

B277c   Barros, Wellington Pacheco
            Curso de Direito Agrário / Wellington Pacheco Barros. 9. ed. rev. atual.
         – Porto Alegre: Livraria do Advogado Editora, 2015.
            292 p. 23 cm. – (Volume 1; Doutrina, Jurisprudência, exercícios)
            ISBN 978-85-7348-964-4

            1. Direito Agrário. 2. Reforma agrária. 3. Contrato agrário. 4. Arrendamento rural. 5. Crédito rural. I. Título.

                                    CDU   347.243
                                           332.021.8
                                           347.278
                                           347.453.1

    Índices para o catálogo sistemático:
    Arrendamento rural
    Contrato agrário
    Crédito rural
    Direito Agrário
    Reforma agrária

(Bibliotecária responsável: Marta Roberto, CRB-10/652)

Wellington Pacheco Barros

CURSO DE DIREITO AGRÁRIO

VOLUME 1
• DOUTRINA • JURISPRUDÊNCIA • EXERCÍCIOS

9ª EDIÇÃO
revista e atualizada

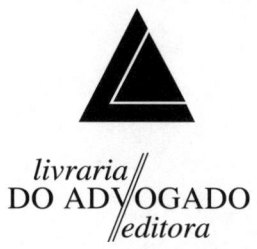

Porto Alegre, 2015

© Wellington Pacheco Barros, 2015

Capa, projeto gráfico e diagramação
Livraria do Advogado Editora

Revisão
Rosane Marques Borba

Direitos desta edição reservados por
Livraria do Advogado Editora Ltda.
Rua Riachuelo, 1300
90010-273 Porto Alegre RS
Fone/fax: 0800-51-7522
editora@livrariadoadvogado.com.br
www.doadvogado.com.br

Impresso no Brasil / Printed in Brazil

Este livro é dedicado:

Ao *Dr. Ovídio José de Barros*, meu avô, *in memoriam*, por sua preocupação social, que tenho procurado seguir, pessoal e profissionalmente.

Aos alunos da cadeira de Direito Agrário, preocupação primeira de ter sido ele escrito.

Prefácio

Os desafios a que de forma constante as relações sociais submetem o indivíduo isoladamente, ou nas suas inter-relações, exigem daqueles que têm por escopo o estudo e a aplicação da lei, um esforço e uma sensibilidade *sui generis*, para que, entendendo as suas mutações, possam ajudar na mudança do entendimento e nas alterações das leis, que as regulam e norteiam.

O objetivo da presente obra, conclui-se, mesmo sem a intenção deliberada disso, contém inoculado em seu âmago este benfazejo e poderoso ingrediente. Abordando temática incipiente no direito pátrio – as relações agrárias – ramo independente, ainda que ligado umbilicalmente ao nosso campo civil, o autor, sem resvalar para um exame doutrinariamente comprometido com ideologias políticas, incursiona com desenvoltura e modernismo sobre o tema, alinhando, de forma simples e clara, um raciocínio preocupado com o social e o econômico, aliás, marca indelével de sua personalidade de cidadão, professor e jurista.

Reservaram-lhe as circunstâncias, a possibilidade de sentir o pulsar dessas reações, nos exemplos sentidos de seus maiores, ainda na meninice; mais tarde, no exercício de seus misteres de juiz, e por último na cátedra, onde a sadia ansiedade dos acadêmicos questiona amplamente a doutrina e as soluções por ela alvitradas, em constante e permanente provocação ao orientador. Por isso que, das dificuldades encontradas pelos estudantes, de vislumbrar compêndios ou obras que englobassem a doutrina e a legislação vigentes, e dos poucos estudos, tratados e obras existentes no mercado, versando em torno do tema, fez com que o professor e jurista, preocupado com a lacuna existente, voltasse sua atenção para a elaboração de semelhante empreitada, cometendo o engenho de preenchê-la. Por certo, atingiu seu *desideratum*.

Reveste-se seu *Curso de Direito Agrário* de uma sistematização tecnicamente equilibrada, com uma exposição doutrinária densa e profunda, estribada em todo o elenco legislativo vigente. Com competente didática, atende amplamente as necessidades acadêmicas, sem nelas se esgotar. Vai mais longe. É modelo de informação clara e precisa, servindo de esteio para o consultar de juízes, promotores e advogados. Por isso, embora revelador desde o pórtico, de seu cunho didático e de seu endereço acadêmico, o presente Curso excede em seus objetivos. Requintou-se de tal forma, e com tanta profundidade o texto, sem perder a singeleza, que a abordagem das relações agrárias ultrapassa a enunciação dos dispositivos legais existentes e de sua interpretação nos pretórios. Vai além. Envereda por caminhos outros. Acena com novas possibilidades e alternativas. Procura desvincular o aqui ramo emergente, dos princípios rígidos do catecismo civilista – donde sobressai o interesse individual, para firmar a sua própria natureza – social e de interesse coletivo –, característica maior das facetas do Direito Agrário.

Finalizando, e antes de entregar aos leitores e estudiosos a presente obra, é mister lembrar que, apesar de moderna e contemporânea, ela efetivamente começou a ser escrita há muitos anos, quem sabe, nas barrancas inigualáveis do rio São Francisco, quando banha as terras e dá de beber à boa gente do distante Sergipe; talvez nos recintos dos fóruns do interior e da capital do Rio Grande, ou ainda nas salas de aula do curso de Direito da PUC, em Porto Alegre. O que se sabe está ínsito no próprio conteúdo e expresso no oferecimento do presente opúsculo. Foi escrito com o pensamento voltado para o homem do campo, dos tribunais ou das universidades, mas enquanto partícipes da comunidade, razão maior dos estudos e do trabalho do autor.

ROQUE DANIEL PINTO BERMÚDEZ
In memoriam

Sumário

Nota do autor à 9ª edição..15
1. Direito Agrário, seu conceito e abrangência......................................17
    1.1. Antecedentes históricos...17
    1.2. Denominação..18
    1.3. Conceito...18
    1.4. Características..18
    1.5. Fontes do Direito Agrário..19
    1.6. Princípios...21
    1.7. Natureza jurídica do Direito Agrário...22
    1.8. Autonomia...24
    1.9. Relação com outros ramos do Direito...25
    1.10. Relação do Direito Agrário com outras ciências......................27
    1.11. Codificação do Direito Agrário...28
2. Estatuto da Terra, sua nomenclatura e definições............................29
    2.1. A importância da nomenclatura no estudo do Direito.............29
    2.2. A ideia política de criação do Estatuto da Terra.........................29
    2.3. O módulo rural como medida agrária..31
    2.4. Características do módulo rural..32
    2.5. Quantificação do módulo rural..33
    2.6. A indivisibilidade do módulo rural..34
    2.7. Módulo fiscal..35
    2.8. Outros conceitos legais..36
    2.9. Atualidade do Estatuto da Terra...37
3. Função social da propriedade e da posse agrária.............................39
    3.1. Função social da propriedade..39
        3.1.1. Antecedentes históricos...39
        3.1.2. A função social da propriedade no Brasil........................41
        3.1.3. Penalidades para o descumprimento do princípio.........42
    3.2. Função social da posse agrária...43
        3.2.1. Considerações preliminares..43
        3.2.2. Diferença entre a posse de direito comum e a posse agrária – Efetividade da posse agrária...............................44
        3.2.3. A função social da posse agrária...44
        3.2.4. A posse agrária originária...45
        3.2.5. A posse agrária derivada...45

4. Reforma Agrária 47
   4.1. Breve história da propriedade rural no Brasil 47
   4.2. Terras devolutas 48
   4.3. Processo discriminatório 49
   4.4. Conceito de Reforma Agrária 50
   4.5. Terras passíveis de Reforma Agrária 50
   4.6. O procedimento de desapropriação para Reforma Agrária 53
   4.7. A distribuição das terras desapropriadas para a Reforma Agrária 66
   4.8. A atual situação fundiária do País 70
   4.9. Títulos da dívida agrária 73
   4.10. Banco da Terra – Outra alternativa de reforma agrária 74
   4.11. A reforma agrária na poesia 76
   4.12. Compra e venda de imóveis para a reforma agrária 77
   4.13. Reforma agrária como questão econômica e social 79
   4.14. Terras quilombolas 79
   4.15. Terras indígenas 80

5. Cadastro rural 82
   5.1. Antecedentes históricos 82
   5.2. A importância do cadastro rural 82
   5.3. O cadastro rural no País 83
   5.4. Conteúdo do cadastro rural 83
   5.5. Espécies de cadastro rural 84
   5.6. Finalidades do cadastro rural 85
   5.7. Inscrição no cadastro rural 85

6. Zoneamento 88
   6.1. Conceito 88
   6.2. Finalidades do zoneamento 89
   6.3. Objetivos do zoneamento 89
   6.4. Origem e órgão executor do zoneamento 89

7. Imposto sobre a Propriedade Territorial Rural 90
   7.1. Antecedentes históricos 90
   7.2. Fato gerador do Imposto Sobre a Propriedade Territorial Rural 91
   7.3. Base de cálculo do I.T.R. 92
   7.4. Apuração do valor do I.T.R. 94
   7.5. Administração do I.T.R. 96
   7.6. Imunidades do I.T.R. 97
   7.7. Isenções do I.T.R. 97
   7.8. Execução fiscal 98
   7.9. Defesa do contribuinte do I.T.R. 99
   7.10. Efeitos colaterais do I.T.R. 100
   7.11. Inovações sobre o I.T.R. 100

8. Colonização 102
   8.1. Antecedentes 102
   8.2. Conceito 103
   8.3. Tipos de colonização 104
   8.4. Planejamento técnico na colonização 105

9. **Teoria geral e princípios comuns aos contratos agrários**..................106
   9.1. Antecedentes históricos 106
   9.2. Conceito 108
   9.3. Arrendamento e parceria rural como contratos agrários típicos..................111
   9.4. A exegese dos contratos agrários 112
   9.5. Forma dos contratos agrários 113
   9.6. A prova dos contratos agrários 115
   9.7. Solidariedade possessória entre os contratantes 116
   9.8. A irrenunciabilidade de direitos e vantagens 116
   9.9. Nulidade absoluta de cláusulas contrárias à lei 117
   9.10. Alienação ou imposição de ônus real sobre o imóvel, permanência do contrato..117
   9.11. Rescisão facultativa dos contratos agrários 118
   9.12. Prazo mínimo de contratação 118
   9.13. Terminação dos contratos agrários 120
   9.14. Direito de preferência na alienação do imóvel rural contratado..................120
   9.15. Direito de preferência na renovação dos contratos agrários..................122
   9.16. Direito de retomada..................123
   9.17. Indenização por benfeitorias..................124
   9.18. Direito de retenção 125
   9.19. Direitos e obrigações das partes contratantes 126
   9.20. Causas de extinção dos contratos agrários 129
   9.21. Casos de despejo..................131
   9.22. Substituição facultativa da área objeto do contrato agrário..................134
   9.23. Cláusulas proibidas de contratar 134
   9.24. Arrendamento e parceria rural de terras públicas 136
   9.25. Cláusulas obrigatórias 136
10. **Princípios específicos ao arrendamento e à parceria rural**..................137
    10.1. Antecedentes..................137
    10.2. Preço do arrendamento rural em dinheiro 138
    10.3. Limite da remuneração do arrendamento rural 140
    10.4. Partilha dos frutos na parceria 141
    10.5. Pagamento da quota na parceria 143
    10.6. Crítica à legislação..................143
11. **Os contratos agrários e o meio ambiente**..................145
    11.1. A dimensão jurídica dos contratos agrários..................145
       11.1.1. Os contratos agrários como instituto de direito agrário..................145
       11.1.2. A função social da propriedade agrária como princípio norteador dos contratos agrários..................146
    11.2. A superveniência da necessidade de proteção ambiental como regra imperativa..................150
       11.2.1. O surgimento do meio ambiente como bem público..................150
       11.2.2. O solo, a água, o ar, a flora e a fauna como elementos ambientais de proteção nos contratos agrários..................152
    11.3. As restrições ambientais nos contratos agrários..................158

  11.3.1. As APPs e a Reserva Legal como áreas rurais infensas à contratação agrária............158
  11.3.2. O dano ambiental e a repercussão nos contratos agrários............160
 11.4. Conclusão............163
12. Usucapião especial rural............164
 12.1. Breves antecedentes históricos............164
 12.2. Fundamento legal da usucapião especial............165
 12.3. Requisitos da usucapião especial rural............165
 12.4. O devido processo legal da usucapião especial rural............167
 12.5. A justificação de posse............168
 12.6. O rito da ação de usucapião especial rural............168
 12.7. Peculiaridades da usucapião especial rural............170
13. A estrutura do crédito rural............171
 13.1. Conceito............171
 13.2. Fundamento legal............171
 13.3. Objetivos do crédito rural............172
 13.4. Órgãos integrantes do crédito rural............173
 13.5. Tipos de crédito rural............174
 13.6. Exigências para sua concessão............174
 13.7. Origens dos recursos............176
 13.8. A exegese do crédito rural............176
 13.9. A inconstitucionalidade no crédito rural............179
 13.10. Encargos do crédito rural............179
 13.11. As garantias do crédito rural............183
 13.12. Ponto de vista sobre o crédito rural............186
14. Títulos de crédito rural e sua execução............192
 14.1. Generalidades............192
 14.2. Espécies de títulos de crédito rural............192
 14.3. Títulos de crédito rural propriamente ditos............193
 14.4. Títulos de crédito rural assemelhados............197
 14.5. A execução judicial dos títulos de crédito rural............199
 14.6. Mudanças inconstitucionais............202
15. Cédula de Produto Rural............203
 15.1. Da estrutura jurídica da CPR............203
  15.1.1. Da evolução histórica da CPR............203
  15.1.2. Da base constitucional............205
  15.1.3. Da CPR como instrumento de política agrícola............206
  15.1.4. Das facilidades econômicas criadas pela CPR............207
  15.1.5. Da base infraconstitucional............209
  15.1.6. Da CPR como instituto de direito agrário............210
  15.1.7. Dos outros institutos de aplicação subsidiária no estudo da CPR............210
  15.1.8. Da discussão se a CPR é um contrato ou um título de crédito............210
  15.1.9. Da CPR e do princípio da autonomia de vontade............211
  15.1.10. Da CPR como moeda de circulação plena............212

15.1.11. Do conceito..213
15.1.12. Da natureza jurídica da CPR.....................................213
15.1.13. Das características da CPR......................................214
15.1.14. Dos produtos rurais objetos de CPR.........................215
15.1.15. Do emitente da CPR ou do conceito de produtor rural, associação rural e cooperativa rural..217
15.1.16. Do credor e dos demais interessados na CPR...........221
15.1.17. Da CPR oficial e a de gaveta....................................222
15.1.18. Do desvio de finalidade..223
15.1.19. Da CPR como negócio jurídico subsequente............224
15.1.20. Do negócio jurídico subjacente à CPR......................224
15.1.21. Dos tipos de CPR..226
15.1.22. Dos requisitos extrínsecos da CPR...........................231
15.1.23. Do aditamento, ratificação e retificação da CPR.......236
15.1.24. Dos encargos da CPR..237
15.1.25. Do controle do credor sobre o produto rural prometido a entregar.........242
15.1.26. Da possibilidade de negociação em bolsa e balcão...................243
15.1.27. Da necessidade de registro no sistema de registro e de liquidação financeira administrada por entidade autorizada pelo Banco Central....244
15.1.28. Da natureza de ativo financeiro................................244
15.1.29. Do endosso na CPR..244
15.1.30. Do protesto da CPR..246
15.1.31. Da inscrição e averbação no Registro de Imóveis.............................246
15.1.32. Do vencimento antecipado.......................................247
15.1.33. Do pagamento da CPR..248
15.1.34. Da responsabilidade do emitente pela evicção..........249
15.1.35. Da não invocação do emitente do caso fortuito ou de força maior.........250
15.1.36. Da prescrição..250
15.1.37. Das ações típicas que envolvem a CPR....................252
15.2. Das Garantias da CPR...258
 15.2.1. Da possibilidade de instituição da garantia na própria CPR ou em documento apartado...260
 15.2.2. Da emissão da CPR sem garantia...............................261
 15.2.3. Da descrição simplificada das garantias....................261
 15.2.4. Dos tipos de garantias na CPR...................................262

16. Previdência social rural..272
16.1. Evolução da previdência social rural no Brasil........................272
16.2. Segurados rurais..273
 16.2.1. Empregado rural..274
 16.2.2. Contribuinte individual..274
 16.2.3. Trabalhador avulso..275
 16.2.4. Segurado especial...275
16.3. Contribuição..277
16.4. Benefícios..279

17. Exercícios de revisão de conteúdo..280
    17.1. Temas para dissertação...280
    17.2. Questões objetivas de escolha múltipla....................................281
    17.3. Questões práticas..286
    17.4. Questões objetivas de falsa ou verdadeira................................290

Introdução

Na introdução das edições anteriores deste livro, disse o seguinte:

O autor de qualquer livro sempre fica com a angustiante perspectiva de saber como seus leitores receberão aquele seu trabalho.

Foi assim quando lancei *Curso de Direito Agrário e Legislação Complementar*, em março de 1996, embora, confesso, soubesse que ele se constituiria em material de uso frequente, pelo menos nas turmas onde lecionei a cadeira de Direito Agrário na Pontifícia Universidade Católica do Rio Grande do Sul, pela dificuldade de se encontrar outra biografia básica para a exaustão do conteúdo programático ali exigido.

Assim, foi com satisfação que vi o livro varar as fronteiras para o qual foi idealizado e se tornar material de pesquisa em várias faculdades de direito deste Estado, tanto que esgotou sua primeira edição no curto prazo de um ano.

Agora, na sua 9ª edição, e não mais lecionando na universidade para o qual o livro foi idealizado, no entanto, vejo que aquela angustiante perspectiva da 1ª edição se dissipou, porque seu conteúdo se tornou uma referência para vários cursos de direito em que a cadeira de direito agrário é matéria curricular obrigatória, quer seja na graduação ou na pós-graduação de várias universidades por este Brasil a fora, o que aumenta a responsabilidade do autor.

E, para satisfação do autor, o livro também se tornou uma referência doutrinária para juízes, promotores e advogados, o que aumenta a responsabilidade do que nele se sustenta.

Assim, espero, como o fiz nas outras edições, que este *Curso de Direito Agrário* continue orientando o pensamento do jusagrarismo brasileiro.

Porto Alegre, janeiro de 2015.

1. Direito Agrário, seu conceito e abrangência

1.1. Antecedentes históricos

O direito não é uma ilha que tem vida própria e, portanto, se basta. Nos sistemas jurídicos fechados, como é o Brasil, ele nasce através da lei, que é a manifestação social representada, e excercita a sua função de retorno comportando a sociedade que o criou pela prevenção ou pela decisão do litígio surgido.

Embora no início de sua evolução ele tenha surgido de forma natural como expressão consensual da convivência social espontânea, caracterizando como direito tudo aquilo que era aceito pela comunidade, o certo é que, hoje, especialmente no Brasil, ele é quase absolutamente um produto do estado que, não raramente, contraria a própria relação costumeira.

O direito agrário é um exemplo típico da evolução do direito no País. Como ramo da ciência jurídica, é de estudo recente no Brasil. Seu nascimento, com autonomia própria, tem um marco inicial dentro do direito positivado: é a Emenda Constitucional nº 10, de 10.11.64, que outorgou competência à União para legislar sobre a matéria ao acrescentar ao art. 5º, inciso XV, letra *a*, da Constituição de 1946, a palavra *agrário*. Assim, entre outras competências, a União também passou a legislar sobre direito agrário. O exercício legislativo dessa competência ocorreu 20 dias após, ou seja, em 30.11.64, quando foi promulgada a Lei nº 4.504, denominada de *Estatuto da Terra*.

O surgimento desse sistema jurídico diferenciado não ocorreu por mero acaso. A pressão política, social e econômica dominante naquela época forçaram a edição de seu aparecimento, até como forma de justificação ao movimento armado que eclodira poucos meses antes e que teve como estopim o impedimento a um outro movimento que pretendia, especificamente no universo fundiário, eliminar a propriedade como direito individual. Dessa forma, toda a ideia desse novo direito, embora de origem político-institucional revolucionária, tem contornos nitidamente sociais, pois seus dispositivos claramente visam a proteger o homem do campo em detrimento do proprietário rural. A sua proposta, portanto, lastreou-se no reconhecimento de que havia uma desigualdade enorme entre o homem que trabalhava a terra e aquele que a detinha na condição de proprietário ou possuidor permanente.

Antes de seu surgimento, as relações e os conflitos agrários eram estudados e dirimidos pela ótica do direito civil, que é todo embasado no sistema de igualdade de vontades. O trabalhador rural, por essa ótica, tinha tanto direito quanto o homem proprietário das terras onde trabalhava.

1.2. Denominação

A denominação do novo ramo do direito como agrário tem vinculação etimológica com a palavra *ager*, que em latim significa *campo*, mas com a particularidade de também abranger tudo aquilo suscetível de produção nessa área. Como a pretensão do novo direito era de reestruturar toda a atividade no campo, com ênfase também nas mudanças de produtividade, a palavra *ager* surgiu como mais adequada à nova sistemática jurídica.

É certo que a palavra *rus*, também latina, significa *campo*, de onde resultante o termo *rural*, mas tem o significado de aquilo *que não é urbano*. Assim, em decorrência de sua generalidade, deixou ela de ser utilizada para denominar o novo direito.

1.3. Conceito

Em decorrência da forte estrutura legislativa existente e da complexidade de atribuições que ela pretende abranger, é quase impossível a pretensão de se conceituar direito agrário. Por isso, de forma concisa, tenho que Direito Agrário pode ser conceituado como o ramo do direito positivo que regula as relações jurídicas do homem com a terra.

1.4. Características

O Direito Agrário tem duas características essenciais. A primeira delas é a imperatividade de suas regras. Isso significa dizer que existe uma forte intervenção do Estado nas relações agrárias. Os sujeitos dessas relações quase não têm disponibilidade de vontade, porque tudo já está previsto em lei, cuja aplicação é obrigatória. O legislador, assim, estabeleceu o comando; é quem diz o que se deve fazer depois do que se resolveu fazer. Toda esta estrutura legal está voltada para o entendimento de que as relações humanas no campo são naturalmente desiguais pelo forte poder de quem tem a terra, solapando o homem que apenas nela trabalha.

A cogência, a imperatividade desse direito, portanto, se impõe porque suas regras seriam nitidamente protetivas ao homem trabalhador. Têm-se, dessa forma, regras fortes para o proprietário da terra. O estabelecimento da imperatividade seria resultante da não modificação do que foi regrado.

A segunda característica do direito agrário é de que suas regras são sociais. Aqui reside o ponto que diferencia as regras do direito agrário, daquelas de direito civil. Enquanto estas buscam sempre manter o equilíbrio entre as partes, voltando-se para o predomínio da autonomia de vontades, as regras de direito agrário carregam com nitidez uma forte proteção social. Como os homens que trabalham no campo constituem quase a universalidade na aplicação das regras agrárias, em contrapartida ao pequeno número de proprietários rurais, o legislador procurou dar àqueles uma forte proteção jurídica, social.

1.5. Fontes do Direito Agrário

Como direito positivo que é, o Direito Agrário tem seus elementos de sustentação: as fontes onde ele busca sua própria consolidação e autonomia.

A fonte primeira é a própria Constituição Federal, que de regra é a fonte de todo direito positivo. O art. 22, I, da Carta Maior, por exemplo, estabelece que a competência para legislar a seu respeito é da União. Direito Agrário também é encontrável no art. 5º, incisos XXII, XXIII, XXIV, XXV e XXVI, que garante o direito de propriedade, mas lhe outorga a função social, estabelece as formas para sua desapropriação, possibilita seu uso no caso de perigo público e garante a impenhorabilidade da pequena propriedade rural; art. 20, inciso II, e art. 26, inciso IV, que estabelecem as terras devolutas como bens da União e do Estado, respectivamente; art. 126, que possibilita a criação de juizados de entrância especial, como órgão do Poder Judiciário Estadual, para a resolução dos conflitos fundiários; art. 153, inciso VI e § 4º, que estabelece o Imposto sobre Propriedade Territorial Rural como de competência da União e determina fixação de alíquotas de forma a desestimular a manutenção de propriedades improdutivas; art. 170, *caput* e incisos II e III, que vincula a função da sociedade privada dentro da ordem econômica, e arts. 184 a 191, que estabelecem a política agrícola e fundiária e a reforma agrária.

A segunda fonte do Direito Agrário é o Estatuto da Terra e seus regulamentos que se lhe seguiu. Nesses dispositivos é que se encontram substancialmente as normas fundiárias.

A doutrina, ou aquilo que se pensa e escreve a respeito de institutos agrários, constitui um grande aliado para a expansão e compreensão dessa ciência jurídica. Embora seja um direito novo e de crescente sedimentação, a doutrina brasileira sobre Direito Agrário avança de forma segura, criando doutrinadores de reconhecida nomeada.

Podem ser nominados: Altir de Souza Maia, Arthur Pio dos Santos, Carlos Fernando Mignone, Costa Porto, Dryden Castro de Arezzo, Fernando Pereira Sodero, Octávio de Mello Alvarenga, Renato Eyer e Vicente Cavalcanti Cysneiros, que escreveram *Curso de Direito Agrário*, em 9 volumes, pela Fundação Petrônio Portella, em 1982; Benectido Monteiro. *Direito Agrário e Processo Fundiário*. PLG Comunicação, 1980; Delmiro dos Santos. *Direito Agrário*. Edições Cejup, 1986; Emílio Alberto Maya Gischkov. *Princípios de Direito Agrário*. Editora Saraiva, 1988; Igor Tenório. *Curso de Direito Agrário brasileiro*. Editora Saraiva, 1984; João Bosco Medeiros de Souza. *Direito Agrário – lições básicas*. Editora Saraiva, 1985; Nelson Demétrio. *Doutrina e prática do Direito Agrário*. Pró Livro, 1980; Nilson Marques. *Curso de Direito Agrário*. Forense, 1986; Paulo Guilherme de Almeida. *Temas de Direito Agrário*. LTr Editora, 1988; Paulo Torminn Borges. *Institutos Básicos de Direito Agrário*. Editora Saraiva, 1991; Pinto Ferreira. *Curso de Direito Agrário*. Editora Saraiva, 1994; Octávio Mello Alvarenga. *Manual de Direito Agrário*. Forense, 1985; Rafael Augusto de Mendonça Lima. *Direito Agrário – Estudos*. Editora Biblioteca Jurídica Freitas Bastos, 1977, e *Direito Agrário*. Livraria e Editora Renovar, 1997; Sílvio Meira. *Temas de Direito Civil e Agrário*. Edições Cejup, 1986; Tupinambá Miguel Castro do Nascimento. *Introdução ao Direito Fundiário*. Sergio Fabris Editor, 1985; Valdemar P. da Luz. *Curso de Direito Agrário*. Sagra-DCLuzzato, 1996.

A jurisprudência, ou aquilo que os juízes e tribunais decidem sobre conflitos agrários, também se caracteriza como importante fonte de Direito Agrário.

Cito como exemplo a Apelação Cível nº 195.139.340, da então 1ª Câmara Cível do Tribunal de Alçada, tendo como relator o Dr. Heitor Assis Remonti, julgado por unanimidade, cuja ementa é a seguinte:

ESTATUTO DA TERRA – ARRENDAMENTO RURAL – PREÇO FIXADO EM PRODUTO – CLÁUSULA INEFICAZ – RENOVAÇÃO DO CONTRATO. Se o arrendatário não for notificado na forma da lei, o contrato de arrendamento não se prorroga, mas renova-se nos termos em que foi firmado inicialmente. O Estatuto da Terra e seu regulamento modificaram, no domínio de sua incidência, a sistemática do Código Civil, limitando a autonomia da vontade das partes com normas cogentes, de ordem pública. Há subordinação obrigatória dos contratos agrários, qualquer que seja sua forma, à regência estatutária. É vedado ajustar como preço de arrendamento quantidade fixa de frutos ou produtos, ou seu equivalente em dinheiro.

O direito consuetudinário, ou os costumes, é também fonte de Direito Agrário. Pela própria característica de país continental, onde a atividade agrária tem peculiaridades tópicas decorrentes de diferenças climáticas, geológicas e culturais, os costumes surgem como importante fonte de fortalecimento de Direito Agrário. A compreensão desses fatos e sua transposição para a interpretação das relações jurídicas fornecem sólidos elementos para esse direito.

Como nenhum direito positivo se basta, porque as relações humanas são infindáveis e sempre crescentes, é normal que, em algum momento, não se encontre alguma regra de previsão ou de resolução de conflito agrário. Nesse caso, a aplicação da analogia, ou a transposição de princípio similar de outro ramo de direito positivo para o direito agrário, se constituirá também em fonte desse direito.

Por último, fica o direito comparado como elemento de manutenção do Direito Agrário. A busca de adequação de regras alienígenas sobre Direito Agrário para o campo de atuação do nosso direito se constitui em forma de sustentação desse ramo do direito.

O arrendamento rural nos países do Mercosul, capítulo do meu *Contrato de Arrendamento Rural* (Livraria do Advogado Editora, 1998, p. 139/147) é exemplo da importância que o direito alienígena pode contribuir para o fortalecimento do nosso direito agrário.

1.6. Princípios

O Direito Agrário está assentado em 5 (cinco) princípios fundamentais:
- Função social da propriedade;
- Justiça social;
- Prevalência do interesse coletivo sobre o individual;
- Reformulação da estrutura fundiária e
- Progresso econômico e social.

O princípio da função social da propriedade, que por sua importância será abordado em item próprio, deixou de ser mero princípio de direito agrário para se constituir em regra constitucional, inclusive ampliando seu campo de abrangência também para os imóveis urbanos, podendo-se afirmar que, hoje, no Brasil, o imóvel, qualquer que seja ele, traz ínsita uma obrigação social de primeiramente atender às necessidades coletivas e só depois satisfazer as do indivíduo proprietário.

No campo específico do direito agrário, tem-se a função social da propriedade quando ela produz, respeita o meio ambiente e as regras inerentes às relações de trabalho.

O princípio da justiça social no direito agrário reside na consequência de aplicação de suas regras, posto que toda ideia de sua criação buscou a justiça social no campo através de leis inovadoras que permitissem mudar a estrutura injusta existente e que colocava o homem trabalhador unicamente como mera engrenagem de um sistema, e não sua preocupação, seu fim.

O princípio da prevalência do interesse coletivo sobre o particular é a forma intermediária para que se pudesse chegar à justiça social. Somente com o deslocamento do objeto a proteger é que se poderia atingir a meta de mudança propugnada pelo novo direito. Como as regras anteriores a ele não distinguiam direitos entre proprietários e trabalhadores, pois que todos eram iguais, a compreensão de que latentemente havia desigualdade entre os envolvidos impôs substituição no bem a proteger. Dessa forma, como o interesse dos trabalhadores se constituía na maioria, a prevalência de tal interesse deveria sempre se sobrepor ao interesse do proprietário.

O princípio de reformulação da estrutura fundiária explica a intenção do legislador com o novo direito. Nos seus vários pontos de estudos, observa-se que as regras agrárias procuram atingir um leque muito largo de possibilidades, mostrando a necessidade de se reformular a estrutura fundiária até então existente.

Por fim, tem-se o princípio do progresso econômico e social. As mudanças propostas, além de tentarem inovar nas relações fundiárias, buscaram uma maior produtividade, não só no contexto individual, mas também no aumento da produção primária do País. Melhorando a capacidade produtiva do homem que tinha no trabalho da terra sua principal atividade, indiscutivelmente que isso traria benefícios sociais para si próprio, para sua família e, em escala maior, para a sociedade.

1.7. Natureza jurídica do Direito Agrário

Existe um dualismo clássico de se agrupar os ramos do direito positivo, que o Brasil também adota, em público e privado. Assim, estão no primeiro grupo todos aqueles direitos que, de alguma forma, ou regulam a estrutura pública, como é o caso do direito constitucional e administrativo, ou regulam atividades tidas como particulares, mas que por força da estrutura política são reconhecidas de interesse público, como as relações de trabalho, tratadas pelo direito que lhe toma o nome. No segundo grupo, encontram-se aquelas disciplinas jurídicas que estabelecessem simplesmente provisão de condutas individuais. Estes se agrupam na divisão de direito privado, e podem ser exemplificados como direito civil e comercial.

Dessa forma, possuindo o direito agrário estrutura tanto de direito público, quando se trata do tema de desapropriação por interesse social, para fins de reforma agrária, como de direito privado, quando se estuda a estrutura dos contratos de arrendamentos e parcerias, entendem alguns estudiosos desse direito que existiria uma mescla dos ramos do direito público e privado, portanto, ele teria uma natureza jurídica híbrida, e dessa forma, seria enquadrável tanto como direito público, como direito privado.

De outro lado, ainda ocorre o vício de se entender como direito público todo aquele que disser respeito às coisas do Estado, reduzindo-se, dessa forma, a expressão *público* a uma concepção simplista e isoladora, vinculada, apenas, aos interesses desse ente jurídico. O Estado, portanto, nessa visão reducionista, não seria o elemento intermediário para que se pudesse alcançar o bem-estar coletivo. Mas seria o fim em si mesmo. Assim, direito público seria aquele ramo do direito positivo que enfeixasse com exclusividade apenas o interesse estatal, pouco importando a eficácia coletiva da ação desse estado.

Pessoalmente, entendo que a clássica dicotomia da ciência jurídica entre pública e privada não possui, hoje, a mesma importância de outrora. Os interesses a regular, ou os conflitos a prevenir, não são só do Estado ou do indivíduo, onde públicos e privados. Ocorre que existe uma constatação, embora de reconhecimento ainda relutante pelos defensores da divisão clássica, que mesmo no campo do direito, paira um terceiro interesse que, por sua própria estrutura, é superior ao interesse estatal ou individual: é o interesse social, da coletividade, da maioria, da sociedade. Portanto, sobre o estado e o indivíduo, existiria uma condição anterior e superior, que é a própria sociedade. E o interesse desta, não raramente, é contrariado pelo interesse estatal, ou pelo interesse privado ou individual.

Assim, como a função do direito é regular conflitos, e sendo a sociedade elemento de direito, portanto, sujeito ativo ou passivo de conflitos, naturalmente que surge como entidade autônoma de direitos e obrigações na cena judiciária, a exigir proteção própria, e não na interposta figura do Estado.

Por conseguinte, um ramo do direito que se preocupe exclusivamente em regrar conflitos sociais não pode ser classificado como público. É certo que as normas que lhe dão vida são emanadas do Estado, mas, assim são, porque existe, com inegável verdade, um clamor social a exigir tais éditos. O Estado apenas seria o formalizador de um direito encontrável em estado natural, puro, pois há um consenso costumeiro que o homem do campo precisa de proteção. A álea imanente a seu trabalho e a necessidade de sempre mais produção de alimentos seriam os fatores internos de tal exigência.

Por isso, tenho que o direito agrário é enquadrável como direito social.

1.8. Autonomia

Desde que surgiu no universo do direito positivo pátrio, através da Emenda Constitucional n° 10, de 10.11.64, o direito agrário tem demonstrado autonomia, com o que se firma no cenário jurídico brasileiro.

Essa autonomia pode ser encontrável no campo (a) legislativo, (b) didático, (c) jurisprudencial e (c) judiciário.

A autonomia legislativa do direito agrário se verifica quando o Congresso Nacional edita lei calcado no sistema de reconhecida desigualdade entre as partes envolvidas nas relações rurais. A lei federal, e só pode ser ela, pois os Estados e Municípios não possuem competência, mesmo residual, para editar normas de direito agrário, quando regula alguma relação agrária, buscando proteger a parte reconhecidamente mais fraca, demonstra a plena autonomia legislativa desse direito.

A autonomia didática do direito agrário é encontrável quando, por exemplo, a Universidade Federal de Santa Maria – UFMS –, inclui no seu curso de direito, em dois semestres, como cadeira obrigatória, afastando-o, portanto, de ser mero apêndice ou tema do direito civil. Essa situação de autonomia existe em outras universidades e, inclusive, com curso de pós-graduação.

As várias obras existentes no mercado livreiro, as palestras que se proferem, os encontros e congressos que continuamente se realizam sobre temas de direito agrário, também servem para demonstrar a autonomia didática desse ramo da ciência jurídica.

Uma jurisprudência eminentemente agrária existe a demonstrar também a autonomia do direito agrário. Quando os juízes e tribunais decidem, por exemplo, sobre contratos de arrendamento ou desapropriação, para reforma agrária, e na análise de tais questões, fundamentam suas decisões na interpretação de que as leis agrárias sistematicamente são criadas para desprotegerem o mau proprietário de terras, essas decisões elegem o direito agrário como algo próprio, dentro do sistema jurídico pátrio.

No Estado do Rio Grande do Sul, as decisões proferidas em grau recursal pelas 9ª e 10ª Câmaras Cíveis e pelo 5° Grupo Cível do Tribunal de Justiça, que possuem competência exclusiva de 2° grau para a solução de questões que envolvam arrendamento e parcerias, bem evidenciam a autonomia jurisprudencial do direito agrário.

Ainda como demonstração da autonomia do novo direito, está a criação dentro do Poder Judiciário de estrutura específica para a resolução de conflitos atinentes ao campo.

A inserção na Constituição Federal do art. 126, que, ao tratar dos tribunais e juízes estaduais, estabelece a possibilidade de criação de juízes especiais e itinerantes, com competência exclusiva para dirimir conflitos agrários, bem assim a existência das 9ª e 10ª Câmaras Cíveis e do 5º Grupo Cível do Tribunal de Justiça do Rio Grande do Sul, como já referido, são claras demonstrações de autonomia desse novo ramo da ciência jurídica.

1.9. Relação com outros ramos do Direito

O direito agrário, como espécie do gênero direito positivo, mantém relações com vários ramos do direito. Podem ser relacionados o direito constitucional, administrativo, civil e processual civil, comercial, penal e processual penal, trabalho, tributário e ambiental.

Sua relação com o direito constitucional é a mais estreita possível, iniciando-se com a competência para criá-lo que é da União, como se encontra expressamente exarado na Carta Constitucional, art. 22, inciso I.

Não bastasse isso, outros dispositivos constitucionais existem a demonstrar ainda essa relação, como o do art. 5º, inciso XXVI, que protege a pequena propriedade rural da penhora para pagamento de débitos decorrentes de sua atividade produtiva; art. 7º, que estende aos trabalhadores rurais os benefícios sociais concedidos aos trabalhadores urbanos; art. 8º, parágrafo único, que possibilita a existência de sindicatos rurais nos mesmos moldes dos urbanos; art. 23, incisos VI e VII, que autoriza a existência de competência comum de União, Estado, Distrito Federal e Municípios para preservar as florestas, a fauna e a flora e fomentar a produção agropecuária e organização de abastecimento alimentar; art. 24, inciso VI, que atribui competência concorrente à União, aos Estados e ao Distrito Federal de legislar sobre florestas, caça, pesca, fauna, conservação da natureza, defesa do solo e dos recursos naturais, proteção do meio ambiente e controle da poluição; art. 126 e seu parágrafo único, que possibilita aos tribunais estaduais a criação de juízes itinerantes de entrância especial com a competência específica para resolução de conflitos agrários; art. 153, VI e seu § 4º, que identifica o imposto territorial rural como da União e prevê a possibilidade de sua fixação em alíquotas variadas de forma a desestimular a manutenção de propriedades improdutivas ao mesmo tempo que isenta as pequenas glebas de sua cobrança; art. 184 e seus parágrafos, que estabelecem a competência da União para desapropriar imóvel rural, para fins de reforma agrária, e os critérios para sua indenização; art. 185, que excepciona os imóveis rurais desapropriáveis; art. 186, que conceitua função social da propriedade rural; arts. 187 e 188, que estabelecem as formas de política agrícola; art. 189, que define os beneficiários da reforma agrária; art. 190, que limita a aquisição e arrendamento de propriedades rurais por estrangeiros; art. 191, que estabelece o usucapião especial rural; art. 195, § 8º, que estabelece a seguridade social para o trabalhador rural, e art. 225 e parágrafos, que estabelece proteção ao meio ambiente.

O direito agrário mantém relações com o direito administrativo em vários pontos. Quando o tema em discussão é desapropriação por interesse social para fins de reforma agrária através da Lei Complementar nº 76/93, o direito agrário busca conceitos próprios do direito administrativo para uma boa interpretação desse instituto, como é o conceito do decreto desapropriatório como típico ato administrativo formal. De outro lado, quando o tema é crédito rural, contrato estruturalmente dirigido pelo Estado, discussões sobre sua estrutura de concessão, alongamento e quitação, matéria que pode ser solvida diretamente pelos órgãos gestores do crédito rural, buscando aqui a aplicação dos princípios gerais vinculados ao processo administrativo.

O direito agrário também mantém relações com o direito civil. Assim, por exemplo, quando o tema diz respeito com a titulação do imóvel a ser desapropriado para fins de reforma agrária ou ainda sobre quem pode ser parte em contrato de arrendamento ou parceria rural ou sobre quem é beneficiário de crédito rural, é de se buscar os princípios existentes no direito civil.

A relação do direito agrário com o direito processual civil é bem intensa. O processo desapropriatório para fins de reforma agrária é um bom exemplo. As ações de despejo vinculadas aos contratos de arrendamento ou parceria rurais, os processos de execução ou de revisão do crédito rural, o executivo fiscal para a cobrança do I.T.R. demonstram a intensidade da relação do direito agrário com o direito processual civil.

O direito comercial mantém forte relação com o direito agrário, especialmente para completar o conceito de parceria rural com as regras de sociedade ou quando a temática versa sobre os títulos de crédito rural, especialmente quanto às exigências formais.

O direito agrário também mantém relação com o direito penal e processual penal. Emitir cédula de crédito rural, duplicata rural, cédula de produto rural, sem objeto tipicamente rural, ou a dação de garantia de bens que se sabe não proprietário, por exemplo, são causas tipificadoras de ilícito penal praticadas na estrutura do direito agrário. O processo que envolverá tal persecução estatal demonstra também a relação com o direito agrário.

O direito do trabalho tem relação com o direito agrário quando, por exemplo, há necessidade de se estabelecer se a relação que o parceiro-outorgado mantém com o parceiro-outorgante é de subordinação ou não, caracterizando, no primeiro caso, típica relação de emprego ou a chamada falsa parceria.

Por fim, o direito agrário mantém relações com o *direito tributário*. Embora o imposto sobre a propriedade territorial rural seja instituto típico de direito agrário, sua gênese é tipicamente tributária.

Mas, onde o direito agrário tem repercutido intensamente e mantém uma forte relação, é no *direito ambiental*. Isso porque, ao definir o que seria função social da propriedade rural, o Estatuto da Terra, no seu art. 2º, parágrafo único, exigindo o resguardo dos recursos naturais, em verdade, plantou a semente no País de um novo ramo da ciência do direito.

1.10. Relação do Direito Agrário com outras ciências

Numa plena constatação de que o direito não é ciência estanque, ou existe por si só, o direito agrário mantém estreitas relações com outras ciências que o complementam.

Podem ser citadas como iterativas do direito agrário, a política agrícola, a sociologia rural, economia agrícola, estatística, história e etimologia.

O direito agrário mantém relação com a política agrícola. Instituto típico da ciência política, a política agrícola tem estreita vinculação com o direito agrário, já que a reforma agrária integra essa estrutura maior que necessita de prévio planejamento. Não bastasse isso, a facilitação e a ampliação do crédito rural, a fixação de preços compatíveis para os custos da produção e a garantia da comercialização são ações típicas de política agrícola com reflexos no direito agrário.

A sociologia rural é ciência importante para o engrandecimento do direito agrário. Entender o homem rural, sua família e sua comunidade é competência da sociologia rural que com isso fornecerá ao direito agrário elementos para sua melhor aplicação.

O direito agrário mantém relações com a economia rural. A economia é a ciência que trata dos fenômenos relativos à produção, distribuição acumulação e consumos de bens materiais. Se essa ciência é aplicada ao campo, tem-se a economia rural. Ao estabelecer que um dos elementos integradores do conceito da função social da propriedade rural é que ela tenha aproveitamento racional e adequado, consoante diz o art. 186, inciso I, da Constituição Federal, é buscar o direito agrário a estrutura da economia rural para completar-se. De outro lado, quando se sabe que o crédito rural tem um forte apelo de subsídio ao campo, está-se diante de um fator típico da economia rural.

Qual o percentual de pessoas que habitam no campo são classificados como sem-terras? Quantos beneficiários da reforma agrária abandonam a terra partilhada? Qual o percentual razoável que deve existir entre a dívida rural e a correspondente garantia? Ora, estas perguntas somente serão respondidas se buscar os elementos da estatística. Tem-se, portanto, que a relação entre ela e o direito agrário é muito forte.

A história é uma ciência de forte contribuição ao direito agrário. O rastreamento que fiz para buscar a origem do conceito de função social da propriedade bem demonstra a sua importância. O mesmo se diga sobre os primórdios de reforma agrária ou sobre as origens dos contratos rurais.

Por fim, não se pode deixar de elencar a *etimologia* como ciência que mantém relações com o direito agrário. Como ciência que trata da origem das palavras, a etimologia tem forte contribuição na escolha da própria denominação *direito agrário*. Não fora isso, a própria estrutura jurídica agrária se utiliza da etimologia para conceituar instituto que quer introduzir, como são exemplos os conceitos de arrendamento rural, parceria rural e tantos outros.

1.11. Codificação do Direito Agrário

Embora o instrumento básico de estudo do direito agrário seja o Estatuto da Terra, contudo, ele não pode ser tido como um código. Este é uma compilação metódica, sistemática e exaustiva de um determinado ramo do direito. Já o Estatuto da Terra, por sua própria estrutura delegante, não se exaure, pois remete, em todos os institutos que regula, à possibilidade de surgimentos de decretos regulamentares, resoluções ou ordens de serviços para complementá-lo.

De outro lado, um código exige unicidade de sistema, que o Estatuto da Terra não tem, pois não só não enfeixa a estrutura legislativa, como, mesmo com seus dispositivos extravagantes, não abrange as complexas e multiformes relações agrárias.

É certo que, desde 1914, têm tramitado no Congresso Nacional projetos de um código agrário, quase todos eles de iniciativa de parlamentares do Rio Grande do Sul, mas que resultaram abandonados ou rejeitados.

No entanto, países como os pertencentes ao Mercosul (Argentina, Uruguai e Paraguai) já o possuem, além de outros como Panamá, México, Estados Unidos, Haiti, Itália, França, Suíça, San Marino, Suécia, Finlândia, Bélgica, Polônia e Grécia.

2. Estatuto da Terra, sua nomenclatura e definições

2.1. A importância da nomenclatura no estudo do Direito

Toda ciência tem, como forma de aquisição de autonomia, a utilização de termos que lhe são próprios e que lhe identificam de logo. São eles a marca registrada e identificadora de cada ciência. Assim, o conhecimento prévio dessa nomenclatura se torna importante para melhor aprendizado do conteúdo da ciência que se pretende estudar. Pessoalmente, critico o exagero desse tecnicismo, pois ele, ao invés de facilitar a propalação do conhecimento científico, o reduz a poucos iniciados.

A ciência jurídica não foge dessa regra.

Como o direito agrário é um direito novo, criado de forma imperativa pelo Estado, a necessidade de se conhecer seus pontos de identificação se torna mais importante, pois é através desse estudo que se começará a compreender as razões jurídicas desse direito.

É verdade que se critica o sistema de conceituação de nomenclaturas mediante lei. No entanto, é possível se justificar a pretensão do legislador no Estatuto da Terra, pelo simples fato de que se estava criando algo novo, sem qualquer parâmetro anterior. Portanto, ao invés de se deixar que a doutrina explicasse a terminologia do novo direito, que importaria em razoável decurso de tempo até sua plena sedimentação, o legislador procurou, de imediato, fixar-lhe o conteúdo e alcance, visando com isso a produzir efeitos imediatos.

2.2. A ideia política de criação do Estatuto da Terra

Nenhuma lei positiva surge sem causa. No processo legislativo de sua criação, ela é, antes de qualquer conotação jurídica, inquestionavelmente um produto político. Portanto, com esta característica antecedente, é que ela deve ser estudada, para que melhor se a entenda no momento de sua interpretação.

Ao mencionar os antecedentes históricos do direito agrário no ponto anterior, frisei duas datas consideradas importantes: 10 e 30 de novembro de

1964. A primeira delas, representando o momento em que foi promulgada a Emenda Constitucional nº 10, que possibilitou a inserção na competência da União de legislar sobre essa nova ciência jurídica. E a segunda, a data em que entrou em vigência o Estatuto da Terra. Essas datas, agora observadas pela perspectiva da história, informam que, no momento da edição do Estatuto da Terra, se encontrava nos albores, uma nova estrutura política alçada ao poder pela via anormal das armas, e que tinha como uma de suas justificativas a perspectiva propalada pelo governo anterior de comunização da terra. Foi com este quadro que o Estatuto da Terra foi idealizado. A Mensagem nº 33, consistente na exposição de motivos encaminhada pelo Poder Executivo ao Congresso Nacional, foi taxativo nesse ponto quando disse:

> São óbvias as razões para essa atribuição de prioridade. A necessidade de se dar à terra uma nova regulamentação, modificando-se a estrutura agrária do País, é de se mesma evidente, ante os anseios de reforma e justiça social de legiões de assalariados, parceiros, arrendatários, ocupantes e posseiros que não vislumbram nas condições atualmente vigentes no meio rural, qualquer perspectiva de se tornarem proprietários da terra que cultivam. A ela se soma, entretanto, no sentido de acentuar-lhe a urgência, a exasperação das tensões sociais criadas, quer pelo inadequado atendimento das exigências normais no meio agrário, como assistência técnica e financiamentos, quer pela proposital inquietação, quer para fins políticos subalternos, o Governo anterior propagou pelas áreas rurais do País, contribuindo para a desorganizar o sistema de produção agrícola existente, sem o substituir por outro mais adequado.
> 6. Ao invés de dar ao problema uma solução de direção e construção, a ação governamental só se exerceu na exasperação das tensões, no agravamento das contradições do sistema rural brasileiro, levando a inquietação a toda a parte, tanto ao campo como às áreas urbanas, tão dependentes de abastecimento na interdependência que a industrialização e a concentração urbana estabelecem com relação ao sistema agrícola.
> 7. As tentativas de solução por encaminhamento do Governo revelaram-se todas irrealistas e inviáveis, já que o de que se cuidava era menos de encontrar a fórmula ou fórmulas de equilíbrio, do que excitar expectativas, acenas com perspectivas de favorecimento de classes em detrimento de outras, sem sinceridade e sem propósito de resolver o problema com equanimidade e dentro de nossas possibilidades reais. Não é lícito, porém, utilizar-se o desamparo e o desespero do povo como armas políticas. Não é honesto criar perspectivas risonhas, mas vãs e temerárias. Menos ainda quando se trata de classes desfavorecidas que não devem ser enganadas com ilusórias esperanças.
> 8. Foi esse o ambiente social e político que o atual Governo encontrou implantado no País com relação a problema tão grave e profundo. Não poderia o Governo permitir que o problema da Reforma Agrária continuasse sendo simplesmente verbalizado por políticos inescrupulosos, que num acinte às próprias idéias que pregavam, adquiriam imensos latifúndios. Por isso, tratou de dar prioridade absoluta à questão, estudando e encaminhando soluções econômicas e jurídicas dentro das reais possibilidades do País, conjugando fórmulas tendentes a forçar as atuais estruturas agrárias a uma rápida e efetiva modificação como se verá no exame que adiante se fará do projeto. Quer, antes, caracterizar esta proposição como uma realística, equilibrada, honesta e correta solução do problema agrário brasileiro.

Diante dessa exposição, observam-se os motivos políticos que antecederam à nova lei e que não podem ser desconsiderados em qualquer estudo que se faça de uma estrutura jurídica que veio modificar radicalmente o até então vigente sistema agrário. De um autonomismo de vontade, como é a estrutura do Código Civil, passou-se para um dirigismo estatal nitidamente protetivo, como se revestem todos os dispositivos do direito agrário. Em outras palavras, afastou-se o sistema de liberdade de ação das partes envolvidas em qualquer questão agrária, para uma forte e coercitiva tutela estatal de proteção absolutamente favorável ao trabalhador rural, num claro reconhecimento da existência de desigualdades no campo a merecer a intervenção desigual do Estado legislador.

A ideia política embutida no Estatuto da Terra se reveste, assim, de fator importante para melhor compreensão da estrutura sistemática do direito agrário.

2.3. O módulo rural como medida agrária

O legislador agrário procurou criar uma medida de área que fugisse aos padrões conhecidos e que pudesse representar sua ideia de dimensionar a terra na quantidade mínima de ser possuída, o minifúndio, ou na quantidade máxima, o latifúndio, não pela exclusiva homogeneidade de seu tamanho, mas que considerasse em sua fixação a situação geográfica, geológica, climática e tipo de produção nela trabalhado. A pretensão era considerar conjuntamente todos esses fatores na tentativa de melhor uniformizar uma medida que considerava ideal. Foi com tais parâmetros que surgiu o módulo rural.

Dimensionar o tamanho mínimo ideal de uma área de terra sempre foi preocupação governamental. Assim é que, em Roma, essa quantidade de terra ficava entre 25 a 125 hectares (cada hectare tem 10.000 m2). Essa medida se espalhou por todo o mundo ocidental.

No Brasil, especificamente no período colonial, não houve uma medida ideal mínima. Somente com a Lei nº 601, a chamada Lei da Terra, de 1850, passou-se a admitir no País a existência de uma área mínima de terra, que foi fixada em 121 hectares. Em 1857, essa medida baixou para 48,4 hectares, retornando para os mesmos 121 hectares em 1867. Em 1890, a medida mínima sofreu uma redução drástica, ficando limitada entre 5 e 15 hectares, elevando-se para 25 a 50 hectares em 1907. Em 1940, a medida mínima de área sofreu nova redução, ficando agora entre 10 e 25 hectares. Por fim, em 1943, a área mínima rural foi estabelecida entre 10 e 30 hectares.

O legislador agrário não definiu diretamente módulo rural, mas o fez de forma indireta, quando, no art. 4º, inc. III, do Estatuto da Terra, determinou como área assim enquadrável, aquela inserível no inc. II do mesmo artigo, que define "Propriedade Familiar", e que por sua vez faz remissão aos elementos do inciso anterior, que define "Imóvel rural".

Dessa forma, pode-se obter o conceito legal de "Módulo Rural" como sendo "a propriedade rústica, de área contínua, qualquer que seja a sua localização, desde que se destine à exploração extrativa agrícola, pecuária ou agroindustrial, e seja executada, direta e pessoalmente, pelo agricultor e sua família, absorvendo-lhes toda a força de trabalho, garantindo-lhes a subsistência e o progresso social e econômico e sofrendo ainda variações pela região em que se situe e o tipo de exploração que se pratique".

2.4. Características do módulo rural

Diante do que se pode extrair da definição legal de módulo rural, tem-se que 6 (seis) são as características que bem o identificam como instituto de Direito Agrário:

a) é uma medida de área;
b) suficiente para absorver a mão de obra do agricultor e sua família;
c) varia de acordo com a região do país;
d) varia de acordo com o tipo de exploração da terra;
e) deve possibilitar uma renda mínima ao homem que nele trabalha – salário mínimo;
f) e lhe permitir progresso social.

O módulo rural, como medida de área, já foi detalhado no item anterior, e representou a culminância legislativa de se buscar introduzir uma medida variável que, considerando os fatores diferenciados naturalmente incidentes sobre uma certa área de terra, pudesse ser tida como economicamente viável.

Como segunda característica do módulo rural, tem-se o conceito aparentemente indefinido da quantidade da área por ele abrangida, uma vez que seu limite residiria na suficiência de absorção da capacidade de trabalho do agricultor e sua família. Quer me parecer que aqui está o fator que diferencia o módulo rural de qualquer outra medida de área anteriormente estabelecida. A ausência de higidez, ao estabelecer o limite da área na capacidade laborativa do agricultor e de sua família, bem demonstra a preocupação do legislador com o homem do campo. Assim, não basta uma simples área para se ter a menor fração ideal de terra. Ela tem que ser suficiente para absorver o trabalho do homem que a detém e ainda o de sua família. Portanto, à capacidade laborativa do chefe da família, soma-se a de seus familiares. Ocorre que isso é o transporte para a lei de uma realidade rural muito forte: a de que toda família contribui com trabalho nas lides do campo, com maior ou menor quantidade. Como a família média brasileira é de 4 (quatro) pessoas, tem-se que o tamanho do módulo rural deverá ser aquele que absorva a mão de obra desse conjunto familiar.

A terceira característica do módulo rural é sua variação de acordo com a região em que se situe. A morfologia geográfica, geológica e climática das terras rurais brasileiras é muito extensa, o que significa dizer que a produção rural de uma mesma atividade sofre influências desses fatores. A existência de terrenos íngrimes, planos, pantanosos, arenosos, argilosos, sob a influência de climas frios, úmidos e secos, por exemplo, são condições por demais óbvias para demonstrar a natural diversidade no exercício da atividade produtiva rural.

Sobre essa adversidade, coloque-se a possibilidade de produções rurais em suas várias ramificações. O que se encontra é que o módulo rural, para manter uma coerência de produção, tem também que considerar o tipo de atividade que se exerça sobre a terra por ele abrangida. E assim se tem a sua quarta característica.

Naturalmente que, ao se pensar numa medida de área para o campo, não se podia fugir de uma valoração econômica. Dessa forma, o módulo rural tem que possibilitar uma rentabilidade mínima, e como essa no Brasil é fixada no salário mínimo, é esse o limite mínimo de ganhos para o homem do campo e sua família.

Por último, tem-se que é também característica do módulo rural a perspectiva de um progresso social. Ou seja, a fração de terras tem que possibilitar a melhoria de vida daqueles que nela trabalham, como estudos, saúde e lazer.

2.5. Quantificação do módulo rural

Inicialmente, há que se colocar que o módulo rural não é fixável pelo proprietário ou possuidor da área rural. Estes apenas fornecem os elementos cadastrais essenciais, que, jungidos a outros de caracteres mais genéricos, permitem que o INCRA (Instituto Nacional de Colonização e Reforma Agrária) estabeleça o módulo rural de cada imóvel.

Através de estudos antecedentes e gerais, o INCRA já concluiu que existem no País 242 (duzentas e quarenta e duas) regiões e sub-regiões, considerando sua homogeneidade e características econômicas e ecológicas, e que a exploração da terra pode ser agrupada em 5 (cinco) tipos diferentes:

1) *hortigranjeiro* – como a plantação de tomate, alface, cenoura etc.;
2) *lavoura temporária* – a plantação de milho, arroz, feijão, ou todo aquele tipo de lavoura sazonal ou por estação;
3) *lavoura permanente* – a plantação de café, parreira, ou todo tipo de cultura que se plante uma vez e permaneça produzindo durante muitos anos;
4) *pecuária* – a criação de animais de grande porte, como bois, cavalos etc. e
5) *florestal* – que é a atividade de plantar determinados tipos de árvores para corte, como é o caso do eucalipto e da acácia-negra para a feitura do papel.

Na multiplicação dos vários tipos de regiões e sub-regiões existentes vezes a possibilidade da variada atividade agrária, é encontrável 1.210

(um mil, duzentos e dez) tipos diferentes de módulo rural, sendo o menor deles de 2 (dois) hectares, e o maior, de 120 (cento e vinte) hectares.

O cálculo para fixação do módulo rural, que é da competência do INCRA, é possível, em decorrência das informações cadastrais prestadas pelo proprietário ou possuidor do imóvel rural, *corresponde à divisão da área aproveitável do imóvel* (que é a área total menos aquelas ocupadas com benfeitorias, florestas ou de impossível exploração) *pelo coeficiente da categoria de módulos atribuível a este imóvel* (cada imóvel por sua localização e tipo de exploração já foi previamente enquadrado em uma categoria "x" de módulo rural pelo INCRA).

Exemplifico: Antonio Pinto é proprietário de um imóvel de 300 hectares, na região de Cruz Alta, no Rio Grande do Sul, onde apenas 250 hectares são aproveitados na sua agricultura exclusiva do trigo-soja. Quantos módulos possui a propriedade de Antonio Pinto?

Através de estudos realizados pelo INCRA na região de Cruz Alta, ficou estabelecido que essa região onde se situa a propriedade de Antonio Pinto é a B2, e que seu tipo de exploração é a de lavoura temporária; logo, o módulo ideal é de 25 hectares. No exemplo, a propriedade tem 10 módulos rurais (250 de área aproveitável, dividida por 25 do módulo ideal padrão).

Outro exemplo: João Fagundes, vizinho de Antonio Pinto, tem uma propriedade também de 300 hectares, sendo sua área aproveitável igualmente de 250 hectares, só que seu tipo de exploração é a criação de gado. Como a região é a mesma B2, a variante na fixação do módulo da propriedade reside apenas no tipo de exploração, que para a pecuária-padrão é de 60 hectares. Resultado: a propriedade de João Fagundes tem 4,1 módulos rurais (250 dividido por 60).

Tanto as *regiões* ou *sub-regiões*, como os tamanhos dos módulos padrões se encontram em instruções e anexos do INCRA.

2.6. A indivisibilidade do módulo rural

Um dos fundamentos básicos para a criação do módulo rural foi a necessidade de se estabelecer uma área mínima de terra, onde o homem do campo e sua família pudessem trabalhar com perspectiva de progresso econômico e social.

Naturalmente, que ao estabelecer essa quantidade mínima de terra dentro de sua pretensão reformista de desapropriação de áreas, colonização, cobrança de tributos, procurou também o legislador proibir que, fora de seu campo de atuação, pudessem os imóveis sofrer divisões em áreas inferiores a esse mínimo, ou nos também chamados minifúndios. Daí por que inseriu no Estatuto da Terra uma regra proibitiva nestes termos:

Art. 65. O imóvel rural não é divisível em áreas de dimensões inferiores à constitutiva do módulo de propriedade rural.
§ 1º Em caso de sucessão causa mortis e nas partilhas judiciais ou amigáveis, não se poderão dividir imóveis em áreas inferiores às da dimensão do módulo da propriedade rural.
§ 2º Os herdeiros ou legatários que adquirirem por sucessão o domínio de imóveis rurais, não poderão dividi-los em outros de dimensão inferior ao módulo de propriedade rural."

Aqui, portanto, o fundamento legal do que a doutrina passou a chamar de princípio da indivisibilidade do imóvel rural.

Essa proibição plenamente vigente na estrutura jurídica brasileira pode criar algumas consequências de natureza prática, pois o imóvel rural, embora por sua essência seja plenamente divisível, torna-se indivisível por força de lei, passando a existir, muitas vezes, em condomínio não querido.

Como se divide o juridicamente indivisível? Se não houver acordo de vontades entre os separandos ou herdeiros, de forma que o imóvel rural seja partilhado em áreas sempre superiores às do módulo rural da propriedade nos autos da separação ou do inventário, ou até mesmo por escritura pública, o caminho a seguir é o do ajuizamento, pelo separando ou herdeiro descontente com o condomínio, de ação de alienação, locação e administração de condomínio, prevista nos arts. 1.103 a 1.112 do Código de Processo Civil, procedimento especial de jurisdição voluntária, onde, após a citação dos condôminos, intimação do Ministério Público e da Fazenda Pública, o juiz, por sentença, determinará a praça do imóvel, sempre respeitando o direito de preferência do condômino na disputa com estranhos e, na disputa entre eles, o que detiver o maior quinhão.

Afastando forte controvérsia até então existente, a Lei nº 11.446, de 5 de janeiro de 2007, excepcionou o princípio para os imóveis rurais resultante de parcelamentos fixados pelo INCRA para os programas oficiais de apoio à atividade agrícola familiar, cujos beneficiários sejam agricultores que não possuam outro imóvel rural ou urbano. Reafirmando, no entanto, a égide do princípio a lei estabeleceu que os imóveis assim adquiridos não poderiam ser desmembrados ou divididos.

2.7. Módulo fiscal

Módulo fiscal é uma espécie mais recente de módulo rural, pois foi criado pela Lei nº 6.746/79, que deu nova redação aos arts. 49 e 50 do Estatuto da Terra, e que estabelecia as regras para o lançamento do I.T.R. – Imposto sobre a propriedade Territorial Rural. Ocorre que a legislação que atualmente trata desse imposto, a Lei nº 9.393/96, abandonou o módulo fiscal como base de cálculo, retornando ao hectare.

No entanto, o módulo fiscal ganhou outra função importante, que é a de estabelecer o conceito de pequena, média e grande propriedade, para efeito de desapropriação por interesse social, para fins de reforma agrária, conforme o art. 4º da Lei nº 8.629, de 25.02.93, tema que será analisado com mais detalhes quando se tratar da reforma agrária.

O cálculo do módulo fiscal é quase idêntico ao do módulo rural, pois também se parte da área aproveitável do imóvel (que é o resultado da área total do imóvel menos as áreas com benfeitorias, florestas e impossíveis de exploração) dividindo-se pelo módulo fiscal existente de cada município. O módulo fiscal do município é previamente fixado pelo INCRA, através de ordens de serviço.

Quando o módulo fiscal era utilizado para o cálculo do I.T.R. (Imposto sobre a propriedade Territorial Rural) o resultado encontrado na operação acima era cotejado com a alíquota correspondente, sendo esta o multiplicador do valor da terra nua, sempre em ordem progressiva. Assim, se uma propriedade rural tinha, por exemplo, 10 módulos fiscais, a alíquota a ser aplicada ao valor da terra nua era de 1,0%, conforme tabela do art. 50 do Estatuto da Terra.

O módulo fiscal tem adquirido importância na jurisprudência de forma incidental. O art. 5º, inciso XXVI, da Constituição Federal estabelece que pequena propriedade rural ficará a salvo da penhorabilidade, desde que trabalhada pela família e naquelas dívidas decorrentes de sua própria exploração. Ocorre que não existe lei específica definindo o que seja pequena propriedade. Assim, para se outorgar esse direito ao beneficiário, a jurisprudência tem aplicado o art. 4º da Lei nº 8.629/93, que definiu o conceito de pequena propriedade para efeitos de não abrangência da intervenção desapropriatória por interesse social para fins de reforma agrária, como pequena propriedade aquela de área inferior a 4 módulos fiscais, como é paradigma o AI nº 197153588, da 4ª Câm. Cível do TARGS, assim ementado:

> PROPRIEDADE – IMPENHORABILIDADE. É impenhorável a pequena propriedade rural, assim considerada a área inferior a quatro módulos fiscais da região, desde que esteja sendo cultivada pelo devedor, dela auferindo rendimentos necessários para seu sustento e da sua família (art. 5º, inciso XXVI, da CP, e art. 4º, II, da Lei nº 6.629/93.

2.8. Outros conceitos legais

Além dos conceitos como imóvel rural, propriedade familiar e seu homônimo módulo rural nas suas modalidades mínima e máxima – minifúndio e latifúndio, o Estatuto da Terra, seus regulamentos e leis posteriores continuaram a busca de sedimentação do direito agrário como ramo efetivo do direito positivo nacional, sempre introduzindo conceitos de institutos que depois regravam e que hoje, passados 30 anos de autonomia, não deixam dúvida do enriquecimento que produziram na ciência jurídica do País.

No Estatuto da Terra, ainda se podem encontrar os seguintes conceitos, que são repetidos do Decreto n° 55.891, de 31.03.95, que lhe regulamentou alguns de seus institutos:

Art. 1º ...
§ 2º Entende-se por Política Agrícola o conjunto de providências de amparo à propriedade da terra, que se destinem a orientar, no interesse da economia rural, as atividades agropecuárias, seja no sentido de garantir-lhes o pleno emprego, seja no de harmonizá-las com o processo de industrialização do País".

Art. 4º ...
VI – Empresa Rural é o empreendimento de pessoa física ou jurídica, pública ou privada, que explore econômica e racionalmente imóvel rural, dentro de condição de rendimento econômico da região em que se situe e que explore área mínima agricultável do imóvel segundo padrões fixados, pública e previamente, pelo Poder Executivo. Para esse fim, equiparam-se às áreas cultivadas as pastagens, as matas naturais e artificiais e as áreas ocupadas com benfeitorias.
VII – Parceleiro, aquele que venha a adquirir lotes ou parcelas em área destinada à Reforma Agrária ou à colonização pública ou privada.
VIII – Cooperativa Integral de Reforma Agrária (CIRA), toda sociedade cooperativista mista, de natureza civil, criada nas áreas prioritárias de Reforma Agrária, contando temporariamente com a contribuição financeira e técnica do Poder Público, através do Instituto Nacional de Colonização e Reforma Agrária, com a finalidade de industrializar, beneficiar, preparar e padronizar a produção agropecuária, bem como realizar os demais objetivos previstos na legislação vigente;

Conceitos como Reforma Agrária (art. 1º, § 1º) e Colonização (art. 4º, inciso IX) também são encontrados no Estatuto da Terra e se constituirão de análises específicas em pontos próprios, como também os de Arrendamento Rural, Subarrendamento, Arrendador, Arrendatário, Parceria Rural, Parceiro-Outorgante, Parceiro-Outorgado, Parceria Agrícola, Pecuária, Agroindustrial, Extrativa e Mista, todos estes no Decreto n° 59.566, de 14.11.66.

2.9. Atualidade do Estatuto da Terra

Apesar de decorridos mais de 50 anos de vigência, o Estatuto da Terra continua atual.

Instrumento de vanguarda em 1964, apesar de idealizado pelos militares que tomaram o poder do presidente João Goulart, suas ideias continuam vigentes, tanto que, ainda em 1988, muitos dos seus institutos foram constitucionalizados e hoje são princípios que regem a vida do País.[1]

---
[1] Conta o historiador DÉCIO FREITAS (O IMPASSE DA REFORMA AGRÁRIA, Jornal ZERO HORA, edição de 21.02.2004), que a publicação do Estatuto da Terra estourou como uma bomba entre as li-

Assim, institutos como o da função social da propriedade rural, da reforma agrária e da função social dos contratos constituíram inovações jurídicas que o tempo tem demonstrado suas atualidades.

Quanto à função social da propriedade rural, foi o Estatuto da Terra o primeiro instrumento jurídico a defini-la. Apesar de sua inserção no direito brasileiro ter ocorrido na Constituição Federal de 1937, seguiu-se aplicando o Código Civil de 1916 de estrutura individualista, por ausência de definição. É de se notar que pela primeira vez um instrumento jurídico buscou proteger os recursos naturais, ao inserir sua conservação como elemento ínsito na função da propriedade e, por via de consequência, como dever do proprietário. Portanto, o que hoje é aclamado como um novel direito de uso e proteção coletiva, como o meio ambiente, o Estatuto da Terra já buscava proteger como recursos naturais.

No aspecto da reforma agrária, a estrutura imposta pelo Estatuto era bem mais atual do que mesmo os parâmetros complexos da atual Constituição Federal. Delimitar as propriedades rurais em minifúndios e latifúndios para efeito de intervenção estatal desapropriatória, portanto, considerando apenas a extensão da área, era bem mais razoável do que nos moldes atuais que introduziu o fator produtividade de alta complexidade técnica e, portanto, de difícil aferição, como se tem observado na prática.

Por fim, no aspecto da função social dos contratos, o Estatuto da Terra, embora não o definisse de forma expressa, tratou de forma ampla ao estabelecer proteção aos trabalhadores do campo em detrimento dos proprietários rurais. Dessa forma, o que hoje é princípio expresso no Código Civil de 2003, já era princípio implícito no Estatuto da Terra de 1964.

O Estatuto da Terra foi vanguardista na inserção de vários institutos no direito brasileiro, que continuam atuais, necessitando apenas de pequenos reajustes legislativos para se transformar num instrumento perene, como aconteceu através das Leis nos 11.443 e 11.446, de 05.01.2007, que alterou, respectivamente, regras sobre os contratos agrários e sobre o princípio da indivisibilidade do imóvel rural.

---

deranças brasileiras asiladas em Montevidéu e que Darcy Ribeiro, depois de ler o documento, empalideceu e exclamou: "Mas se eles fizerem isso, ficarão cem anos no poder!". Narra ainda que, pouco depois da anistia, foi constituído um Comitê Brasileiro de Anistia, que se propunha a ampliar a anistia para estendê-la aos que não haviam sido punidos por Atos Institucionais, mas por Atos Administrativos, o que incluía bom número de militares. Os ministérios militares designaram representantes para colaborarem com o Comitê e que, certo dia, em conversa informal, falou-se sobre o Estatuto da Terra e um coronel indicado fez uma exclamação idêntica à de Darcy Ribeiro: "Se houvéssemos executado esta lei, ficaríamos cem anos no poder!", ao que alguém retrucou por que não tinham executado, e a resposta do coronel foi a seguinte:"Ora, porque não tínhamos força". E explica DÉCIO FREITAS, os militares podiam tudo contra todos, menos contra o latifúndio.

3. Função social da propriedade e da posse agrária

3.1. Função social da propriedade

3.1.1. Antecedentes históricos

Durante muito tempo, pairou na estrutura do direito pátrio a verdade de que a propriedade imóvel atingia seu ponto ótimo apenas satisfazendo o proprietário. O dogma, assim estabelecido, tinha como pressuposto originário a sustentação filosófica e política de que ela se inseria no direito natural do homem e, dessa forma, apenas nele se exauria. É o que se podia chamar de função individual ou privada da propriedade imóvel. Em decorrência disso, surgiu uma aceitação genérica no sentido de que o homem proprietário e a sua coisa, chamada terra, mantinham uma estreiteza de laços tão fortes, que esta última parecia ter vida pela transposição de sentimentos que aquele dedicava. Tamanha foi essa simbiose, que surgiu, ainda no campo do direito, a figura da legítima defesa da propriedade, e que bem poderia ser retratada nesta metáfora: o meu é tão meu, que se alguém tentar dele se apossar, eu revido, lesionando ou até matando, e me arvoro em ação legítima nesse agir.

A força dessa função privada ou individual da propriedade imóvel é explicada por sua continuidade tempo afora, eis que já plenamente admitida no direito romano, embora, lá, se buscasse proteger apenas a pretensão individual, e não a necessidade de alimentos e de emprego de mão de obra, pois estes fatores são contingências modernas no direito de propriedade.

Mas o princípio continuou na idade média, porque se adequava à estrutura feudal de dominação. Ser proprietário de terras nesse período era exercício de poder absoluto e, consequentemente, de submissão daqueles que nela moravam ou trabalhavam. A vontade do senhor de terras era o limite do direito de propriedade.

A Revolução Francesa, embora surgida com o propósito de modificar a estrutura asfixiante do domínio feudal, apenas serviu para mudar a titularidade da figura dominante: dos suseranos e clero, para o novos-ricos comerciantes e industriais, porque o exercício exclusivamente pessoal ainda continuou como função da propriedade imobiliária. O certo é que, por forças das ideias políticas revolucionárias e de certa forma inovadoras, a função privada da propriedade ganhou foro de obediência jurídica e se instalou no Código Civil francês que, por sua arquitetura legal, importância cultural da França na ocasião, ganhou mundo como verdade única.

E esse redemoinho externo encontra uma predisposição política de um País que, buscando crescer, importa conteúdo ideológico. E foi assim que ocorreu a inserção do art. 179 da Constituição do Império, que resguardou de forma absoluta o direito de propriedade, que se manteve inalterado na Constituição Republicana de 1891, no seu art. 72, § 17. Em outras palavras, a função individual ou privada da propriedade continuava plenamente presente, tanto que o art. 524 do Código Civil de 1916, o reproduziu ao assegurar ao proprietário o direito de usar, gozar e dispor de seus bens, sem estabelecer qualquer limite no exercício de tais direitos.

Mas o questionamento de que havia algo mais entre a vontade do homem proprietário e sua terra começou a ser formulado ainda na idade média, mais precisamente no século XII, por Santo Tomás de Aquino, quando na sua *Summa Contra Gentiles* concluiu que cada coisa alcança sua colocação ótima quando é ordenada para o seu próprio fim. Surgia, aí, o embrião da doutrina da função social da propriedade. Evidentemente que, pela própria estrutura da igreja, como proprietária de terras, a ideia não logrou êxito.

Com as distorções econômicas e sociais geradas pelo desenvolvimento industrial dos séculos XVIII/XIX, é que, o repensar da terra como direito absoluto do proprietário, ganhou força e teve em Marx sua alavanca, quando, em 1848, publicou seu *O Capital*, onde questionou a possibilidade de a terra se constituir em direito individual, já que ela era um bem de produção. Em 1850, Auguste Comte, através de seu Sistema de Política Positiva, também se utilizou desse argumento para sustentar a necessidade de intervenção do Estado na propriedade privada por ter ela uma função social.

Diante da repercussão que essas ideias ganharam no mundo, a Igreja Católica voltou a repensar os ensinamentos de Santo Tomás de Aquino e admitiu como um de seus dogmas a sustentação de que a terra tinha uma função superior àquela de satisfação do proprietário, e, assim, iniciou pregação nesse sentido por intermédio da Encíclica Rerum Novarum, de Leão XIII, da Quadragesimo Anno, de Pio XI, Mater e Magistra, de João XXIII, continuando com João Paulo II, quando sustenta que a propriedade privada tem uma hipoteca social.

No campo específico do Direito, coube a Duguit o mérito inicial de havê-la sustentado. Porém, a doutrina só se transformou em princípio constitucional com a Constituição mexicana de 1917, quando, no seu art. 27, o admitiu, seguindo-se a Constituição alemã de Weimar, de 1919, que, magistralmente, no seu art. 157, declarou: a propriedade obriga. Outras constituições se seguiram, como a da Ioguslávia, de 1921 (art. 37), e do Chile, de 1925 (art. 10), e que, em atenção aos anseios por Cartas que reproduzissem a preocupação social, tomaram conta das democracias ocidentais. Hoje, pode-se dizer, sem qualquer resquício de erro, que a função social da propriedade é característica quase universal.

3.1.2. A função social da propriedade no Brasil

Entre nós, a Constituição de 1934 adotou o princípio, que se manteve sempre presente em todas as demais constituições que se lhe seguiram. Ocorre que, até a Constituição de 1969, a função social da propriedade foi apenas insculpida como princípio maior sem que, todavia, se lhe detalhassem o limite e a abrangência. Coube ao Estatuto da Terra, uma lei ordinária, no seu art. 2º, § 1º, a oportunidade de conceituá-la nestes termos:

> A propriedade da terra desempenha integralmente a sua função social quando, simultaneamente:
> a) favorece o bem-estar dos proprietários e dos trabalhadores que nela labutam, assim como de suas famílias;
> b) mantém níveis satisfatórios de produtividade;
> c) assegura a conservação dos recursos naturais;
> d) observa as disposições legais que regulam as justas relações de trabalho entre os que a possuem e a cultivam.

Já a Constituição de 1988, em vigor, expressamente declara como princípio que a propriedade tem função social, no art. 5º, inciso XXIII, quando trata dos direitos e deveres individuais e coletivos, mas inova em termos constitucionais, quando também o estende para os imóveis urbanos, art. 182, § 2º, ao estabelecer que a propriedade urbana cumprirá sua função social quando atender às exigências fundamentais de ordenação da cidade expressa no plano diretor, além de diretamente conceituar sua amplitude para os imóveis rurais, art. 186, caput, ao prescrever que a propriedade rural atende a sua função social, quando, simultaneamente, segundo graus e critérios de exigência estabelecidos em lei, os requisitos de aproveitamento racional adequado, utilização adequada dos recursos naturais disponíveis e preservação do meio ambiente, observância das disposições que regulam as relações de trabalho e exploração que favoreça o bem-estar dos proprietários e dos trabalhadores. Coube à Lei nº 8.629, de

25.02.93, detalhar, agora, os preceitos constitucionais. Esta matéria será estudada no capítulo que trata da reforma agrária.

Embora a função social da propriedade seja, hoje, no País, mandamento constitucional, o que ainda se observa é uma perseverante manutenção de seu conceito individual ou privatístico, numa intrigante distonia entre o direito positivado e a realidade social de sua aplicação, mesmo por aqueles que operam a ciência jurídica e sedimentam opiniões através da doutrina e da jurisprudência, como se o conceito do Código Civil de 1916 ainda vigorasse, e o novo Código não tivesse sofrido redimensionamento conceitual por força da Carta Constitucional vigente.

Pessoalmente, entendo que fatores externos ao Direito estão a exigir que o conceito individual ou privatístico de propriedade deva sofrer um questionamento profundo, pois, além dessa forma personalíssima de eficácia jurídica, existe uma obrigação latente e natural que acompanha a própria terra, e que pode ser bem sentida por realidades palpáveis, como a finitude da própria superfície terrestre aproveitável, o aumento imensurável de natalidade e aumento da perspectiva de vida a impor uma necessidade sempre crescente de alimentos, a imperiosa busca de colocação de mão de obra e o respeito aos aspectos ecológicos de proteção coletiva. Esses fatores não existiam quando da idealização do conceito pessoal do direito de propriedade. Mas estão aí, a exigir atenção e apanhamento pelo Direito.

3.1.3. *Penalidades para o descumprimento do princípio*

Cumprir os requisitos que abrangem o princípio da função social da propriedade é exigência ínsita a todo imóvel urbano ou rural no País. Por via de consequência, todo proprietário de bens imóveis, para que se diga titular desse direito, tem, antes, de atender aqueles dispositivos constitucionais, uma vez que a condição de satisfação social que acompanha o bem se traduz em obrigação superior para quem lhe é titular.

Na esfera específica do imóvel rural, tem, portanto, o proprietário a obrigação de aproveitar sua terra racional e adequadamente, utilizando-a, contudo, de forma a preservar o meio ambiente e os recursos naturais nela existentes, com observância das leis que regulam as relações de trabalho e uma exploração que favoreça o seu bem-estar e os dos trabalhadores que nela trabalhem.

Evidentemente, que ao estabelecer condições para que se entenda o imóvel rural cumprindo a sua função social, o legislador previu também sanções para o caso de seu descumprimento.

E a maior penalidade imposta é a desapropriação por interesse social, com a finalidade exclusiva de reforma agrária, conforme dispõe o art. 184 da CF. Ou seja, por não atender a função social, o proprietário sofre intervenção da União que, respeitando o princípio do devido processo legal, da indenização prévia e justa, lhe retira a propriedade. Este é um tipo de desapropriação específica – para reforma agrária. Assim, a terra é tomada do proprietário pela desapropriação, por interesse social, e, no momento seguinte, redistribuída em parcelas menores para certos beneficiários catalogados em lei, os vulgarmente chamados de sem-terras.

Não bastasse a possibilidade de a União poder desapropriar o imóvel rural que não cumprir a função social, o legislador ainda previu o endurecimento na forma de indenização ao proprietário. Ao invés de indenização em dinheiro, como expressamente prevê para as desapropriações por necessidade ou utilidade pública, para esse tipo especial de desapropriação, estabelece a indenização pela terra nua em Títulos da Dívida Agrária, os TDAs, com prazo de carência de dois anos e, dependendo do tamanho do imóvel, parcelada em até 20 anos. Apenas prevendo para as benfeitorias úteis e necessárias o pagamento da indenização em dinheiro.

A intenção do legislador foi clara ao determinar que a propriedade rural só mereça respeito como direito individual preenchendo os requisitos previstos para a função social. Se não os atende, sofre a dupla penalidade: (a) da intervenção pela desapropriação e (b) da indenização respectiva em Títulos da Dívida Agrária.

Ocorre que o próprio legislador constitucional excepcionou a penalidade, quando inseriu, no art. 185, que as pequenas, médias e as propriedades produtivas seriam insuscetíveis de desapropriação para reforma agrária, deixando que a Lei nº 8.629/93 conceituasse tais requisitos, matéria que será analisada com mais profundidade quando do estudo sobre a reforma agrária.

3.2. Função social da posse agrária

3.2.1. Considerações preliminares

No direito moderno, a posse ganha importância quase igual à propriedade, especialmente quando se trata da posse sobre bem imóvel, basta que se verifique que a posse aquisitiva da propriedade, a usucapião, já foi de 30 (trinta) anos como previa a redação originária do CC de 1916,[2] e hoje, especialmente para a posse *pro labore* ela está reduzida a meros 5 (cinco) anos, como dispõe o art. 191 da Constituição Federal. Naturalmente que isso se deve à influência do princípio da função social da

---

[2] A esse respeito observe-se o item 11.1 deste livro que trata da usucapião especial rural.

propriedade, analisada no tópico anterior. Assim, se a propriedade tem obrigação, a posse, como estrutura decorrente, também o terá.

Mas, até por razões de ordem histórica como é a reforma agrária, é a posse agrária a que mais tem sofrido modificações quer como forma aquisitiva de propriedade, quer, simplesmente, pelo seu uso.

Neste tópico verificar-se-ão alguns pontos importantes.

3.2.2. Diferença entre a posse de direito comum e a posse agrária – Efetividade da posse agrária

A posse regrada pelo direito civil se legitima apenas ficando à mercê do possuidor, desde que com isso ela exerça a vontade de verdadeiro dono. Não exige efetividade.

Tome-se, por exemplo, a posse para fins de usucapião regida pelo art. 1.238 do Código Civil, quer seja de imóvel rural ou urbano. No dispositivo não há a exigência de que o possuidor deva residir no imóvel urbano ou, na posse de um imóvel rural, explore uma atividade rural.

O texto citado está assim redigido:

> Art. 1.238. Aquele que, por quinze anos, sem interrupção, nem oposição, possuir como seu um imóvel, adquire-lhe a propriedade, independentemente de título e boa-fé; podendo requerer ao juiz que assim o declare por sentença, a qual servirá de título para o registro no Cartório de Registro de Imóveis.

Assim, basta possuir como seu um imóvel que o possuidor se legitima para adquirir a propriedade.

Mas, na posse agrária, há necessidade que o possuidor demonstre que:

- explora uma atividade tipicamente rural;
- de forma racional e adequada e que
- respeita o meio ambiente e às relações de trabalho.

Somente assim se cataloga como titular de uma boa posse.

3.2.3. A função social da posse agrária

No tópico acima, ficou demonstrado que a posse agrária tem um *plus*. Não basta o ânimo de dono do possuidor para se dizer tipificada. Ela exige efetividade que se consubstancia na exploração de uma atividade rural de forma racional e adequada e desde que respeite o meio ambiente e as relações de trabalho

Mas a posse é um instituto umbilicalmente atrelado à propriedade. Ou ela, como estrutura autônoma, a substitui, como no caso da posse originária da usucapião, ou ela é uma decorrência derivada, como no caso do arrendamento e da parceria rural e da desapropriação por interesse social para fins de reforma agrária.

O certo é que, se a propriedade imóvel no Brasil tem uma função social, ou uma obrigação ínsita, como bem definiu a Constituição alemã de Weimar, em 1919, ao dizer que a propriedade obriga, tudo dela decorrente estará afetado por este princípio.

Portanto, não é difícil concluir que a posse agrária no Brasil está vinculada á função social da propriedade, de onde é possível se concluir que a posse agrária tem uma função social a ser respeitada, quer ela seja criadora da propriedade, como na posse chamada de originária, quer ela seja derivada.

O ter e não usar no campo vem cedendo espaço para o usar sem ter.

3.2.4. A posse agrária originária

A posse agrária originária é instituto de aquisição de propriedade através da usucapião especial rural. E, como já referido no tópico anterior, ela se estrutura numa função social.

Essa posse agrária originária tem base constitucional através do art. 191 da CF, que diz:

> Art. 191. Aquele que, não sendo proprietário de imóvel rural ou urbano, possua como seu, por cinco anos ininterruptos, sem oposição, área de terra, em zona rural, não superior a cinquenta hectares, tornando-a produtiva por seu trabalho ou de sua família, tendo nela sua (6) moradia, adquirir-lhe-á a propriedade.

Portanto, não basta a intenção de ter um imóvel rural como seu para que alguém se arvore legitimado para adquirir uma fração de área rural. É preciso que ela a tenha tornado produtiva por seu trabalho ou de sua família. Isso nada mais é do que dá à terra uma destinação produtiva, elemento que integra o conceito de função social do imóvel rural, como se observou ao se analisar a função social da propriedade.

A Lei nº 6.969/81 é o devido processo legal que a formaliza o processo de aquisição.

Esta matéria será analisada no capítulo 11 deste Livro.

3.2.5. A posse agrária derivada

A posse agrária derivada, mas que mantém a mesma estrutura de respeitar a função social, está presente:

a) nos contratos agrários de arrendamento e parceria;
b) na desapropriação para fins reforma agrária e na expropriação por uso de plantas psicotrópicas;
c) nos interditos possessórios.

Os contratos agrários vinculados à posse agrária derivada – arrendamento e parceria rural –, através do qual o legislador instituiu o dirigismo contratual absoluto, em todo momento prima por realçar, de forma sistemática, a função social da posse agrária, tanto que relaciona como causa de despejo a não exploração do imóvel rural, como se verá no capítulo 9 deste livro.

Na desapropriação por interesse social para fins de reforma agrária a função social da posse agrária está presente, não só quando não atenta para a destinação que a lei lhe atribui, insertas no art. 186 da Constituição Federal, quando na condição de parceleiro, o beneficiário da reforma não a explora, permitindo a retomada da área, inclusive afastando da intervenção estatal a prática de esbulho ou a invasão, matéria que será aprofundada no capítulo 4 deste livro.

Na esteira da sanção por mau uso da posse agrária, tem-se o disposto no art. 243, também da Constituição Federal, quando estabelece que a exploração de culturas ilegais de plantas psicotrópicas conduz à expropriação sem qualquer indenização e sem prejuízo de outras sanções.

O dispositivo tem esta redação

Art. 243. As glebas de qualquer região do País onde forem localizadas culturas ilegais de plantas psicotrópicas serão imediatamente expropriadas e especificamente destinadas ao assentamento de colonos, para o cultivo de produtos alimentícios e medicamentosos, sem qualquer indenização ao proprietário e sem prejuízo de outras sanções previstas em lei.

E por fim, questão que ainda não foi bem aprofundada pelos estudiosos do processo civil, mas que me parece de aplicação lógico-dedutiva é a de que qualquer discussão processual que envolva a posse agrária, como condição de ação, é necessário que o possuidor agrário demonstre preencher os requisitos da função social da posse agrária e, dentre eles, que explore o imóvel de forma racional e adequada, conserve o meio ambiente e mantenha relação legal de trabalho. A não demonstração de tais requisitos torna o possuidor agrário, ativa ou passivamente, carecedor de ação possessória.

Os institutos possessórios foram criados para proteger a posse civil, mas, quando em discussão a posse agrária, merecem adaptação às novas exigências materiais.

4. Reforma Agrária

4.1. Breve história da propriedade rural no Brasil

A reforma agrária, ou aquilo que vulgarmente é entendido como dar terra a quem não tem, não é um problema exclusivamente nosso, já que nele também se embute a questão da posse da terra no campo individual ou na formação do estado. A conquista da Ásia por Genghis Khan, o domínio germânico do leste nórdico europeu desde Carlos Magno até Adolf Hitler; a invasão da Itália pelos ostrogodos, da Espanha pelos visigodos, da Inglaterra pelos saxões, tudo isso teve como escopo fundamental a posse e a propriedade da terra. Na Roma antiga, os irmãos Graco (Tiberius Sempronious Gracchus e Gaius Gracchus), nobres e filhos de Pretor da República, foram assassinados quando tentaram desafiar os senadores latifundiários da República Romana.

A história da propriedade rural no Brasil pode ter como marco o Tratado de Tordesilha, de 07.06.1494, firmado entre D. João, rei de Portugal, e D. Fernando e Isabel, reis de Espanha, homologado por bula papal, e que pacificou as rivalidades entre os dois reinos. O tratado dividiu o mundo a descobrir em uma linha imaginária do ártico ao Antártico, ficando Portugal com as terras à sua direita. Aqui surgia o que se pode chamar de embrião do direito de propriedade em terras depois brasileiras.

Com a descoberta do Brasil, Portugal sentiu necessidade de colonizar as novas terras, com o claro intuito de fortalecer a segurança do reino, incentivar o seu povoamento e, naturalmente, aumentar a sua riqueza. Foi com esse propósito que para aqui veio Martin Afonso de Souza, na condição de Governador-Geral, com poderes de doar a posse de terras aos que nela produzissem, sob pena de retomada. Assim, surgiu o que passou a ser conhecido de donatarialismo.

Sem maiores resultados essa forma de exploração da Colônia, Portugal buscou aplicar também aqui o sistema de capitanias hereditárias vigentes no reino, doando as terras pelo critério de sesmarias, ou seja, redistribuindo-se aquelas não exploradas entre os novos beneficiários, só que, agora, com registro no livro tombo, o que permitia a fiscalização das doações e a cobrança do dízimo anual ao donatário, uma espécie de pagamento pelo uso.

Essa tentativa de reforma agrária também não produziu os resultados almejados por Portugal, que endureceu na cobrança de mais divisas e, com isso, fomentou o sonho de independência.

O sistema de exploração sesmeiro da terra, mesmo com o Brasil independente, produziu um caos no tocante à titularidade da terra, levando ao surgimento da Lei nº 601, de 18.09.1850, a chamada Lei da Terra, editada com a clara finalidade de reestruturar o sistema de propriedade no País. Esse sistema vigeu até a edição do Código Civil, em 1916, e atualmente é regido pela Lei nº 6.015, de 31.12.73, a Lei dos Registros Públicos.

4.2. Terras devolutas

É possível se afirmar que a propriedade imóvel no País como direito individual é uma dádiva do poder público. A conclusão se retira de sua própria história e do surgimento de um instituto único chamado terras devolutas.

Como se viu no estudo anterior, a implantação das capitanias hereditárias por Portugal, através do sistema de redistribuição das terras abandonadas pelos donatários, chamado de sesmas, de onde sesmarias, e respectivo registro no livro tombo, ao invés de possibilitar uma normalização entre a propriedade e seu novo possuidor, gerou uma complicação tamanha que levou à falência a ideia do Reino português de explorar tributariamente a nova Colônia. A sucessão nas próprias famílias dos capitães titulares das sesmarias e a ausência de atualização dos novos herdeiros no registro tombo criou não só um hiato entre o verdadeiro dono, o Governo português, e a terra, como inviabilizou a cobrança do imposto chamado dízimo, correspondente a 10% dos rendimentos anuais auferidos pelos beneficiários do sistema.

Mesmo de eficácia diminuta, ou até mesmo de ineficácia, como ideia colonizadora, a implantação do sistema de capitanias hereditárias por Portugal nas novas terras serviu para caracterizar a titularidade jurídica pública da propriedade nessas terras. O domínio público, portanto, estava sedimentado, caracterizando a transposição para o domínio privado uma simples dádiva de seu detentor.

Mesmo com a independência do Brasil, a propriedade da terra continuou pública, havendo apenas mera substituição de titular, do Reino português para o Reino brasileiro. A passagem do domínio público para o domínio privado, por vendas e doações, ocorreu paulatinamente, eis que o sistema implantado pelas sesmarias continuou vigendo no país independizado.

A sedimentação da propriedade como direito individual veio com a Constituição Política do Império do Brasil, de 25 de março de 1824, através de seu art. 179, inciso XXII. Assim, é imaginável o descompasso em 1850 entre o que era público e o que estava em mãos privadas por transferência da titularidade ou ainda pelo sistema sesmeiro. Foi com a preocupação maior de extremar o que era público, separando-o do privado, e em estabelecer para este regras que consolidassem situações fáticas, que se editou a Lei n° 601, de 18.09.1850, conhecida como Lei da Terra, possibilitando o surgimento do instituto jurídico chamado de terras devolutas, que o art. 3º dessa lei assim conceituou:

> Art. 3º São terras devolutas:
> § 1º As que não se acharem aplicadas a algum uso público nacional, provincial, ou municipal.
> § 2º As que não se acharem no domínio particular ou qualquer título legítimo, nem forem havidas por sesmarias e outras concessões do Governo Geral ou Provincial, não incursas em comissão por falta de cumprimento das condições de medição, confirmação e cultura.
> § 3º As que não se acharem dadas por sesmarias, ou outras concessões do Governo, que, apesar de incursas em comisso, forem revalidadas por essa Lei.
> § 4º As que não se acharem ocupadas por posses, que, apesar de não se fundarem em título legal, forem legitimadas por esta Lei.

Portanto, pela origem pública da propriedade no País, é que se tem o instituto de terras devolutas, ou seja, terras que, não estando a qualquer título em mãos públicas ou privadas, deveriam ser devolvidas ao poder originário.

Ainda hoje, o instituto continua em plena vigência, tanto que é reconhecido na Constituição Federal como bens pertencentes à União ou ao Estado, dependendo dos limites em que se situe.

No entanto, com o passar do tempo e a natural e sempre crescente povoação do território nacional, a existência de terras devolutas vem se tornando de difícil comprovação, porquanto, para sua configuração, precisa ficar demonstrado que as terras alegadas como devolutas não estavam em poder público ou privado no ano de 1850, data que entrou em vigor a lei que o instituiu.

4.3. Processo discriminatório

Como já se viu, terras devolutas são terras públicas, em decorrência da própria origem da propriedade no País. Mas, como se adota o princípio de consolidação do direito de propriedade somente através do registro público, evidentemente que surgiu a necessidade de se discriminar tais áreas, tornando-as passíveis de inserção no registro de imóveis. E, para isso, surgiu a Lei nº 6.383, de 07.12.76, que estabeleceu regras para discriminar as terras devolutas da União.

Segundo a lei, o processo discriminatório pode ter origem administrativa ou ser instaurado judicialmente. Em qualquer das formas, a titularidade de proposição é do INCRA (Instituto Nacional de Colonização e Reforma Agrária).

No primeiro caso, a Presidência do INCRA cria uma Comissão Especial de 3 membros com a finalidade específica de discriminar terras devolutas da União. Formada esta, inicia-se o processo administrativo propriamente dito, com a apresentação de memorial descritivo da área apontada como devoluta, intimando-se os interessados por edital para que em 60 (sessenta) dias se manifestem a respeito, abrindo-se-lhes prazo de defesa e produção de prova. Ausentes de dúvidas, que as terras são efetivamente devolutas, o Presidente da Comissão Especial determinará seu registro no Registro de Imóveis competente.

O processo judicial de discriminação de terras devolutas tem o rito sumário do Código de Processo Civil e será proposto na Justiça Federal, diante do interesse da União. A petição inicial será instruída com memorial descritivo do imóvel; os interessados serão citados e poderão responder e produzir provas. A apelação da sentença que discrimina a terra como devoluta tem apenas efeito devolutivo, o que faculta sua imediata execução, que corresponde à demarcação da área. O Ministério Público da União é presença obrigatória no processo.

A lei possibilita ainda sua aplicação na discriminação das terras devolutas dos Estados.

4.4. Conceito de Reforma Agrária

O Estatuto da Terra, no seu art. 1º, § 1º, conceitua o que se deve entender por reforma agrária, quando diz:

> Considera-se Reforma Agrária o conjunto de medidas que visem a promover melhor distribuição da terra, mediante modificações no regime de sua posse e uso, a fim de atender aos princípios de justiça social e ao aumento de produtividade.

Do conceito estabelecido pelo legislador, de logo, se sobressai a conclusão de que reforma agrária é, acima de tudo, distribuição de terras, mas não apenas isso. As terras serão distribuídas, porém com duas finalidades básicas: a busca de justiça social e o aumento de produtividade.

4.5. Terras passíveis de Reforma Agrária

A desapropriação de terras pela União, para fins de reforma agrária, tornou-se possível no direito positivo brasileiro através do art. 147, § 1º, da

Constituição Federal de 1946, pela redação que lhe deu a Emenda Constitucional nº 10, de 10.11.64 que, como já disse no ponto nº 1, foi o marco de surgimento do direito agrário no País. E a implementação ordinária desse dispositivo veio com o Estatuto da Terra.

Pois as terras passíveis de reforma agrária, na visão estatutária, eram as seguintes, conforme a relação do art. 20 dessa lei:

Art. 20. As desapropriações a serem realizadas pelo Poder Público, nas áreas prioritárias, recairão sobre:
I – os minifúndios e os latifúndios;
II – as áreas já beneficiadas ou a serem por obras públicas de vulto;
III – as áreas cujos proprietários desenvolverem atividades predatórias, recusando-se a pôr em prática normas de conservação dos recursos naturais;
IV – as áreas destinadas a empreendimentos de colonização, quando estes não tiverem logrado atingir seus objetivos;
V – as áreas que apresentem elevada incidência de arrendatários, parceiros e posseiros;
VI – as terras cujo uso atual não seja, comprovadamente, através de estudos procedidos pelo Instituto Brasileiro de Reforma Agrária, o adequado à sua vocação de uso econômico.

A especificação de terras passíveis de reforma agrária, estabelecida pelo Estatuto da Terra, como se pode observar, tinha um leque muito grande de possibilidades. No entanto, a maior ênfase foi dada às áreas de minifúndios e de latifúndios. Estas, correspondendo àquelas terras de tamanhos inferiores a um módulo rural, que, como já se viu, podem se enquadrar entre 02 (dois) e 120 (cento e vinte) hectares, dependendo de sua localização geográfica e tipo de exploração nela verificada. Já as áreas chamadas de latifúndio seriam aquelas superiores a 600 (seiscentos) módulos rurais.

Os percalços sofridos na execução da reforma agrária, em decorrência da mudança política verificada logo após a edição do Estatuto da Terra, levou o Poder Executivo, agora já em 21.10.87, a modificar as áreas passíveis de desapropriação, e assim, através do Decreto-Lei nº 2.362, restringiu-as às propriedades acima de 1.500 (um mil e quinhentos) hectares, na zona da SUDAM (Superintendência para Desenvolvimento da Amazônia); de 1.000 (um mil) hectares, para aquelas da região da SUDECO (Superintendência para Desenvolvimento do Centro-Oeste); de 500 (quinhentos) hectares, para a região da SUDENE (Superintendência para Desenvolvimento do Nordeste) e de 250 (duzentos e cinquenta) hectares para o restante do País, acentuando ainda, como segundo pressuposto, a condição de improdutivas.

Com a Constituição de 1988, o critério para áreas passíveis de reforma agrária foi novamente modificado. Agora, como regra geral, toda área que não cumpra sua função social sofre desapropriação, consoante o enunciado do art. 184. Todavia, em quase completa negação a este princípio, está o art. 185 da mesma Constituição Federal, que tornou insuscetíveis de desapropriação a pequena e a média propriedade, desde que o proprietário não possua outra, e a propriedade produtiva. Portanto, restaram como áreas passíveis de reforma agrária apenas as grandes propriedades improdutivas.

Demonstrando que reforma agrária é uma verdadeira Eris, a deusa da discórdia, a definição de pequena, média e propriedade produtiva só foi regulamentada pela Lei Ordinária nº 8.629, de 25.02.93, ou seja, mais de 5 anos após. Nesse interregno, não foi possível se desapropriar por interesse social, para fins de reforma agrária, pois os preceitos constitucionais necessitavam de regulamentação. Ademais, buscar a União uma desapropriação sem tais especificações era atentar contra os também princípios constitucionais, que garantem o direito de propriedade e exige para retirá-la o devido processo legal.

A Lei nº 8.629/93, no seu art. 4º, definiu pequena propriedade como aquela de área inferior a 4 (quatro) módulos fiscais; média propriedade, aquela de área superior a 4 (quatro) até 15 (quinze) módulos fiscais. Evidentemente que a lei não conceituou a que seria uma grande propriedade, sendo facilmente inferível de ser aquela de área superior a 15 (quinze) módulos fiscais.

O conceito de módulo fiscal, instituto originalmente criado para calcular o Imposto sobre a Propriedade Territorial Rural, está, hoje, abandonado no seu mister pela Lei nº 9.393/96, que estabeleceu novas regras para o I.T.R., retornou ao hectare, é encontrável na análise dos arts. 49 e 50 do Estatuto da Terra, e que pode ser definido como o resultado encontrado pela divisão da área aproveitável de uma propriedade com o módulo fiscal padrão existente em todo município.

Para se exemplificar, tome-se uma propriedade de 100 ha, com área aproveitável de 80 ha, situada no município cujo padrão de módulo fiscal prévio estabelecido pelo INCRA seja de 10 ha por módulo, ter-se-á, portanto, uma área de 8 módulos fiscais; logo, na definição legal, uma média propriedade e por isso insuscetível de desapropriação para a reforma agrária. Como segundo exemplo, tome-se uma outra propriedade rural com os mesmos 100 ha só que, diante de sua situação geográfica, tem uma área aproveitável de apenas 50 ha, sendo o módulo fiscal do município em que se situa correspondente a 20 ha. Dessa forma, ter-se-á uma propriedade de 2,5 módulos fiscais, portanto, uma pequena propriedade rural. Como terceiro exemplo, tenha-se ainda a propriedade rural de 100 ha, com um excelente aproveitamento de 90 ha, situada em município que prefixou o módulo fiscal em 5 ha. O resultado é uma propriedade com 45 módulos fiscais e, dessa forma, uma grande propriedade rural para efeitos de desapropriação para fins de reforma agrária.

O conceito de propriedade produtiva, como elemento econômico para se reconhecer como insuscetível de desapropriação uma propriedade rural, é encontrável no art. 6º da mesma Lei nº 8.629, de 25.02.93, nos seguintes termos:

> Art. 6º Considera-se propriedade produtiva aquela que, explorada econômica e racionalmente, atinge, simultaneamente, graus de utilização da terra e de eficiência na exploração, segundo índices fixados pelo órgão federal competente.

E no § 1º do mesmo artigo, diz que o grau de utilização da terra não pode ser inferior a 80% entre a área passível de aproveitamento e a efetivamente utilizada. Quanto ao conceito de eficiência na exploração, estabelece a lei grau 100% para todos os tipos de atividades agropastoris, não podendo ser inferior àqueles índices regionais.

Em outras palavras, uma propriedade será considerada produtiva se explorar 80% de sua área aproveitável com eficiência de 100% da média do que se produz regionalmente.

4.6. O procedimento de desapropriação para Reforma Agrária

A desapropriação por interesse social, para fins de reforma agrária, prevista no art. 184 da Constituição Federal, foi regulamentada pela Lei Complementar nº 76, de 06.07.93, e agora alterada pela também Lei Complementar nº 88, de 23.12.96. Assim o princípio do devido processo legal desapropriatório, garantia constitucional ao indivíduo proprietário mesmo de uma grande propriedade improdutiva, de só se ver privado de seu imóvel rural mediante regramento específico, tem nestas leis suas regras procedimentais.

Agora, uma análise sistemática do procedimento criado por estas leis.

Competência – Inicialmente, repetindo a Constituição Federal, diz a lei que a competência para desapropriar, por interesse social, para fins de reforma agrária, é da União, através de seu órgão executor da reforma agrária, que é o INCRA. O que significa afirmar que os Estados, o Distrito Federal e os Municípios não podem desapropriar imóveis rurais para fazer reforma agrária. Isso não impede, todavia, que eles adquiram, por compra, imóveis rurais e os distribuam, conforme entenderem. A proibição reside da retirada coativa da propriedade. Esta, sim, é de exclusiva competência federal.

Como a competência para desapropriar para fins de reforma agrária é da União, tem-se que o processo tramitará na vara da Justiça Federal, onde se situe o imóvel desapropriando.

O Conselho da Justiça Federal, órgão diretivo superior da Justiça Federal, autorizou, na sessão de maio de 2001, que cada Tribunal Regional

Federal possa criar varas agrárias no âmbito de sua circunscrição com o intuito de especializar e agilizar os julgamentos sobre processos de desapropriação por interesse social para fins de reforma agrária.

Apesar da competência federal, vem entendendo o Estado do Rio Grande do Sul sua competência para desapropriar, por interesse social, imóveis rurais com destino ao estabelecimento e à manutenção de colônias ou cooperativas de povoamento e trabalho agrícola, com base no art. 2º, inciso III, e art. 5º da Lei Federal nº 4.132, de 19 de setembro de 1962. A desapropriação é típica de reforma agrária.

A Lei nº 4.132/62, que efetivamente permitia a desapropriação por interesse social para o estabelecimento e a manutenção de colônias ou cooperativas de povoamento e trabalho agrícola, não tem mais aplicação no cenário jurídico nacional. Ocorre que a Lei nº 4.504, de 30/11/1964, o Estatuto da Terra, que reestruturou toda a sistemática agrária até então vigente no país, no § 1º do art. 1º, já fixava que reforma agrária se constituía no conjunto de medidas que visassem a promover melhor distribuição da terra, mediante modificação no regime de sua posse e uso, a fim de atender aos princípios de justiça social e ao aumento de produtividade, como se observou. Por conseguinte, criar estabelecimentos ou cooperativas de povoamento e trabalho agrícola é dar à terra uma nova destinação, é tentar fazer reforma agrária. Ora, o Estatuto da Terra retirou dos demais entes públicos federados a competência para desapropriar por interesse social para fins de reforma, tanto outorgado ao INCRA, autarquia federal, plena competência para implementar sua execução. Não fora isso que colocou no limbo jurídico da revogação a Lei nº 4.132/62 pelo Estatuto da Terra, Lei nº 4.504/64, a Constituição Federal de 1988, que novamente tratou de posicionar a reforma agrária, não recepcionou nenhuma das leis citadas, já que criou estrutura própria no Título VII, Capítulo III – Da Política Agrícola e Fundiária e da Reforma Agrária, estabelecendo princípios inequívocos quanto à competência federal. Portanto, não existindo mais qualquer competência estadual ou mesmo municipal para desapropriar para qualquer atividade que implique reforma agrária, dessa forma a pretensão estadual fere o direito de propriedade e pode o ato administrativo estadual por esse fundamento sofrer o controle do Poder Judiciário.

Prévio procedimento administrativo – Mas não basta o INCRA pretender desapropriar esta ou aquela grande propriedade improdutiva, para que possa imediatamente ajuizar a ação desapropriatória. Há necessidade de um prévio procedimento administrativo, instaurado no próprio órgão, para que ele possa aferir se efetivamente o imóvel é grande e improdutivo, nos termos da Lei nº 8.629, de 25.02.93, procedimento este que culminará com decreto do Presidente da República, declarando o imóvel de interesse social, para fins de reforma agrária.

Decreto desapropriatório – A cópia desse decreto, publicado no Diário Oficial da União, se constituirá em prova do bom direito do poder expropriante, para o ajuizamento de medida cautelar de vistoria e avaliação, preparatória da ação de desapropriação propriamente dita.

Tema de grande discussão na prática reside no procedimento de vistoria prévia a ser feita nas propriedades apontadas como passíveis de reforma agrária pelo INCRA. Inicialmente, dúvida surge na necessidade de se dar ciência pessoal ao proprietário quanto a este ato administrativo ou se bastaria a mera notificação a seu preposto, uma vez que é fato incontroverso que se lhe deva dar conhecimento. Tenho que, diante da importância do direito em discussão e em respeito ao princípio do contraditório e da ampla defesa, e ainda que o laudo daí resultante servirá de prova para a propositura da ação de desapropriação, que esta comunicação deva se operar na pessoa do proprietário como regra, e somente no caso de subterfúgio ou deliberada ação evasiva por parte dele se opere a notificação de outra forma em direito permitida. Aliás, a Medida Provisória nº 1.703, embora a entenda flagrantemente inconstitucional desde quando sua reiteração por mais de 15 vezes lhe retira o caráter de urgência, trata da matéria ao dar nova redação ao art. 2º, § 2º, da Lei nº 8.629, de 25.02.1993. Dúvida também importante surge com relação ao que se deve considerar como propriedade produtiva quando o imóvel se dedica à pecuária. Será de 0,30 UA (unidade animal) por hectare, como sustentam os proprietários rurais, ou 0,80 UA, como afirma o INCRA? A questão tem levado a um forte enfrentamento entre os proprietários rurais e o Órgão Público, especialmente na zona sul do Estado do Rio Grande do Sul, levando a um impasse que só prejudica a reforma agrária.

Prazo para ajuizamento da ação de desapropriação – A Lei Complementar nº 76, o seu art. 3º, estabelece que a ação de desapropriação por interesse social, para fins de reforma agrária, será ajuizada no prazo de 2 (dois) anos, contados da publicação do decreto declaratório no Diário Oficial da União. Embora a referida lei não sancione, a inércia do poder expropriatório, há de se entender que, sendo este prazo decadencial, ou de perda de validade legal do ato administrativo complexo, a não proposição da ação dentro desse período torna o decreto declaratório de desapropriação sem eficácia. Assim, não poderá ele ser mais utilizado como documento essencial na propositura da ação cautelar de vistoria e avaliação, nem na ação principal de desapropriação. Contudo, isso não impede que, em novo procedimento administrativo, e constatando o INCRA que a propriedade se mantém grande e improdutiva, volte a ser reeditado outro decreto expropriatório pelo Presidente da República. O que não pode ser aproveitado é o mesmo procedimento, pois, perdendo o ato administrativo sua validade, somente a manutenção da realidade fática que o ensejou permitirá sua reedição.

O STF já decidiu da seguinte forma:

MANDADO DE SEGURANÇA. DESAPROPRIAÇÃO. IMÓVEL RURAL. 2. Ato do Presidente da República. Decreto de 17.02.2000, que declarou de interesse social para fins de reforma agrária o imóvel rural denominado Fazenda Nossa Senhora do Carmo. 3. Sustentação de que o início do procedimento que culminou na edição do Decreto Presidencial expropriatório é nulo, tendo em conta que a notificação se efetivou no dia subsequente à data de ingresso dos técnicos do INCRA na propriedade, para a realização da vistoria, sem a anterioridade prevista no § 2º do art. 2º, da Lei nº 8.629/93. 4. Ausência de notificação ou comunicação prévia. Cumpre à Administração tornar insuscetível de dúvida que aconteceu prévia notificação – porque, como exigência legal, é ela elemento imprescindível para a validade do processo administrativo, que se ultima com a expedição do Decreto presidencial declarando de interesse social para Reforma Agrária o imóvel vistoriado. 5. Mandado de segurança deferido para anular o decreto de 17 de fevereiro de 2000, do Sr. Presidente da República, que declarou de interesse social para Reforma Agrária o imóvel rural denominado "Fazenda Nossa Senhora do Carmo". (MS 23654/SP Relator: Min. Néri da Silveira. j. 13/03/2002)

MANDADO DE SEGURANÇA – REFORMA AGRÁRIA – IMÓVEL RURAL – PRODUTIVIDADE COMPROVADA POR REGISTRO CONSTANTE DO SISTEMA NACIONAL DE CADASTRO RURAL – INVASÉO DO IMÓVEL POR TRABALHADORES RURAIS – ESBULHO POSSESSÓRIO PRATICADO MEDIANTE AÇÃO COLETIVA – CONSEQÜENTE DEGRADAÇÃO DO COEFICIENTE DE PRODUTIVIDADE FUNDIÁRIA – SITUAÇÃO CONFIGURADORA DE FORÇA MAIOR – DESCABIMENTO DA DESAPROPRIAÇÃO-SANÇÃO (CF, ART. 184, *CAPUT*) – INVALIDAÇÃO DA DECLARAÇÃO EXPROPRIATÓRIA – MANDADO DE SEGURANÇA CONCEDIDO. – A prática ilícita do esbulho possessório, quando afetar os graus de utilização da terra e de eficiência em sua exploração, comprometendo os índices fixados por órgão federal competente, qualifica-se, em face do caráter extraordinário que decorre dessa anômala situação, como hipótese configuradora de força maior, constituindo, por efeito da incidência dessa circunstância excepcional, causa inibitória da válida edição do decreto presidencial consubstanciador da declaração expropriatória, por interesse social, para fins de reforma agrária, notadamente naqueles casos em que o coeficiente de produtividade fundiária – revelador do caráter produtivo da propriedade imobiliária rural e assim comprovado por registro constante do Sistema Nacional de Cadastro Rural – vem a ser descaracterizado como decorrência direta e imediata da ação predatória desenvolvida pelos invasores, cujo comportamento, frontalmente desautorizado pelo ordenamento jurídico, culmina por frustrar a própria realização da função social inerente à propriedade. Precedentes. (Mandado de Segurança. Relator: Min. Celso de Mello. j 17/04/2002)

Decisão

- O Tribunal concedeu a segurança para fulminar o decreto desapropriatório de 03 de maio de 2000, publicado no Diário Oficial da União de 04 de maio do referido ano, que declarou como de interesse social, para fins de reforma agrária, o imóvel rural denominado "Fazenda Disco", situado no Município de Paranaiguara, Estado de Goiás. Presidiu o julgamento, sem voto, o Senhor Ministro Marco Aurélio. Plenário, 17.04.2002.

- Verificada a omissão na proclamação do resultado do julgamento do MS 23.759-7/GO, que se faça constar que a decisão foi por unanimidade. Ausente, justificadamente, nesta assentada, o Senhor Ministro Marco Aurélio, Presidente. Presidência do Senhor Ministro Ilmar Galvão, Vice-Presidente. Plenário, 24.04.2002.

Conteúdo da petição inicial desapropriatória – A desapropriação por interesse social, para fins de reforma agrária, é uma ação especial e por isso tem requisitos próprios.

A sua petição inicial, conforme o art. 5º da Lei Complementar nº 76, além do conteúdo exigível para qualquer ação previsto no Código de Processo Civil, exige que contenha ela a oferta do preço e seja instruída com os seguintes documentos:

I – texto do decreto declaratório de interesse social para fins de reforma agrária, publicado no Diário Oficial da União;
II – certidões atualizadas de domínio e de ônus do imóvel; documento cadastral do imóvel;
III – laudo de vistoria e avaliação administrativa, que conterá, necessariamente
a) a descrição do imóvel, por meio de suas plantas geral e de situação, e memorial descritivo da área objeto da ação;
b) relação das benfeitorias úteis, necessárias e voluptuárias, das culturas e pastos naturais e artificiais, da cobertura florestal, seja natural ou decorrente de florestamento ou reflorestamento, e dos semoventes;
c) discriminadamente, os valores de avaliação da terra nua e das benfeitorias indenizáveis.

A Lei Complementar nº 88, de 23.12.93, acresceu dois outros documentos como indispensáveis ao ajuizamento da ação de desapropriação: a) o comprovante de lançamento dos Títulos da Dívida Agrária correspondente ao valor ofertado para pagamento da terra nua e b) o comprovante de depósito em banco ou outro estabelecimento no caso de inexistência de agência na localidade, à disposição do juízo, correspondente ao valor ofertado para pagamento das benfeitorias úteis e necessárias.

A oferta do preço, como requisito inicial para a propositura da ação desapropriatória, é explicável como obediência ao princípio constitucional de que, embora sendo possível a retirada da propriedade privada pelo poder público, isso somente se realizará, mediante justa e prévia indenização, em títulos da dívida agrária, para a terra nua, e em dinheiro, para as benfeitorias úteis e necessárias, nos termos dos arts. 5º, inciso XXIV, e 184 da Constituição Federal. Deve ser observado que ainda não é o depósito do preço. É apenas uma oferta, pois ele pode não ser aceito judicialmente. Essa oferta de preço deve corresponder ao que for apurado na prévia vistoria e avaliação, realizada administrativamente pelo INCRA.

O texto do decreto declaratório de interesse social para desapropriação deve acompanhar a inicial, pois é através dele que fica demonstrada a declaração de vontade pública de retirar a propriedade privada. E essa vontade, exteriorizada por ato administrativo, tem de respeitar o princípio da publicidade, consoante determina o art. 37 da Constituição

Federal. Portanto, é documento essencial para a propositura da ação de desapropriação em análise.

A certidão atualizada de domínio e de ônus real do imóvel e a certidão cadastral do imóvel servem para indicar quem é o proprietário do imóvel, se sobre ele existe algum ônus real e qual sua condição cadastral no INCRA.

Já o laudo de vistoria e avaliação serve para demonstrar judicialmente que a propriedade imóvel nele apontada é grande e improdutiva e, ainda, para fixar a existência de todas as circunstâncias nele encontradas, como minudentemente descreve a própria lei. Em outras palavras, a desapropriação está sendo realizada tomando por base dados técnicos, e não empíricos, do imóvel.[3]

A petição inicial desapropriatória em juízo – Estando a petição inicial em ordem, será ela distribuída a um juiz federal da situação do imóvel que, de plano, ou em 48 horas: a) mandará intimar o autor na posse do imóvel; b) determinará a citação do expropriado para contestar o pedido e indicar assistente técnico, se quiser e c) expedirá mandado ordenando a averbação de ajuizamento da ação no registro de imóvel expropriando, para conhecimento de terceiro.

A determinação de imissão imediata na posse do imóvel é alteração criada pela Lei Complementar nº 88, de 23.12.93, eis que o dispositivo anterior submetia a oferta do preço ao prévio crivo judicial. Ele é decorrência da exigência também criada por essa lei de a inicial desapropriatória se fazer acompanhar do comprovante de lançamento das TDAs para a terra nua e do comprovante de depósito em dinheiro para as benfeitorias úteis e necessárias. A justificativa propalada pelo Governo Federal para a criação deste dispositivo é de que, pela sistemática anterior, a imissão de posse pelo INCRA se tornava muito demorada, o que impedia o desenvolvimento da reforma agrária.

Ocorre que o Poder Judiciário é independente nos precisos termos constitucionais, e não pode sofrer ingerência na sua função de dizer o direito. Por conseguinte, a determinação legal de subjugar o juiz federal

---

[3] O STF já decidiu o seguinte: MANDADO DE SEGURANÇA Nº 22.999/PE – Relator Ministro Marco Aurélio. Impetrante: José Gomes de Albuquerque. Impetrado: Presidente da República. Revista Trimestral de Jurisprudência, Supremo Tribunal Federal, vol. 174, outubro de 2000, p. 174: Reforma Agrária – Vistoria – Notificação – Natureza. A notificação prevista no artigo 2º, § 2º, da Lei nº 8.629/93 é essencial à valia do ato. Cumpre observar o caráter prévio previsto nesse preceito, não subsistindo, sob a frágil argumentação de a vistoria haver sido acompanhada, sem resistência, pelo proprietário do imóvel, o ingresso e levantamento de dados verificados no mesmo dia em que entregue a notificação. Precedentes sobre a necessidade de a notificação ser prévia: Mandado de Segurança nºs 22.164/SP, 22.319/SP e 22.613/PE, o primeiro relato pelo Ministro Celso de Mello, tendo sido o Ministro Maurício Corrêa designado para redigir os acórdãos dos dois últimos (arestos publicados nos Diários da Justiça dos dias 17 de novembro de 1995 e 14 de fevereiro de 1997, os dois primeiros e em 8 de junho de 1998, o último, respectivamente).

à concessão imediata de imissão de posse em favor do expropriante tem que ser vista com reserva.

Evidentemente que, se houver correspondência entre o preço ofertado e depositado e aquilo que a Constituição Federal chama de *indenização prévia e justa* do imóvel desapropriando, em respeito ao princípio da presunção de verdade onde se embasam as declarações de vontade da administração pública, é de ser deferida a liminar imissiva de posse, até porque se está diante de uma questão naturalmente explosiva e já na cena política há mais de 40 anos. Todavia, a determinação legal não prevalecerá se o processo desapropriatório estiver eivado de vícios formais, como depósito insuficiente da oferta de preço, inicial desacompanhada de documentos exigidos por lei e houver dúvidas quanto à natureza do imóvel passível de desapropriação, ou qualquer outra situação que desrespeite o direito de propriedade do expropriando. Intervir na propriedade privada é um direito do Estado. No entanto, este direito tem que respeitar os ditames da lei.

A formação do contraditório – A Lei Complementar n° 76 inova em alguns pontos frente ao Código de Processo Civil. Depois de estabelecer que a citação do expropriando será feita na pessoa do proprietário do bem ou de seu representante legal, ressalta que, sendo ele espólio e inexistindo inventariante, ela será feita na pessoa do cônjuge sobrevivente ou na de qualquer herdeiro ou legatário que esteja na posse do imóvel (art. 7°, § 2°). Essa determinação importa reconhecer que a ação desapropriatória não sofrerá qualquer obstáculo quanto à titularidade do expropriado, como normalmente ocorre de se sobrestar o andamento do processo até que ocorra a substituição processual. A lei não deixa dúvida. Assume a titularidade processual passiva, inexistindo inventariante, o cônjuge sobrevivente. Há que se entender, por lógico, que essa substituição legal somente se operará tendo existido casamento válido do proprietário do imóvel expropriando, pois a palavra *cônjuge* pressupõe a existência anterior de laços conjugais.

Não me parece que essa substituição legal ocorra na figura do companheiro. É que, embora a união estável tenha sido comparada ao casamento, há uma circunstância anterior incontestável que os diferencia: a prova da existência de um e do outro. No casamento, ela se consubstancia na certidão de casamento. No companheirismo, há necessidade de prova de sua existência. Dessa forma, até pela celeridade buscada pelo legislador na ação de desapropriação para fins de reforma agrária, a substituição processual do espólio, não existindo inventariante, limita-se apenas ao casamento.

A segunda inovação imposta pela lei é a de que, não havendo cônjuge sobrevivente, e aqui tem que se entender a ordem sucessiva de preferência, tomará o lugar de substituto processual passivo na ação de desapropriação para fins de reforma agrária o herdeiro ou legatário que esteja na posse do imóvel. A relação fática possessória do herdeiro ou legatário é que o legitimará no polo passivo da ação expropriatória. E não há preferência entre um e outro.

A obrigação do poder expropriante imposta pela lei é a de citar o cônjuge sobrevivente, ou, na ausência, o herdeiro ou legatário que esteja na posse do imóvel. Isso não significa que seja vedado aos demais interessados suas presenças no processo de forma espontânea. Só que, se tal não ocorrer, seus interesses estarão nas mãos daqueles que a lei legitimou.

As dúvidas que vierem a ocorrer sobre a titularidade do domínio não impedem o andamento da ação desapropriatória, como regra geral, salvo se a questão impedir o prosseguimento do processo.

Outra novidade imposta pela lei é que só serão citados os confrontantes que, fundamentadamente, tenham contestado as divisas do imóvel no processo administrativo de desapropriação. Ou seja, se eles foram ausentes na fase administrativa do processo, não mais serão chamados nessa fase judicial, significando dizer que, por força legal, não têm eles interesse de agir.

A lei possibilita que o ato citatório se efetive pelo correio, através de carta com Aviso de Recebimento.

A Lei Complementar nº 88/96 instituiu a possibilidade de o juiz designar audiência de conciliação, com o intuito de abreviar o processo desapropriatório, para isso intimando as partes e o Ministério Público para data previamente estabelecida. Havendo acordo, será ele homologado e terá força de sentença para viabilizar o registro do imóvel em nome do poder expropriante.

A defesa dos interessados – Repetindo o Decreto-Lei nº 3.365, de 21.06.41, que trata da desapropriação por utilidade ou necessidade pública, e o revogado Decreto-Lei nº 554, de 25.04.69, que anteriormente regrava a desapropriação por interesse social, a Lei Complementar nº 76, de 06.07.93, estabeleceu a possibilidade de ampla defesa, mas com a expressa ressalva de exclusão quanto ao interesse social declarado. É o que se lê no seu art. 9º.

A defesa, por conseguinte, deverá ser apenas oposta quanto ao valor da indenização, eis que vedada qualquer discussão sobre o interesse social.

Entendo, todavia, que a vedação deve ser bem esclarecida, para que não se atente contra o princípio constitucional da ampla defesa, que é direito individual instituído pelo art. 5º, inciso LV, da Constituição Federal.

Assim, quando a lei fala na impossibilidade de se discutir como matéria de defesa o interesse social declarado pelo Presidente da República através do decreto declaratório de expropriação, isto significa dizer que, sendo ato de poder da administração pública, plenamente autorizado por norma constitucional (art. 5º, inciso XXIV, da Constituição Federal), essa declaração de vontade não pode ser posta em dúvida, porque ela representa o interesse coletivo a preponderar sobre o individual.

Todavia, a indiscutibilidade desse ato administrativo se baseia no pressuposto de sua validade e eficácia. Assim, se o ato administrativo declaratório de interesse social para fins de reforma agrária foi irregularmente expedido, como por exemplo, declarando a propriedade rural como grande e improdutiva quando, em verdade, não é ela nem grande, nem improdutiva, na definição dos arts. 4º e 6º da Lei nº 8.629, de 25.02.93, evidentemente que a declaração de vontade do poder público está viciada e, dessa forma, possibilita sua arguição como matéria de defesa, em contestação, na ação desapropriatória, para que o Poder Judiciário analise a existência ou não desses pressupostos.

Dessa forma, o que se está arguindo em defesa, ou sendo enfrentado pelo Judiciário, não é o mérito do ato administrativo declaratório de interesse social, mas um ato administrativo viciado, que, por sua própria doença, não pode produzir qualquer efeito, muito menos atacar um direito individual constitucionalmente garantido, como é o direito de propriedade.

Aliás, a Súmula 473 do Supremo Tribunal Federal pode ser evocada nesta sustentação quando diz:

> A administração pode anular seus próprios atos, quando eivados de vícios que os tornam ilegais, porque deles não se originam direito; ou revogá-los, por motivo de conveniência ou oportunidade, respeitados os direitos adquiridos e ressalvada, em todos os casos, a apreciação judicial.

A defesa posposta com relação ao valor a indenizar, por sua vez, pode se constituir em batalha jurídica dura e longa.

Apenas para que se tenha um pálida ideia: qual o valor considerado justo para que se possa indenizar a terra nua expropriada? O valor histórico, o contábil, o venal, o fiscal ou o econômico? é bem verdade que o art. 12 da Lei nº 8.629, de 25.02.93, modificando a base de incidência desse conceito, que já foi histórico e fiscal, procura dar luzes ao afirmar:

> Art. 12. Considera-se justa a indenização que permita ao desapropriado a reposição, em seu patrimônio, do valor do bem que perdeu por interesse social.

Por esse preceito, o valor considerado justo para se indenizar a terra nua expropriada tem estrutura econômica.

A Medida Provisória nº 1.703 deu nova conceituação ao art. 12 da Lei nº 8.629, de 25.02.93, dizendo o seguinte:

Considera-se justa a indenização que reflita o preço atual de mercado do imóvel em sua totalidade, aí incluídas as terras e acessões naturais, matas e florestas e as benfeitorias indenizáveis, observados os seguintes aspectos:

I – localização do imóvel;
II – aptidão agrícola;
III – dimensão do imóvel;
IV – área ocupada e ancianidade das posses;
V – funcionalidade, tempo de uso e estado de conservação das benfeitorias.
§ 1º Verificado o preço atual de mercado da totalidade do imóvel, proceder-se-á à dedução do valor das benfeitorias indenizáveis a serem pagas em dinheiro, obtendo-se o preço da terra a ser indenizado em TDAs.
§ 2º Integram o preço da terra as florestas naturais, matas nativas e qualquer outro tipo de vegetação natural, não podendo o preço apurado superar, em qualquer hipótese, o preço de mercado do imóvel.

É de se observar que a intenção do Poder Executivo com essa Medida Provisória foi de fixar parâmetros objetivos para a indenização. Repito aqui o que já disse anteriormente: que a medida provisória é flagrantemente inconstitucional por dois motivos: o primeiro deles é que sendo a competência do Executivo excepcional, o binômio relevância e urgência para sua edição necessita de fundamentação prévia. A manifestação de vontade, portanto, necessitaria de motivação. E o segundo, que sua reedição continuada lhe retira o caráter de urgência.

A fase instrutória da desapropriação – Como a regra geral nas ações de desapropriação por interesse social, para fins de reforma agrária, é de que se discuta apenas o *quantum* a indenizar na fase instrutória, e apenas, excepcionalmente, a existência de algum vício no ato administrativo que declarou o interesse social do imóvel, o legislador buscou limitar aquela discussão, estabelecendo que ela se cingiria tão somente aos pontos impugnados no laudo de vistoria e avaliação que acompanhou a inicial.

Limitada a instrução a dados técnicos do valor a indenizar, tem-se que a produção de prova pessoal ficará limitada a algum esclarecimento dos *experts* em audiência.

A grande discussão que poderá se travar nesta fase do processo é sobre o valor da terra nua e das benfeitorias a indenizar, especialmente porque as consideradas úteis e necessárias importarão em indenização em dinheiro, e não estarão sob o critério de carência de 2 (dois) anos e de resgate sucessivo, como ocorre com a indenização pelos TDAs.

A sentença desapropriatória – Como não se pode discutir no processo de desapropriação, o interesse social declarado por decreto do Presidente da República, a sentença, por óbvio, transmitirá, no primeiro momento, a propriedade do particular para a União e, no segundo momento, fixará o valor da indenização correspondente aos TDAs, quanto à terra nua, e em dinheiro, para as benfeitorias úteis e necessárias, valendo-se o juiz de qualquer meio de convencimento, inclusive pesquisa de mercado.

O valor da indenização deverá corresponder ao valor apurado na data da perícia, corrigido monetariamente até a data do efetivo pagamento, se evidentemente se louvá-lo nesta prova.

A Medida Provisória nº 1.703, reeditada mensalmente desde abril de 1997, acresceu à Lei nº 8.629, de 25.02.93, o art. 26-A, que limitou a fixação de juros compensatórios a 6% ao ano. A medida provisória é flagrantemente inconstitucional por carecer de relevância e urgência. Inicialmente, porque não basta a alegação injustificada, oca, do binômio relevância e urgência para que o Poder Executivo se substitua na competência do Poder Legislativo. É necessário justificação de que consiste a relevância e a urgência para a edição da medida excepcional. De outro lado, a reedição da medida como tem sido feita lhe retira todo caráter de urgência.

Embora a lei não determine, a jurisprudência é pacífica em fazer integrar ao valor da indenização também o pagamento dos juros compensatórios e dos juros moratórios. Aqueles, de 12% ao ano, a partir da imissão da posse, como uma forma de compensar o proprietário pelo não uso da terra. Estes, de 6% ao ano, agora a partir do trânsito em julgado da sentença ou do acórdão, como se observará mais adiante, compreendendo eles uma forma de compensação pela demora no pagamento.

Os juros compensatórios e os juros moratórios são plenamente cumuláveis, consoante decisões pacíficas da jurisprudência, pois incidem sobre fatos diferenciados.

A lei inovou com relação à sucumbência. Aquilo que era apenas criação jurisprudencial hoje se transformou em lei. Assim, o art. 19 da Lei Complementar nº 76 outorga o conceito de sucumbente ao expropriado, ao proprietário rural, quando a indenização fixada pela sentença for igual ou inferior ao preço oferecido pelo expropriante, numa clara demonstração de que o processo chegou até aquele momento por sua culpa exclusiva, passando esta condição para o expropriante, no caso de a indenização fixada pela sentença ser superior ao preço oferecido na inicial.

A lei ainda inovou na fixação dos honorários advocatícios, pois, em vez de silenciar a respeito e dessa forma possibilitar a sua fixação entre o percentual mínimo de 10% e máximo de 20% sobre a condenação, como seria a regra se se aplicasse o art. 20, § 3º, do Código de Processo Civil, tese não muito aceita pelos tribunais, eliminou o percentual mínimo ao estabelecer que os honorários seriam fixados em até 20%, e também criou uma nova base de incidência: a diferença entre o preço oferecido e o valor da indenização.

Os honorários periciais serão em valor certo e fixados conforme a complexidade do trabalho desenvolvido.

Efeitos da apelação na ação desapropriatória – A regra geral consignada no Código de Processo Civil é que toda apelação tenha duplo efeito: suspensivo e devolutivo. O primeiro efeito significa que tudo aquilo que foi decido na sentença está suspenso até nova decisão pelo órgão recursal superior. E o segundo, que o processo será devolvido por inteiro ao segundo grau de jurisdição.

Todavia, a sentença proferida na ação desapropriatória por interesse social, para fins de reforma agrária, sofre modificações nesse critério.

A primeira delas é quanto ao ato de desapropriação em si mesmo, ou seja, a passagem da propriedade do domínio privado para o domínio público. Como não é possível a discussão sobre o mérito do interesse social declarado nesse ato, conforme vedação imposta pelo art. 9º da Lei Complementar nº 76, o conteúdo sentencial que transmite a propriedade não estará sujeito à apelação. Ocorre que tal pressuposto de irrecorribilidade tem por fundamento a perfeição do ato administrativo expropriatório. Portanto, se houve alegação na contestação, por exemplo, de que a propriedade não é grande, nos termos da lei, ou, ainda, que não é improdutiva, esta alegação é de vício do ato expropriatório; logo, sobre ele não incide aquela vedação legal. Por via de consequência, a sentença deverá enfrentá-lo, e se não admitir a alegação da defesa, ensejará apelação que necessariamente deverá ser aceita em efeito suspensivo, pois, se paira dúvida sobre a propriedade a desapropriar, o princípio constitucional que lhe protege surge como uma muralha na pretensão pública. A decisão que, porventura, não acolha a alegação de necessidade do recebimento da apelação em efeito suspensivo possibilita a interposição de agravo de instrumento com pedido de liminar, para que o segundo grau agora a aprecie.

Não havendo alegação de vício no ato desapropriatório, a parte da sentença que transmite a propriedade do particular para a União poderá ser executável de imediato, significando isso a expedição de mandado de registro para o Registro de Imóveis da situação da propriedade desapropriada. Ocorre que a lei, visando a salvaguardar o interesse do expropriado e o princípio de que a desapropriação impõe indenização prévia, postergou este momento para depois do levantamento total ou parcial do valor a indenizar, criando uma condição nova no efeito sentencial, que é a exigência de ratificação da imissão de posse pós-sentença e, só depois, a expedição do mandado de registro. Ou seja, embora não se possa discutir o interesse social da desapropriação, nem seja ela passível de recurso, todavia a consolidação da propriedade como domínio público fica condicionada a uma ação do expropriado, que é o levantamento da importância depositada. Quer me parecer que aqui houve um cochilo do legislador, pois o expropriado pode muito bem, na defesa de sua propriedade, não levantar a importância depositada e, com isso, impedir a reforma agrária, que tem na ação de desapropriação por interesse social apenas uma etapa. O que me parece razoável é que o art. 17 da Lei Complementar nº 76, que trata dessa novidade, irá merecer um abrandamento pela jurisprudência, impondo um prazo não muito longo, como o de 15 (quinze) dias, por exemplo, para que o expropriado levante a importância depositada, sob pena de expedição do mandado traslativo do domínio.

A segunda consequência da sentença, como já dito, é a indenização. E mesmo para essa, a apelação terá efeito meramente devolutivo, se interposta pelo expropriado, e suspensivo, se interposta pelo expropriante. Trata-se de um privilégio do Estado, justificável, nesse caso, pela necessidade social de conseguir terras para implementar a reforma agrária.

Outra novidade é que da sentença que condenar a União não haverá, necessariamente, recurso de ofício, ou o também chamado reexame necessário, como predispõe o art. 475 do Código de Processo Civil. A Lei Complementar nº 76 excepcionou esta regra, ao estabelecer no seu art. 13, § 1º, que somente haverá a sujeição obrigatória ao duplo grau de jurisdição se a diferença entre o preço oferecido na inicial e a condenação fixada na sentença for superior a 50% (cinquenta por cento), significando que, se a diferença for inferior, o privilégio da Fazenda Pública deixará de existir. Trata-se de lei especial e, portanto, plenamente capaz de derrogar a regra geral. Há que se entender, todavia, que o valor do preço oferecido e a condenção deverão sofrer correção monetária e, só depois disso, se verificará a incidência ou não da regra legal. Mais uma vez o legislador buscou celeridade processual na desapropriação para fins de reforma agrária.

A presença necessária do Ministério Público Federal – O Ministério Público Federal intervirá no processo de desapropriação para reforma agrária, de forma obrigatória, sempre após a manifestação das partes, antes de cada decisão a ser proferida na ação e em qualquer instância. Não fora isso já atribuição inerente à figura do Ministério Público, a Lei Complementar nº 76 não deixou qualquer dúvida no seu art. 18, § 2º, ao tornar obrigatória sua presença no processo. Embora ali nada se diga, a sua ausência é causa de nulidade, como diz o art. 246 do Código de Processo Civil. No entanto, como vem entendendo o próprio Ministério Público em alguns casos, esta ausência pode não caracterizar a nulidade do processo, se ela não lhe representar maiores prejuízos no exercício de sua função, tese que tem sido acolhida nos tribunais. Essa interpretação menos formal encontra justificativa na circunstância de que toda nulidade pressupõe prejuízo. Inexistindo este, aquilo caracterizado como nulo seria apenas uma irregularidade plenamente superável. Não se encontrasse outra explicação, até mesmo porque toda estrutura que rege o processo de desapropriação para fins de reforma agrária busca economia e celeridade processual, ter-se-ia aqui um fundamento razoável para se afastar o nulo pelo nulo.[4]

Nada impede que na constância do processo de desapropriação possa haver acordo entre as partes.

Para o proprietário, os limites do acordo estão ligados à sua conveniência. No entanto, para o INCRA, existem regras públicas que merecem cumprimento. Sendo a autarquia um ente público, o acordo que firmar não pode desrespeitar o constante no art 37, *caput*, da Constituição Federal, portanto, deve respeitar os princípios da legalidade, impessoalidade, moralidade, publicidade e eficiência. De outro lado, não pode o acordo deixar de traduzir racionalidade no emprego dos recursos públicos, o uso de critérios técnicos que visem a minimizar os custos de obtenção de terras rurais e agilização na transferência de domínio, tudo isso considerando o primado da Administração Pública de conveniência e oportunidade.

O acordo pode ocorrer antes ou depois da sentença e será homologado judicialmente pelo juiz federal, não sem a prévia manifestação do Ministério Público, sob pena de nulidade.

4.7. A distribuição das terras desapropriadas para a Reforma Agrária

Com o término do processo de desapropriação por interesse social culminado com o registro do imóvel em nome da União, inicia-se, agora, a fase seguinte da reforma agrária propriamente dita, que é a distribuição das terras desapropriadas, já que esse tipo de intervenção do poder público no domínio privado não é destinado a aumentar o patrimônio federal, como costuma ocorrer nas outras formas de desapropriação. Aqui, a retirada da propriedade privada e a sua inserção no domínio público, é meramente temporária. O ato administrativo desapropriatório por interesse social, para fins de reforma agrária, portanto é complexo e não se

---

[4] O STJ já decidiu decidiu: (Resp 220.536-0/RS, Relator Ministro Humberto Gomes de Barros. Primeira Turma. Maioria. DJ 03/03/2000), publicado em Julgados nº 116, "Revista do Superior Tribunal de Justiça", p. 28/29. Administrativo – Desapropriação por interesse social para fins de reforma agrária – Terra nua – Juros compensatórios – Inaplicabilidade. 1. Os juros compensatórios são devidos como forma de completar o valor da indenização, aproximando-o do conceito de ser "justo", por determinação constitucional. 2. Hipótese de desapropriação, por interesse social, para fins de reforma agrária, de imóvel rural que não cumpre sua função social, não auferindo produtividade, não pode ser agraciado com o percentual de compensação aludido, substitutivo que é dos chamados lucros cessantes. 3. "Os juros compensatórios somente são devidos quando restar demonstrado que a exploração econômica foi obstada pelos efeitos da declaração expropriatória. Pois não são indenizáveis meras hipóteses ou remotas potencialidades de uso e gozo" (REsp. nº 108.896-SP, Rel. Min. Milton Luiz Pereira, DJU de 30.11.1998). 4. Recurso especial provido para o fim de afastar da condenação imposta ao INCRA a parcela referente aos juros compensatórios.

exaure na tão só transmissão de domínio. Há de haver, obrigatoriamente, a distribuição das terras desapropriadas.

Por conseguinte, algumas questões importantes surgem na distribuição das terras desapropriadas: como o prazo no qual as terras deverão ser distribuídas, a figura dos destinatários dessas terras e a forma jurídica como elas retornarão ao domínio privado.

O prazo e os beneficiários da distribuição de terras na reforma agrária – A Lei nº 8.629, de 25.02.93, que regulamentou os dispositivos constitucionais inerentes à reforma agrária, inclusive fixou no art. 16 o prazo de 3 (três) anos, contados da data do registro do título traslativo do domínio, para que o INCRA, que é o órgão federal encarregado da reforma agrária, destine as terras aos beneficiários, estabelecendo, agora no art. 19, ordem de preferência.

Tenho que é de importância alguns comentários sobre o triênio para a distribuição das terras desapropriadas. Ocorre que a lei estabelece a obrigação do INCRA em distribuir as terras em 3 (três) anos, porém não prevê qualquer sanção pela inércia do órgão governamental responsável pela reforma agrária. E aí surge a dúvida: e se depois de desapropriado o imóvel não for distribuído? Teria o proprietário expropriado algum remédio legal para reaver o seu imóvel, apesar do disposto no art. 21 da Lei Complementar nº 76, de 06.07.93, que proíbe a reivindicação do imóvel desapropriado, desde que tenha sido ele registrado em nome da União? Inicialmente, há que se entender que esta proibição somente é aplicável se a reforma agrária, através da desapropriação por interesse social, completou o seu ciclo, ou seja, a área foi desapropriada e, no prazo legal de 3 anos, foi ela distribuída entre os seus beneficiários, completando, dessa forma, o ato administrativo do tipo complexo a sua exaustão formal. A União, cumprindo preceito constitucional, teria retirado a grande propriedade improdutiva e a redistribuído.

No entanto, se houve tão somente o traslado da propriedade do particular para o domínio público, sem a consequente distribuição em parcelas aos beneficiários legais, a ação da União foi incompleta, porque a sua intervenção não se exauria apenas nisso. Ora, como o direito de propriedade é constitucionalmente garantido, e como só se admite a sua eliminação nos casos especificados na própria Constituição Federal, que para isso impõe o cumprimento do devido processo legal, a propriedade imóvel desapropriada que não for distribuída em 3 (três) anos é propriedade mal desapropriada; é o ato administrativo viciado, portanto, plenamente passível de nulificação, quer pela própria administração, quer pela ingerência do Poder Judiciário.

Como ato administrativo nulo não produz efeito, consoante a Súmula 473 do Supremo Tribunal Federal, e a eficácia da sentença desapropriatória pendia dessa condição para ter força de coisa julgada absoluta, tem-se que é possível ao proprietário ajuizar ação de nulidade de desapropriação para fins de reforma agrária por vício do ato desapropriatório, depositando no juízo, onde tramitou aquela ação, os valores recebidos a título de indenização, acrescidos de juros legais e correção monetária. Não é caso de ação rescisória, pois só se rescinde o que é válido.

Da análise do art. 19 da Lei nº 8.629/93, pode-se concluir que, nem todo aquele que se diz "sem-terra", é, necessariamente, um potencial beneficiário da propriedade desapropriada, porquanto, pela ordem legal na distribuição, somente aquele que de alguma forma tenha vinculação com a atividade agrária estará apto para ser legitimado como pretendente a uma parcela da terra a ser dividida. A ordem de preferência ali estabelecida é a seguinte:

I – ao desapropriado, ficando-lhe assegurada a preferência para a parcela na qual se situe a sede do imóvel;

II – aos que trabalham no imóvel desapropriado como posseiros, assalariados, parceiros ou arrendatários;

III – aos ex-proprietários de terra cuja propriedade de área total compreendida entre um e quatro módulos fiscais tenha sido alienada para pagamento de débitos originados de operações de crédito rural ou perdida na condição de garantia de débitos da mesma origem;

IV – aos que trabalham como posseiros, assalariados, parceiros ou arrendatários, em outros imóveis;

V – aos agricultores cujas propriedades não alcancem a dimensão da propriedade familiar

VI – aos agricultores cujas propriedades sejam, comprovadamente, insuficientes para o sustento próprio e o de sua família.

O art. 19, no seu parágrafo único, ainda estabelece uma ordem subsidiária de preferência, quando diz que, obedecida à disposição legal, terão preferência os chefes de famílias mais numerosas, cujos membros se proponham a exercer a atividade agrícola na área a ser distribuída. O que a lei quer dizer, por exemplo, é que, se existirem dois posseiros no imóvel desapropriado, terá preferência em primeiro aquele de família mais numerosa, desde que, e aqui a condição, os membros desta família concordem em exercer a atividade agrária na área a ser distribuída.

Quer me parecer que, dentro de uma mesma classe de beneficiários, pode existir uma segunda ordem de preferência. É o caso do inciso II do art. 19 da lei aqui analisada, quando coloca dentro de mesmo dispositivo aqueles que trabalham no imóvel desapropriado na condição de posseiros, assalariados, parceiros ou arrendatários. Isso porque a relação de cada um deles com a terra tem uma gradação diferenciada, na escala de maior para menor. Dessa forma, o posseiro tem preferência sobre todos os demais nessa classe de beneficiários, porque a sua vinculação com a propriedade a ser distribuída é própria e muito forte; ele trabalha no imóvel sem outro vínculo externo. Já o trabalhador rural prefere ao parceiro e ao arrendatário. Ou seja, sua relação com a terra decorre de um vínculo trabalhista, que é de proteção estatal. Dá-se-lhe preferência exatamente por esta relação. Por sua vez, o parceiro, e aqui tem que se esclarecer que se trata do parceiro-trabalhador ou parceiro-outorgado, porque o parceiro-proprietário ou parceiro-outorgante já se inseriu na preferência do inciso I do mesmo art. 19, na condição de desapropriado, por sua classificação de verdadeiro sócio na terra, tem maior vinculação do que o arrendatário, que é um mero locador do imóvel.

Ainda dentro de uma mesma ordem e dentro de uma mesma classe dessa ordem pode haver um outro tipo de preferência, como por exemplo, a existência de posseiros que trabalhem na área, mas que suas posses tenham dimensões diferenciadas. Como o sistema de distribuição da terra é o de proteger o menos aquinhoado, tem-se que nesta subclasse o posseiro de menor quantidade prefere aos demais, aplicando-se a mesma lógica às demais subclasses.

A lei afasta expressamente da condição de beneficiários da reforma agrária o proprietário rural que não se enquadre na ordem legal do art. 19; o servidor público ou empregado público a qualquer título e aquele que já tenha sido beneficiado com o programa de reforma agrária.

Buscando evitar uma discriminação entre beneficiários homens e mulheres na distribuição da terra, o que ocorreu quando da execução da reforma agrária prevista no Estatuto da Terra, a Constituição Federal de 1988, no seu art. 189, parágrafo único, e a Lei nº 8.629/93, art. 19, que regulamentou este capítulo, expressamente estabeleceram a ausência desta distinção, possibilitando, inclusive, que membros de uma mesma família, de fato ou de direito, possam ter igual possibilidade de acesso à terra distribuída por este sistema.

A forma jurídica de distribuição das terras desapropriadas – Antes do advento da Lei nº 8.629/93, as terras desapropriadas para fins de reforma agrária eram vendidas aos beneficiários, como se pode observar no caput do art. 25 do Estatuto da Terra e antes de estabelecer a ordem de preferência nos cinco incisos seguintes, o que significava que o contrato de compra e venda era o instrumento jurídico de distribuição das terras assim adquiridas.

A nova lei, no entanto, obedecendo à mesma ordem de preferência do art. 25 daquela lei pioneira, silenciou sobre essa possibilidade de venda quando título de domínio, concessão de uso e concessão de direito real de uso – CDRU – como de aquisição da propriedade expropriada ou transferência de sua posse aos beneficiários da reforma agrária, significando dizer que a ideia do legislador é distribuir a terra de forma gratuita. Não fora isso, teria mantido a mesma disposição, já que no mais o art. 25 do Estatuto da Terra e o art. 19 da Lei nº 8.629, de 25.02.93, são idênticos. Ademais, a criação dos institutos de concessão de uso e concessão de direito real de uso, como formas de distribuição das terras desapropriadas, e a inserção, tanto nele como no título de domínio, de compromisso de cultivar o imóvel direta e pessoalmente, de não ceder o seu uso a terceiros, ou de não negociá-lo no prazo de 10 (dez) anos, sob pena de rescisão do contrato e retorno do imóvel ao domínio, conduz ao raciocínio da distribuição graciosa das terras distribuídas.

4.8. A atual situação fundiária do País

Segundo o INCRA, conforme dados colhidos em 1993 e divulgados em 1996, o mapa da terra no Brasil apresentava as seguintes características, que, no entanto, mais de quinze anos depois, continuam as mesmas diante das insignificantes mudanças verificadas:

Percentual do número de propriedades/Percentual da área total

	Norte	Nordeste	Centro-Oeste	Sul	Sudeste
Pequena propriedade (até 4 módulos fiscais)	85,1% / 14%	93,2% / 36,4%	68% / 9%	92,6% / 40,6%	86,6% / 11,7%
Média propriedade (até 15 módulos fiscais)	9,9% / 11,9%	5,3% / 23,2%	20,2% / 17,3%	5,5% / 21,3%	10,6% / 28,5%
Grande propriedade (acima de 15 módulos fiscais)	5% / 74,1%	1,5% / 40,4%	11,8% / 73,6%	1,8% / 38,1%	2,9% / 40,8%

Classificação das terras

	Brasil	Norte	Nordeste	Centro-Oeste	Sul	Sudeste
Produtivas	26,3%	13,6%	16,3%	34,1%	42,1%	39,6%
Não produtivas	62,4%	78,8%	69,5%	62,7%	42,5%	50,4%
Não classificadas	9,2%	7,6%	5,1%	3,2%	15,3%	10%

No Rio Grande do Sul, o tamanho das propriedades é o seguinte:

Mais de mil hectares: 2.052 propriedades
Entre 5 mil e 10 mil hectares: 83 propriedades
Mais de 10 mil hectares: 7 propriedades

Agora, segundo a CONTAG (Confederação dos Trabalhadores na Agricultura), até junho de 1996, eram os seguintes os conflitos pela posse da terra no Brasil:

	Brasil	Norte	Nordeste	Centro-Oeste	Sul	Sudeste
Número de conflitos	585	120	228	87	64	86
Área (hectares)	7.912.290	4.103.998	2.367.359	882.608	316.021	242.304
Famílias	85.097	12.472	26.224	15.832	10.553	20.016

É este o perfil dos assentamentos segundo a FAO, Nações Unidas:

3,7%	37,01%	22%
Salários mínimos por mês é a renda familiar média (contra 3,8 da média urbana)	da renda gerada é representada por alimentos consumidos pela família	das famílias abandonaram os lotes

O INCRA ainda constatou no seu levantamento que:

Custo médio por família assentada: de US$ 16 mil a US$ 30 mil. O preço da terra equivale, em média, a 60% do custo do assentamento, que inclui gastos com créditos, infra-estrutura e despesas administrativas.
Custo médio por emprego gerado no campo: US$ 6 mil

Em 2003, o INCRA levantou que o Brasil possui uma área total de 850 milhões de hectares e que destes apenas 418 milhões estão cadastrados pela Autarquia. Dos cadastrados, 86,3% têm até 100 hectares que representam apenas 19,7% dos inscritos. Na outra ponta, os imóveis com mais de 1.000 hectares representam apenas 1,6% dos cadastrados e atingem 46,8% da área. E existiriam, neste levantamento, 58.329 grandes propriedades improdutivas ocupando 133,8 milhões de hectares.[5]

Questão importante é que o índice de Gini, que mede o grau de concentração de terras, e que varia de zero a um, significando que, quanto mais perto de um, maior a concentração de terras nas mãos dos proprietários, indica que no Brasil essa concentração é relativamente alta, já que desde 1967 se mantém acima de 0,8, ficando a região sul com o menor índice: 0,716.

Embora a reforma agrária no país seja um tema de forte carga política, no entanto, de uma maneira ou de outra, todos os países considerados ricos do mundo promoveram o apoio do acesso familiar à terra.

Os Estados Unidos, por exemplo, proporcionaram o acesso à terra desde meados do século passado, na chamada conquista do oeste, estabelecendo em 65 ha os lotes a serem distribuídos aos colonos. Essa decisão governamental, contudo, não ocorreu de forma pacífica e, inclusive, foi um dos pivôs da guerra da Secessão, de 1861 a 1865, travada entre os estados do norte, em franco desenvolvimento industrial, e os estados do sul, palco dos grandes latifúndios e dos serviços escravos.

---

[5] O Rio Grande do Sul tem uma retrospectiva peculiar no tocante à reforma agrária. De 1972 até 2006, 296 imóveis foram obtidos pelo INCRA para fins de reforma agrária, sendo que, destes, apenas 113 foram através de desapropriação, da seguinte forma: na década de 70, 5 imóveis; na de 80, 11 imóveis; na de 90, 85 imóveis e de 2000 em diante, apensa 12 imóveis. Em 2005 foram realizadas 66 vistorias em propriedades no estado, num total de 72 mil hectares e apenas uma área de 122 hectares foi considerada improdutiva. A desapropriação por interesse social para fins de reforma agrária no Estado do Rio Grande do sul está em queda vertiginosa. Estes dados foram noticiados pelo Jornal ZERO HORA, edição de 11.06.2006.

A reforma agrária no Japão tem uma particularidade: foi patrocinada e executada pelos americanos após a derrota japonesa na Segunda Guerra Mundial e implementada em apenas 21 meses (entre abril de 1947 e dezembro de 1948), quando 1,9 milhão de ha foi desapropriado e consolidado nas mãos dos arrendatários que pagavam pesadas taxas aos antigos proprietários.

Coreia e Taiwan, também depois da segunda Guerra, fizeram reforma agrária radical, pois o governo desses países confiscou as grandes propriedades e as repassou aos trabalhadores rurais de forma gratuita.

Na América Latina, o único caso de reforma agrária massificada foi a do México. Todo processo começou com a Revolução Mexicana de 1910, chegando até a década de 1960. Nesse período, milhões de pequenas propriedades de 25 ha foram entregues aos colonos mexicanos.

Questão importante vinculada à reforma agrária diz respeito com o MST – Movimento dos Trabalhadores Rurais Sem Terras.

Esta ONG, Organização Não Governamental, surgiu em 1978, nos estados do Rio Grande do Sul e Santa Catarina, quando agricultores arruinados começaram a ocupar latifúndios. De início vinculada ao PT e à ala progressista da Igreja Católica, esse movimento ganhou foro de legitimidade perante os sem-terra e, apesar de sua ação juridicamente violenta, tem conseguido colocar o Governo Federal contra a parede, praticando anunciadas invasões em grandes propriedades improdutivas, apontando com essa ação as terras que depois serão motivo de desapropriação. Seus recursos são provenientes de doações da Igreja Católica e das contribuições de 2% sobre a produção dos colonos já assentados. Embora sua cúpula tenha ideologia declaradamente marxista, em pesquisa realizada em meados de 1996 pela Datafolha, ficou constatado que os sem-terra que integram o movimento são católicos, 75% defendem a propriedade privada e 90% não completaram o 1º Grau.

Desmembrado do MST, surgiu ultimamente o MLST – Movimento de Libertação dos Sem Terras –, com ideologia mais à esquerda, propondo uma reforma agrária através da revolução, cuja referência teórica é o ditador chinês Mao Tse-Tung.[6] Este grupo tem se notabilizado por ações violentas, como a impetrada contra o edifício do Congresso Nacional, em maio de 2006, que resultou em depredação de bens públicos e a prisão em flagrante de mais de 500 de seus integrantes.

---

[6] Mao Tse-Tung, morto em 1976, liderou a revolução que fez da China um país comunista partindo de um pensamento que contrariava a ortodoxia maxista, no sentido de que a revolução parte do campo, e não das cidades, e quem a fará são os camponeses, e não os operários. A tese foi colocada em prática na Grande Marcha, entre 1934 e 1935. A vitória na guerra civil que assolava o país e a criação da República Popular da China, em 1949, são suas consequências mais conhecidas. Hoje, embora a China continue comunista, a figura de Mão Tse-Tung é vista com muito embaraço já que, em decorrência da Revolução Cultural, de 1966 a 1976 matou milhares de pessoas e traumatizou o país.

Ainda atuam no Brasil, lutando por reforma agrária, a Via Campesina, fundada em 1992 por camponeses de todos os continentes, a Comissão Pastoral da Terra, integrante da Igreja Católica, e a CONTAG – Confederação Nacional dos Trabalhadores na Agricultura.[7]

4.9. Títulos da dívida agrária

A Constituição Federal, no seu art. 184, estabeleceu que a desapropriação para fins da reforma agrária teria como correspondente indenização o pagamento em títulos da dívida agrária. Como o próprio nome diz, trata-se de título público com finalidade específica para fins de custear a reforma agrária e que deve conter (a) a denominação Título da Dívida Agrária, (b) a quantidade de títulos, (c) a data do lançamento, (d) a data do vencimento e (d) o valor nominal em real.

Esses títulos podem ser transferidos mediante ordem do alienante e do alienatário à instituição financeira que o represente no sistema de liquidação e custódia, vedado seu fracionamento. Vencem juros de 6% ao ano ou fração *pro rata* e correção monetária mensal.

Podem ser utilizados em pagamento de até 50% do I.T.R., pagamento do preço de terras públicas, prestação de garantia, depósito, para assegurar a execução em ações judiciais ou administrativas ou como caução para contratos de obras e serviços celebrados com a União, empréstimos ou financiamentos em estabelecimento da União, autarquias federais e sociedades de economia mista, entidades ou fundos de aplicação às atividades rurais criadas para este fim e, a partir de seu vencimento, em aquisição de empresas estatais no Programa Nacional de Desestatização. O Decreto 578, de 24.06.92, e a Instrução Normativa da Secretaria do Tesouro Nacional (ver legislação no II volume deste curso).

A jurisprudência tem dado maior elasticidade interpretativa do que o decreto e a instrução normativa, como são exemplos estas decisões:

EXECUÇÃO – PENHORA – NOMEAÇÃO DE BENS PELO EXECUTADO – TÍTULOS DA DÍVIDA AGRÁRIA – COTAÇÃO EM BOLSA – DEMONSTRAÇÃO – DESNECESSIDADE. Em tema de execução, é imperioso observar-se o princípio de que o processo deve seguir o itinerário menos gravoso para o devedor (CPC, art. 620). O executado tem o direito potestativo de nomear bens à penhora. Efetivada a nomeação, cumpre ao exequente desconstituí-la, indicando a ocorrência de qualquer das hipóteses arroladas no art. 656 do CPC. Os títulos da dívida agrária têm seus valores fixados pelo governo, em ato oficial. O devedor

---

[7] Segundo a revista VEJA, em reportagem publicada na edição 2214, de 27.04.2011, sob o título VERBA, JABÁ E ÁGUA FRESCA, o MST teria despencado vertiginosamente. Em 2003 havia 124.600 famílias em acampamentos ou invasão de terras e, na data da reportagem, esse número não passava de 20.400, representando uma queda de 83%. A mesma reportagem ainda levantou que, apesar disso, o gasto com a reforma agrária subiu de R$ 73.300.000,00 em 2003 para R$ 282.200.000,00 com um aumento de 285%.

que os indica não está obrigado a demonstrar-lhes a cotação em bolsa. (REsp. 113.770/SP – STJ – 1ª Turma – Relator Ministro Humberto Gomes Barros – DJU 15.09.97)

Voto do eminente Ministro-Relator:

EXECUÇÃO – SUBSTITUIÇÃO DE BENS PENHORADOS POR TDAs – POSSIBILIDADE – PRINCÍPIO DA EXECUÇÃO PELO MODO MENOS GRAVOSO PARA O DEVEDOR (ART. 620, CPC) – CREDIBILIDADE DOS TÍTULOS EMITIDOS PELO GOVERNO FEDERAL (ART. 11, DECRETO 578/92) – POSIÇÃO DOS TÍTULOS PÚBLICOS NA ESCALA DA PENHORABILIDADE ESTABELECIDA NA LEGISLAÇÃO PROCESSUAL (ART. 655, III, CPC) – PRECEDENTES JURISPRUDENCIAIS. Os TDA por serem emitidos pelo Tesouro Nacional e portarem a chancela do Governo Federal (art. 11, Decreto 578/92), revestem-se de total credibilidade e idoneidade, podendo servir de garantia adequada do juízo executivo (penhora) e substituir, no curso do processo, a requerimento do devedor, outros bens que tenham sido objeto de constrição judicial. Ademais, os títulos da dívida pública da União e dos Estados ocupam a terceira colocação na escala dos bens susceptíveis de penhora, nos termos do art. 655, III, CPC. É princípio da nossa ordem jurídico-processual que a execução, podendo realizar-se de diversos modos, se faça pelo menos gravoso para o devedor. (TRF 5ª Região – Ag. Rg. no AI nº 13.256/CE – 2ª Turma – Relator Napoleão Maia Filho – DJU 30.01.98)

COMERCIAL – TÍTULO DA DÍVIDA AGRÁRIA – DIREITO DE PREFERêNCIA – RECUSA DE PAGAMENTO – CONDICIONAMENTO À ADOÇÃO DE FORMA ESCRITURAL – TÍTULOS CARTULARES – PRETERIÇÃO – ILEGALIDADE. Administrativo. TDA. Títulos de crédito. Direito de preferência. Recusa de pagamento. Condicionamento à adoção de forma escritural. Preterição dos títulos cartulares. Ilegalidade. I – O TDA é título emitido pro soluto. Pelo fenômeno da "incorporação", nele se materializa a própria indenização pelo desapossamento. II – Em razão da autonomia cambial, o TDA equipara-se a bem móvel e como tal, circula no mercado. III – Quando entrega o TDA ao expropriado, o Estado, ao tempo em que se exonera da indenização, compromete-se em resgatá-lo de qualquer portador ou endossatário, que o apresente, sem indagar como ou porque se deu a transferência. IV – Não é lícito à União condicionar o resgate de título da dívida agrária, a sua transformação em 'título escritural'. V – Se, em negando o pagamento de dívida vencida, a União Estado satisfaz crédito mais recente, originário de título idêntico (no caso a dívida agrária), ela estará cometendo odiosa discriminação. Estará praticando ilegalidade, e agredindo direito líquido e certo do credor preterido. VI – Segurança concedida, para assegurar ao Impetrante o direito de preferência no recebimento dos TDA a que se referem estes autos, respeitadas as datas dos respectivos pagamentos, sem qualquer distinção entre créditos escriturais e créditos cartulares. (MS nº 4.506-0 – DF. Relator: Ministro Humberto Gomes de Barros. Primeira Seção. Maioria. Julgamento: 09.04.97).

4.10. Banco da Terra – Outra alternativa de reforma agrária

Como forma de coadjuvar a reforma agrária realizada por meio da desapropriação por interesse social, a Lei Complementar nº 93, de 04.02.1998, instituiu o Fundo de Terras e da Reforma Agrária, ou o BANCO DA TERRA, com a finalidade de financiar programas de reordenação fundiária e de assentamento rural, caracterizando-se, essencialmente, pelo patrocínio financeiro oficial para possibilitar aquisição de imóveis rurais com prazo de amortização de até 20 anos e prazo de carência de até 36 meses, vencendo juros de 12% ao ano, podendo a amortização do capital e encargos ter redutores de até 50%, a critério do Conselho Monetário Nacional.

Os beneficiários desse programa são (1) – os trabalhadores rurais não proprietários (assalariados, parceiros, posseiros e arrendatários) que demonstrarem experiência na atividade agropecuária de, no mínimo, 5 anos, através de (a) registro e anotações na Carteira de Trabalho, (b) declarações das cooperativas ou associações representativas de grupos de produtores ou trabalhadores rurais, (c) atestado de órgãos ou entidades estaduais ou municipais participantes da elaboração e execução dos projetos de reordenação fundiária promovido pelo BANCO DA TERRA e (d) sindicato de trabalhadores ou de produtores rurais que jurisdicionar a área do imóvel, quando se tratar de financiamento para aquisição isolada de imóvel rural ou de área complementar, quando o beneficiário não possuir a área inferior ao módulo rural e (2) – os agricultores proprietários de imóveis rurais inferiores a de um módulo rural, por comprovação de seus sindicatos. O financiamento é vedado para aqueles que já tiverem obtido financiamento anterior; que tenham sido contemplados por qualquer projeto de assentamento rural; que exerçam função pública; que disputerem de renda anual bruta familiar superior a R$ 15.000,00; que tiverem sido, nos últimos 3 anos, contados a partir da data da apresentação do pedido ao amparo do programa, proprietários de imóvel rural com área superior a de uma propriedade familiar; que forem promitentes compradores ou possuidores de direito de ação e herança em imóvel rural e que disputerem de patrimônio, composto de bens de qualquer natureza, de valor superior a R$ 30.000,00

Além de outras fontes de recursos (recursos destinados a financiar programa de desenvolvimento econômico, títulos da dívida agrária, dotações orçamentárias da União, Estados e Municípios, recursos das próprias amortizações, doações e empréstimos), o Banco da Terra teria como patrimônio os saldos bancários originários de contas de depósitos fantasmas surgidas na CPI (Comissão Parlamentar de Inquérito), o que, há de se convir, se trata de medida assaz inteligente, especialmente porque este dinheiro se encontra nos bancos a custo quase zero.

A lei complementar foi regulamentada pelo Decreto nº 4.892, de 25 de novembro de 2003, que, entre outras coisas, estabeleceu que a gestão financeira do BANCO DA TERRA ficaria a cargo do Banco Nacional de Desenvolvimento Econômico e Social – BNDES – e que seu órgão gestor seria o Conselho Curador do Banco da Terra.

4.11. A reforma agrária na poesia

A reforma agrária é tema tão constante, tão discutido e tão sem resultado a curto prazo na vida brasileira que não passa despercebida no universo cultural. O poeta José Hilário Retamozo, de reconhecida importância na cultura gaúcha, com o título *Pão, Água e Sal*, assim viu o problema dessa verdadeira esfinge nacional:

PÃO, ÁGUA E SAL
Um deixou a enxada a um canto,
outro soltou foice e pá,
aquele o lombilho velho
este outro o par de chinelas
e aquele ali o bixará...
Vão se largar para o mundo,
nenhum deles proprietário
senão do que Deus dará.

Quem deixou a um canto a enxada,
quem foice e pá renegou
perdeu o sítio na serra
e ao ficar defronte ao nada
na estrada a vida largou.
Quem nada tem nada leva
- nem a casca e seus farelos
do pão dormido sobrou.

Quem largou o lombilho velho,
chilenas e bixará
deixou no campo a lembrança
de uma existência campeira
que a memória levará...
- rodeios, tiros de laço
- corcovos, doma, rodadas
que a estrada não lhe dará

Todos agora estão juntos
- colonos longe da serra
- campeiros que não têm campo
usando a mesma trincheira,
soldados da mesma guerra.
Erguem os punhos fechados
- procissão de revoltados
que apenas exigem terra.

Apenas... mas o governo
não cumpre o que deveria:
- se existe a Constituição
e a Lei da Reforma Agrária

porque não se pronuncia?
Quem tem campo não aceita
que a reforma seja feita
por invasões e anarquia.

Quem tem não aceita corte
naquilo que tem por seu.
Quem não tem procura meios
de comover a Nação
e achar o que não perdeu.
A estrada pertence a todos,
por ela rola o destino
da procissão que cresceu.

Acontece que ao Direito
falta eficácia social.
O drama então se acentua:
Latifúndio: improdutivo;
Miséria: pão, água e sal.
E as enxadas, pás e foices
erguidas, são as bandeiras
da nova ordem rural.

É tempo das leis mudarem,
dos políticos, também.
É tempo de haver consciência
de que a terra, trabalhada,
de todos é o maior bem.
Que a paz floresça no campo
não custa abrir a guaiaca
e alcançar a quem não tem.

José Hilário Retamozo

4.12. Compra e venda de imóveis para a reforma agrária

Sempre se tem presente, até pela importância da mídia na opinião brasileira, que reforma agrária é desapropriação por interesse social. No entanto, nada impede que o INCRA adquira imóveis rurais para implantar projetos de reforma agrária. Essa aquisição não obedece aos parâmetros estabelecidos para os imóveis passíveis de desapropriação, como já analisado. O imóvel a adquirir pelo Órgão Público apenas deve se encontrar, preferentemente, em áreas de manifesta tensão social. Como se trata de aquisição de bem público, o INCRA deve respeitar o princípio do devido processo legal, e ele se encontra regrado no Decreto nº 2.614, de 03.06.98. Esse mandamento legal estabelece que, primeiramente, o INCRA deve definir as regiões do País passíveis de implantação da reforma agrária e, em seguida, procederá à seleção de imóveis rurais que pretende adquirir mediante publicação de edital de chamamento dos proprietários rurais interessados na alienação. Feita a seleção, abrir-se-á processo administrativo para cada imóvel, tomando-se como peça inicial a oferta do proprietário onde deve especificar o preço pedido, a forma e as condições de pagamento e a expressa concordância para que o INCRA proceda à vistoria e à avaliação do imóvel ofertado. Acompanharão essa peça inicial (a) – cópia autenticada da carteira de identidade e do CPF do proprietário, se pessoa física; se jurídica, certidão de depósito ou de registro dos respectivos contratos e atos constitutivos, devidamente atualizados, cópia autêntica dos documentos comprobatórios de sua representação legal e de sua inscrição no Cadastro Geral de Contribuintes; (b) certidão de registro de imóvel; (c) certidão de domínio vintenário do imóvel, que poderá abranger prazo inferior a vinte anos, desde que a cadeia dominial tenha início em título expedido pelo Poder Público, ou em decisão judicial transitada em julgado, não mais sujeita à ação rescisória; (d) certidão negativa de ônus, gravames e de distribuição de ações reais e pessoais reipersecutórias relativas ao imóvel; (e) certidão de inscrição cadastral do imóvel e de regularidade de sua situação fiscal justa às fazendas federal, estadual e municipal; (f) planta geral e individual do imóvel e memorial descritivo que o caracterizem, com indicação das vias que lhe dão acesso e os principais cursos d'água nele existentes e (g) – declaração do proprietário manifestando sua concordância com as condições estabelecidas pelo Decreto 2.614, de 03.06.98.

Realizadas a vistoria e a avaliação do imóvel, o Presidente do INCRA, mediante prévia deliberação do Conselho Diretor da Autarquia, poderá baixar portaria autorizando a sua aquisição. Esse ato administrativo deverá conter os fundamentos legais que amparam sua edição, os motivos determinantes da aquisição, a descrição do imóvel com sua denominação, características e confrontações, área, localização, número do cadastro no INCRA e da matrícula no registro de imóveis, a qualificação do proprietário e sua manifesta concordância com o preço e a forma de seu pagamento e a destinação a ser dada ao imóvel.

A escritura pública de compra e venda deverá constar que é de exclusiva responsabilidade do vendedor o integral pagamento dos encargos e das obrigações trabalhistas decorrentes de eventuais vínculos empregatícios mentidos com os empregados que trabalham ou tenham trabalhado no imóvel sob aquisição, e por quaisquer outras reclamações de terceiros, inclusive aquelas relativas a indenizações por benfeitorias, vem como pelo pagamento de taxas, custas, impostos e emolumentos pertinentes à prática dos atos necessários à transmissão do domínio. O pagamento do preço, em Títulos da Dívida Agrária, somente será efetuado, de forma escalonada, pela quantidade de hectares, após o registro dessa escritura do Cartório de Registro de Imóveis. (Ver a íntegra do Decreto 2.614, de 03.06.1998, no volume II deste Curso).

4.13. Reforma agrária como questão econômica e social

A reforma agrária é um tema sempre presente na vida brasileira pela dualidade de ideias que dela emergem. Para uns, seu contorno tem substrato fortemente ideológico e político assentado num prisma da necessidade de melhoria social do homem do campo. Para outros, sua estrutura é impossível, já que a terra tem necessidades meramente econômicas

Penso que não se pode manter o maniqueísmo de que a reforma agrária tem por finalidade apenas a inclusão social dos sem terras ou que ela deve ser afastada porque a terra tem que ter respaldo exclusivamente econômico.

Admito que as grandes extensões de terra precisam ser ocupadas de for mais intensiva. A terra que aí está é a mesma e continuará assim, apesar do crescimento da humanidade quer pelo aumento da natalidade ou longevidade. Portanto, não se pode retirar da terra a preocupação social de dar trabalho e produzir alimentos. No entanto, não acredito que essa forma de exploração efetiva possa se operar através da pequena propriedade rural nos moldes sustentados pelos que ideologicamente lutam pela terra. Penso até que o modelo embrionado pelo Estado da Terra e modificado pela Constituição Federal está a merecer adaptação com a realidade econômica rural de hoje.

O Brasil de 1960 não mais existe no campo. A realidade de hoje é a existência de um complexo agroindustrial altamente competitivo onde o modelo de proliferação em massa da pequena propriedade destoa. Não é sem preocupação que se observam propriedades desapropriadas, divididas e distribuídas terem os respectivos lotes abandonados por impossibilidade do assentado de obter condições razoáveis para administrar o que recebeu.

4.14. Terras quilombolas

Um dos temas que têm causado grandes repercussão no mundo jurídico é a demarcação e titulação das terras ocupadas por remanescentes das comunidades dos quilombos de que trata o art. 68 do Ato das Disposições Constitucionais Transitórias.

O artigo está assim redigido:

Art. 68. Aos remanescentes das comunidades dos quilombos *que estejam ocupando suas terras* é reconhecida a propriedade definitiva, devendo o Estado emitir-lhes os títulos respectivos.

Buscando regulamentar este dispositivo foi editado o Decreto 4.887/2003, que no seu art. 13 e §§ disse o seguinte:

Art. 13. Incidindo nos territórios ocupados por remanescentes das comunidades dos quilombos *título de domínio particular não invalidado por nulidade, prescrição ou comisso, e nem tornado ineficaz por outros fundamentos, será realizada vistoria e avaliação do imóvel, objetivando a adoção dos atos necessários à sua desapropriação,* quando couber.

§ 1º Para os fins deste Decreto, *o INCRA estará autorizado a ingressar no imóvel de propriedade particular,* operando as publicações editalícias do art. 7o efeitos de comunicação prévia.

§ 2º *O INCRA regulamentará as hipóteses suscetíveis de desapropriação, com obrigatória disposição de prévio estudo sobre a autenticidade e legitimidade do título de propriedade, mediante levantamento da cadeia dominial do imóvel até a sua origem.*

Contra este decreto foi interposta a ADI nº 3.239 interposta pelo DEM e que conta com inúmeros *amicus curiae* a favor e contra.

O voto do Ministro Cezar Peluso foi no sentido de entender que o decreto era efetivamente inconstitucional por 3 (três) motivos:

a) ferimento do princípio da reserva legal (impossibilidade de regulamentação do dispositivo via decreto);

b) impossibilidade de desapropriação de terras públicas (art. 183, § 2º e art. 193, da CP) e

c) necessidade de modulação dos efeitos da ADI para declarar bons, firmes e válidos os títulos de propriedade emitidos até o momento.

A Ministra Rosa Webber pediu vista, e o processo está concluso desde 18.04.2012.

Penso que, embora a sociedade brasileira tenha um grande débito com os quilombolas, no entanto, sendo o País um Estado democrático de Direito, consoante dispõe o art. 1º da Constituição Federal, a interpretação dada pelo decreto incide em constitucionalidade como bem salientou o Ministro Cesar Peluso.

4.15. Terras indígenas

A Constituição federal, nos seus arts. 231 e 232, disse o seguinte:

Art. 231. São reconhecidos aos índios sua organização social, costumes, línguas, crenças e tradições, e os direitos originários sobre as terras que tradicionalmente ocupam, competindo à União demarcá-las, proteger e fazer respeitar todos os seus bens.

§ 1º São terras tradicionalmente ocupadas pelos índios as por eles habitadas em caráter permanente, as utilizadas para suas atividades produtivas, as imprescindíveis à preservação dos recursos ambientais necessários a seu bem-estar e as necessárias a sua reprodução física e cultural, segundo seus usos, costumes e tradições.

§ 2º As terras tradicionalmente ocupadas pelos índios destinam-se a sua posse permanente, cabendo-lhes o usufruto exclusivo das riquezas do solo, dos rios e dos lagos nelas existentes.

§ 3º O aproveitamento dos recursos hídricos, incluídos os potenciais energéticos, a pesquisa e a lavra das riquezas minerais em terras indígenas só podem ser efetivados com autorização do Congresso Nacional, ouvidas as comunidades afetadas, ficando-lhes assegurada participação nos resultados da lavra, na forma da lei.

§ 4º As terras de que trata este artigo são inalienáveis e indisponíveis, e os direitos sobre elas, imprescritíveis.

§ 5º É vedada a remoção dos grupos indígenas de suas terras, salvo, ad referendum do Congresso Nacional, em caso de catástrofe ou epidemia que ponha em risco sua população, ou no interesse da soberania do País, após deliberação do Congresso Nacional, garantido, em qualquer hipótese, o retorno imediato logo que cesse o risco.

§ 6º São nulos e extintos, não produzindo efeitos jurídicos, os atos que tenham por objeto a ocupação, o domínio e a posse das terras a que se refere este artigo, ou a exploração das riquezas naturais do solo, dos rios e dos lagos nelas existentes, ressalvado relevante interesse público da União, segundo o que dispuser lei complementar, não gerando a nulidade e a extinção direito a indenização ou ações contra a União, salvo, na forma da lei, quanto às benfeitorias derivadas da ocupação de boa fé.

§ 7º Não se aplica às terras indígenas o disposto no Art. 174, §§ 3º e 4º.

Art. 232. Os índios, suas comunidades e organizações são partes legítimas para ingressar em juízo em defesa de seus direitos e interesses, intervindo o Ministério Público em todos os atos do processo.

Como as terras quilombolas, as terras indígenas têm sido motivo de grandes discussões.

Assim, embora a Constituição Federal seja clara, a demarcação das terras indígenas tem sido motivo de grandes embates, especialmente diante de situações já consolidadas de longa data pelas ocupações tituladas de proprietários rurais.

5. Cadastro rural

5.1. Antecedentes históricos

Conquanto se discuta a origem do nome *cadastro rural*, o certo é que na Idade Média existiu uma forma de registro público das declarações dos proprietários rurais chamada *capitasta*, que, com o passar do tempo, veio a ser conhecida como *catasta*, de onde seu acolhimento na Itália como *catasto*, na França como *cadastre*, na Espanha como *catastro* e entre nós como *cadastro*.

Embora se tenha como recente a denominação do documento que procura compilar todas as informações pertinentes a um imóvel rural como cadastro, não mais se discute a existência de uma forma de verificação das condições agrárias já na antiguidade, inclusive como condição para a cobrança de impostos e classificação da terra para conhecimento de sua fertilidade. E isso ocorreu no Egito e em Roma.

Deve-se, todavia, à Itália, a estrutura moderna do atual cadastro rural, e que se assemelha muito ao que foi implantado no País pelo Estatuto da Terra.

5.2. A importância do cadastro rural

Pela passagem rápida na história do cadastro rural, pode-se bem observar a importância que as informações prestadas pelos proprietários ou possuidores de imóveis rurais podem produzir.

No primeiro momento, a de possibilitar que se conheça o universo agrário do País e, através desse conhecimento, o Governo possa produzir elementos de política agrícola ou ações de reforma agrária, atividades que, por princípios constitucionais, são geridas pela União.

Outra importância do cadastro rural é a sua obrigatoriedade de preenchimento para todo aquele que é proprietário ou possuidor de terras rurais no País, inclusive com vedações a benefícios oficiais, impossibilidade de desmembramento do imóvel não cadastrado e a não conclusão de inventários.

5.3. O cadastro rural no País

O cadastro rural foi implantado no País em 1964, através do art. 46 do Estatuto da Terra, e regulamentado pelo Decreto nº 55.891, de 31.03.65, arts. 26 e seguintes.

O INCRA (Instituto Nacional de Colonização e Reforma Agrária) foi escolhido como o órgão federal executor da elaboração do cadastro rural.

5.4. Conteúdo do cadastro rural

O cadastro rural surgiu com três conteúdos, conforme especifica o art. 46 do Estatuto da Terra:

1) levantar dados para caracterização dos imóveis rurais com a indicação:

a) do proprietário e de sua família;

b) dos títulos de domínio, da natureza da posse e da forma de administração;

c) da localização geográfica;

d) da área com descrição das linhas de divisa e nome dos respectivos confrontantes;

e) das dimensões das testadas para vias públicas; e) do valor das terras, das benfeitorias, dos equipamentos e das instalações existentes discriminadamente;

2) descobrir a natureza e condições das vias de acesso e respectivas distâncias dos centros demográficos mais próximos com população:

a) até 5.000 habitantes;

b) de mais de 5.000 a 10.000 habitantes;

c) de mais de 10.000 a 20.000 habitantes;

d) de mais de 20.000 a 50.000 habitantes;

e) de mais de 50.000 a 100.000 habitantes;

f) de mais de 100.000 habitantes;

3) descobrir as condições de exploração e do uso da terra, indicando:

a) as percentagens da superfície total em cerrados, matas, pastagens, glebas de cultivo (especificadamente em exploração e inexploradas) e em áreas inaproveitáveis;

b) os tipos de cultivo e de criação; as formas de proteção e comercialização dos produtos;

c) os sistemas de contrato de trabalho, com discriminação de arrendatários, parceiros e trabalhadores rurais;

d) as práticas conservacionistas empregadas e o grau de mecanização;

e) os volumes e os índices médios relativos à produção obtida;

f) as condições para o beneficiamento dos produtos agropecuários.

Apesar da estrutura letal e da importância que se revestia implementá-la imediatamente para que colhessem dados concretos da situação agrária no País e das consequentes mudanças que se pretendiam aplicar, o primeiro cadastramento somente ocorreu no final de 1965. E, apesar de a lei estabelecer o recadastramento a cada 5 (cinco) anos, o segundo apenas ocorreu em 1972, o terceiro, em 1978, e o quarto e último, em 1993.

5.5. Espécies de cadastro rural

São 5 (cinco) as espécies de cadastros rurais hoje existentes no País. A Lei nº 5.868, de 12.12.72, regulamentada pelo Decreto nº 72.106, de 18.04.73, criou 4 (quatro) deles, e a Lei nº 8.847, de 28.01.94, criou a quinta espécie. Eles são assim nominados:

1) cadastro de imóveis rurais;

2) cadastro de proprietários rurais;

3) cadastro de arrendatários e parceiros;

4) cadastro de terras públicas;

5) cadastro fiscal de imóveis rurais.

O cadastro de imóveis rurais foi criado com a finalidade de desvendar a natureza específica e global dos imóveis rurais do País. Embora classificado como um tipo de cadastro, ele manteve as exigências gerais daquilo que o Estatuto da Terra visionou como gênero.

O cadastro de proprietários rurais teve por finalidade, consoante o art. 1º, inciso II, da Lei nº 5.868, de 12.12.72:

a) proporcionar ao Poder Público o conhecimento das condições de concentração de terras;

b) proporcionar ao INCRA dados necessários para a implantação do I.T.R.;

c) proporcionar do Poder Público o conhecimento da nacionalidade dos proprietários de terras no País, porquanto se caracterizava vedação a aquisição de terras por estrangeiros; e

d) proporcionar a classificação dos proprietários.

A importância do cadastro de proprietários rurais na implementação do I.T.R., contudo, hoje não mais vige, pois a estrutura de seu cálculo está agora regida pela Lei nº 8.847, de 28.01.94, que estabeleceu competência à Secretaria da Receita Federal para sua fixação, o que retirou do

INCRA, a quem está afeto o cadastro rural, a atribuição de recolher dados cadastrais para sua implementação.

A terceira espécie de cadastro rural é o cadastro de arrendatários e parceiros que, segundo especificação legal, tem por finalidade dar a conhecer ao Poder Público a situação de terceiros nas propriedades e a possibilitar ao possuidor os benefícios do crédito agrícola.

O cadastro de terras públicas, como o próprio nome diz, tem a finalidade de dar a conhecer as terras públicas da União, dos Estados, do Distrito Federal e dos Municípios.

Por fim, tem o cadastro fiscal de imóveis rurais criado, como foi dito, pela Lei nº 8.845, de 20.01.94, com a exclusiva finalidade de reestruturar o cálculo do Imposto Territorial Rural. De todos eles, este é o único cadastro rural que não fica na órbita do INCRA, e sim na Secretaria da Receita Federal.

5.6. Finalidades do cadastro rural

O que se precisava obter com o cadastro rural, já enfrentado quando da análise de seu conteúdo em item anterior, tinha finalidades, que podem ser agrupadas em 2 (duas) grandes linhas:

1) econômicas e sociais;
2) fiscais.

A finalidade econômica e social acontece quando os dados por ele obtido contribuem para que o Governo Federal estabeleça no País zonas típicas de estrutura e problemática homogênea onde se possa implementar uma mesma política agrícola com orientação específica de macro e microeconomia e aplicação de assistência técnica e creditícia aos que ali trabalham. É possível ainda se inserir dentro desta finalidade o conhecimento da disponibilidade de terras públicas para fins de colonização e para regularização da situação dos posseiros. Essa finalidade também possibilita o conhecimento da situação jurídica dos estrangeiros no País.

Já a finalidade fiscal ocorre quando os dados nele obtidos possibilitam a fixação das contribuições sindicais cobradas pelo INCRA e a tributação do I.T.R. pela Secretaria da Receita Federal.

5.7. Inscrição no cadastro rural

A inscrição no cadastro rural se opera através do modelo da página seguinte:

ANEXO IV
Documento de Informação e Atualização Cadastral do ITR – Diac
Cadastro de Imóveis Rurais
Cafir

Número de Arquivamento (uso exclusivo RFB)

Tipo de Solicitação (marque apenas 1 opção)	Quadros de Preenchimento Obrigatório	
	Em qualquer situação	Se ocorrer a situação indicada no quadro
Inscrição	1, 2, 3, 5, 6 e 12	4, 7, 8 e 11
Alteração de Dados Cadastrais	1, 2, 3, 5 e 12	4, 6, 7, 8 e 11
Alteração de Titularidade por Alienação Total	1, 3, 8 e 12	4
Cancelamento	1, 3, 9 e 12	8 e 10
Reativação	1, 3, 10 e 12	-

Em cada tipo de solicitação, preencher apenas os quadros indicados como obrigatórios.
Caso outros quadros sejam preenchidos, eles não serão considerados no atendimento da solicitação.

1. Dados do Imóvel

Nirf (exceto na inscrição)	Nome do Imóvel
Número do Imóvel no SNCR/Incra	Área total do imóvel (em hectares)

2. Endereço ou indicações para localização do imóvel

Tipo	Logradouro	Distrito
Município	UF	CEP

3. Dados do Titular/Alienante/Solicitante

Nome		
CPF – se pessoa física	Data de nascimento	CNPJ – se pessoa jurídica
CPF do cônjuge	CPF do inventariante	CPF do representante legal

4. Condôminos (preencher se o imóvel pertencer ou tiver sido alienado a um condomínio)

Na Alteração de Titularidade por Alienação Total, o condômino titular é o Adquirente indicado no Quadro 8. Nos demais casos, é o Titular indicado no Quadro 3. | Total de Condôminos

CPF/CNPJ do Condômino	Nome do Condômino	Participação
Condômino titular	Condômino titular	____,__%
		____,__%
		____,__%
		____,__%
		____,__%
		____,__%
		____,__%
		____,__%
		____,__%

5. Endereço de Correspondência

Tipo	Logradouro		
Número	Complemento	Bairro ou Distrito	
Município		UF	CEP	Telefone (com DDD)

6. Dados de Origem (para informar/alterar a origem do imóvel quando da inscrição no Cafir)

Primeira Inscrição	Aquisição de Área Parcial
Desapropriação/Aquisição pelo Poder Público ou Aquisição por Entidade Imune	
Desapropriação por PJ de Direito Privado	Aquisição por Arrematação em Hasta Pública

7. Aquisições/Desapropriações (para informar áreas limítrofes anexadas)

Tipo - Total ou Parcial	CPF/CNPJ do Alienante	Data Aquisição	Nirf Alienante	Área Adquirida

8. Alienações/Desapropriações (para informar áreas que foram alienadas/desapropriadas parcial ou totalmente)

Tipo - Total ou Parcial	CPF/CNPJ do Adquirente/Expropriante	Data Alienação	Nirf Adquirente	Área Alienada

9 – Dados de Cancelamento

Anexação Total	Preencher Quadro 8	
Arrematação em Hasta Pública	Data do Evento:	
Desapropriação/Aquis. PJ Dir. Público/Ent. Imune	Ato Legal:	Preencher Quadro 8
Desapropriação Pessoa Jurídica de Dir. Privado	Ato Legal:	Preencher Quadro 8
Duplicidade	Nirf vinculado:	
Inscrição Indevida	Preencher Quadro 10 e Anexo IX	
Perda da Propriedade por Usucapião	Data do Evento:	
Renúncia de Propriedade	Data do Evento:	Preencher Anexo VII
Transformação em Imóvel Urbano	Data do Evento:	Ato Legal:

10 – Justificativa

11 – Declaração de Imunidade/Isenção

Data Início	Motivo	Data Fim

12 – Termo de Responsabilidade

As informações contidas neste documento são a expressão da verdade.	
Local	Data
Nome	CPF
Assinatura	

Modelo aprovado pela IN RFB nº 1.467/2014.

13 – Recepção (uso exclusivo RFB)

6. Zoneamento

6.1. Conceito

Zoneamento é a atividade pública que busca dividir o País rural em zonas homogêneas passíveis de aplicação de uma mesma política.

Sendo o Brasil um país de dimensões continentais, com diferentes climas, solos, topografias e culturas, naturalmente que não se pode estabelecer um mesmo tipo de política agrícola ou se busque implementar uma uniforme reforma agrária que atinja a toda esta heterogeneidade. Por conseguinte, há que se estabelecer zonas que tenham a mesma estrutura e o mesmo problema para implementação de uma mesma solução. Isso se chama zoneamento.

Para melhor fixação do tema, estabeleço o seguinte exemplo: qual o problema agrário mais crítico existente no Rio Grande do Sul? Não é a necessidade de irrigação, pois as chuvas aqui ocorrem com certa normalidade. Também não é a falta de estradas que impossibilitem o escoamento das safras: estas existem em quantidades razoáveis. Não é a existência de grandes extensões de terras que necessitem ser colonizadas pois, ao contrário, todas as terras aqui são povoadas. Mas qual é, portanto, o problema crítico permanente no Estado? Sem a necessidade de se buscar dados técnicos, salta aos olhos que o problema fundiário mais crítico no Estado é a reforma agrária ou a busca de terras pelos sem-terras; é a pretensão daqueles que não têm maneira de obtê-la, inclusive com o uso de orientação ideológica, estrutura paramilitar e uso de força física. Por conseguinte, o Rio Grande do Sul é uma região agrária crítica, que, por isso, precisa de uma política fundiária própria, consistente na busca de terras, para assentamento dessa fileira de pretensão que a cada dia é engrossada com a junção de novos membros. A política a ser implementada, dessa forma, é a de desapropriação de terras para fins de reforma agrária.

Em outro diapasão exemplificativo, é possível detectar que o norte do País seja uma região crítica para colonização; que o nordeste, uma região crítica para uma política de irrigação e que a região oeste necessite de construção de estradas e armazéns. A fixação específica de onde e como fazer é atribuição do zoneamento.

6.2. Finalidades do zoneamento

Do que foi dito no tema anterior, já é possível concluir qual a finalidade do zoneamento. Ocorre que o que foi dito é interpretação do que o legislador expressamente procurou demonstrar, tanto no art. 43 do Estatuto da Terra, quanto no art. 27 do Decreto nº 55.891, de 31.03.65, ao buscar a delimitação de regiões homogêneas do ponto de vista socioeconômico, visando a definir:

I – as regiões críticas que estão exigindo reforma agrária;

II – as regiões em estágio mais avançado de desenvolvimento social e econômico, em que não ocorram tensões nas estruturas demográficas e agrárias;

III – as regiões já economicamente ocupadas em que predomine economia de subsistência e cujos lavradores e pecuaristas carecem de assistência adequada;

IV – as regiões ainda em fase de ocupação econômica, carentes de programa de desbravamento, povoamento e colonização de áreas pioneiras.

6.3. Objetivos do zoneamento

É ainda o Estatuto da Terra, no seu art. 44, que traça os objetivos do zoneamento quando diz que ele é necessário para:

I – estabelecer as diretrizes de política agrária a ser adotada em cada tipo de região;

II – programar a ação dos órgãos governamentais, para desenvolvimento do setor rural, nas regiões delimitadas como de maior significação econômica e social.

6.4. Origem e órgão executor do zoneamento

O zoneamento é uma decorrência das informações colhidas através do cadastro rural e que, processadas globalmente, permitem, estruturar o mapeamento rural do País em zonas homogêneas de atividades socioeconômicas, possibilitando a aplicação de uma mesma política agrária.

O órgão governamental encarregado de executar a atividade de zoneamento é o INCRA – Instituto Nacional de Colonização e Reforma Agrária –, substituto do IBRA, que ainda é encontrável nas redações legais.

7. Imposto sobre a Propriedade Territorial Rural

7.1. Antecedentes históricos

Tributar o uso da terra sempre foi preocupação de quem, de alguma forma, detinha o poder sobre ela.

Roma, por exemplo, no período republicano, impôs para os possuidores de terras dentro das províncias conquistadas o *tributum soli*, agriconsistente numa parcela da produção obtida com sua exploração, que, no entanto, podia variar para uma contribuição fixa em dinheiro ou em produto chamada *stipendium*. Para os romanos que viessem a possuir qualquer terra, não havia pagamento de tributo. Tratava-se de uma das consequências bem delineadas na frase romana: *Ai dos vencidos*!

Entre nós, a tributação da terra somente se tornou existência legal depois que veio a República, especificamente na Constituição de 1891, inclusive, estabelecendo sua competência estadual, estrutura que foi mantida até a Constituição de 1946. Com a Emenda Constitucional n° 10, de 10.11.64, o já então chamado *Imposto Territorial Rural* passou a ser da competência da União, lançado e cobrado pelo hoje INCRA (Instituto Nacional de Colonização e Reforma Agrária), cuja denominação, na época, era IBRA (Instituto Brasileiro de Reforma Agrária), nos termos dos arts. 49 e 50 do Estatuto da Terra e Decreto n° 59.792, de 26.08.65, que regulamentou aqueles dispositivos. O módulo fiscal era, por essa legislação, o fator básico para o cálculo do imposto.

Atualmente, o I.T.R. tem na Lei n° 9.393, de 19.12.96, sua base de competência e legalidade, e a sigla, embora tenha se mantido a mesma, retrata uma nova denominação *de Imposto sobre a Propriedade Territorial Rural*, e não mais *Imposto Territorial Rural*. Essa nova lei revogou a de n° 8.847, de 28.01.94.

Graças à pressão dos municípios, a Emenda Constitucional n° 42, de 19 de dezembro de 2003, modificou o art. 153 da Constituição Federal, para possibilitar que a fiscalização e cobrança do I.T.R. pudessem ser efetuadas no âmbito municipal, desde que não implicasse sua redução ou outra forma de renúncia fiscal. Em decorrência dessa alteração constitucional, foi aprovada a Lei nº 11.250, de 27 de dezembro de 2005, estabelecendo que a União, através da Secretaria da Receita Federal, poderia celebrar convênios com o Distrito Federal e os Municípios que assim viessem a optar, com o fim de delegar as atribuições de fiscalização, inclusive de lançamento dos créditos tributários e de cobrança do I.T.R., sem que com isso ficasse afastada a competência supletiva federal.

Através da Instrução Normativa SRF nº 643, de 12 de abril de 2006, a Secretaria da Receita Federal dispôs sobre o convênio a firmado com o Distrito Federal e os Municípios para a delegação das atribuições, inclusive a de lançamento de créditos tributários, e de cobrança do I.T.R., inclusive, apresentando modelo de convênio a ser firmado entre as partes.

7.2. Fato gerador do Imposto Sobre a Propriedade Territorial Rural

A Lei nº 9.393, no seu art. 1º, manteve o mesmo fato gerador para incidência do I.T.R. estabelecido no Estatuto da Terra e na Lei nº 8.847/94. Por conseguinte, o fato jurídico tributário ensejador da incidência do imposto continuou sendo a propriedade, o domínio útil ou a posse de imóvel rural.

No entanto, a lei, no mesmo diapasão da anterior, inovou quando estabeleceu expressamente que o imóvel rural, base para a incidência do imposto, não era aquele do conceito do art. 4º, inciso I, do Estatuto da Terra, que podia ser encontrado, inclusive, no perímetro urbano, porquanto a ênfase que se lhe dava era na forma de exploração agrária, e não na sua localização, para estabelecer que gerava imposto a propriedade, o domínio útil ou a posse de imóvel rural por natureza, com a enfática conclusão de que ele deveria estar localizado fora da zona urbana do município. A lei veio para acalmar uma dúvida até então existente: a de se estabelecer a competência para a cobrança de imposto sobre um imóvel rural por destinação legal dentro do perímetro urbano, já que o poder público municipal entendia ser de sua competência, e o imposto seria o I.P.T.U. Se o imóvel abranger mais de um município, diz o § 3º da nova lei, deverá ser enquadrado naquele município onde fique sua sede e, não existindo esta, no município onde se localize a maior parte do imóvel.

Outra modificação importante da lei é a que estabeleceu o dia 1º de janeiro de cada ano como momento de incidência do fato gerador do imposto. Em outras palavras, não interessa para o fisco que a partir do dia 02 de janeiro até 31 de dezembro do mesmo exercício seja outro o proprietário, o titular do domínio útil ou possuidor do imóvel rural. O devedor do imposto é, inexoravelmente, aquele que pode ter sido proprietário, titular do domínio útil ou possuidor, por apenas um dia. Por óbvio, que este prazo visou a beneficiar a Receita Federal, deixando discussões, como a do exemplo citado, diretamente para as partes envolvidas na mudança de titularidade do imóvel rural. A lei ainda deixou claro que o sucessor do proprietário, do detentor do domínio útil ou do possuidor, a qualquer título, é responsável pelo imposto consoante a ordem estabelecida no Código Tributário Nacional, Lei n° 5.172, de 25.10.96, nos seus arts. 128 a 133.

Não querendo deixar dúvidas, a nova lei tratou ainda de fixar o domicílio do contribuinte do I.T.R. como sendo o do município de localização do imóvel, impedindo o foro de eleição. Essa modificação deu cunho de realidade ao imposto, pois não raramente o contribuinte, como comodidade de fixar residência em cidades maiores, atribuía a tais locais seu domicílio fiscal, criando situações de extrema dificuldade para sua cobrança. De outro lado, essa determinação tem um cunho prático. Como no caso de execução fiscal pelo imposto não pago a penhora ou o arresto, se não incidir em dinheiro, deverá recair sobre o próprio imóvel (art. 18), tem-se claramente as razões de facilidade processual oriundas da fixação do domicílio do contribuinte no município de localização do imóvel.

7.3. Base de cálculo do I.T.R.[8]

Diferentemente do que estabelecia a Lei n° 6.847/94, a Lei n° 9.393/96, embora mantendo como base de cálculo o mesmo V.T.N. – Valor da Terra Nua – da anterior, deslocou a sua valoração da Secretaria da Receita Federal, portanto, do fisco, para o próprio *contribuinte*. Essa mudança é radical e significa o retorno daquilo que já estabelecera o Estatuto da Terra em 1964. A centralização buscada na lei anterior para a fixação do V.T.N. resultou num estrondoso fracasso pelas irrealidades de mercado levantadas pelo órgão oficial na fixação do preço da terra, ensejando resistências fiscais e até de ordem política dos contribuintes, levando o Governo a suspender a cobrança do imposto até que se refizesse todos os cálculos. Como a Secretaria da Receita Federal manteve o poder de aceitar ou não o I.T.R. calculado pelo contribuinte, a apresentação anual do cadastro rural tornou-se regra imperativa como forma de confrontação de valores e para efeito de correção de ofício, prazo este reduzido para sessenta dias no caso de alterações nos imóveis, como desmembramento, anexação, trans-

---

[8] A Lei n° 11.250/05 possibilitou a delegação para a órbita municipal da fiscalização, lançamento e cobrança do ITR, significando afirmar que tudo o mais continuou sendo regido pela Lei n° 9.292/96. A Instrução Normativa SRF n° 643, de 12 de abril de 2006, regulamentou o convênio a ser firmados entre a Secretaria da Receita Federal com o Distrito Federal e os Municípios, inclusive apresentando minuta.

missão, por alienação da propriedade ou dos direitos a ela inerente, a qualquer título, sucessão *causa mortis*, cessão de direitos e constituição de reserva ou usufruto. Essas informações cadastrais são transitadas através do DIAC – Documento de Informação e Atualização Cadastrais – do I.T.R., para o caso das alterações acima citadas, e DIAT – Documento de Informação e Apuração do I.T.R. –, que como o próprio nome diz, serve para apurar o imposto devido.

Embora *terra nua* seja um conceito jurídico bem delimitado e de fácil compreensão, o legislador do I.T.R. não quis deixar dúvida quando disse que, para valorar essa *terra nua* e estabelecer o V.T.N., o contribuinte não deve considerar as construções, instalações e benfeitorias, as culturas permanentes e temporárias, as pastagens cultivadas e melhoradas e as florestas plantadas, ou seja, tudo aquilo implementado pelo homem à terra e que contribuiu para aumentar o seu valor de mercado.

A nova lei eliminou a UFIR – Unidade Fiscal de Referência – como fator de conversão do V.T.N. e ainda a sua retroação ao dia 31 de dezembro do exercício anterior, para estabelecer que o valor da terra nua é de mercado apurado em 1º de janeiro, evidentemente calcada na estabilização da moeda. O valor de mercado agora estabelecido significa que o imóvel rural sem benfeitorias será calculado respeitando as oscilações da oferta e procura. Dessa forma, em situações de crise no campo por qualquer fator climático ou econômico, a base de incidência do imposto será evidentemente menor. Em sentido contrário, direcionando o Governo Federal um política agrícola consistente para o campo, no entendimento hoje esquecido de que ali é que reside a preocupação fundamental do governante, o valor da terra pela natural procura aumentará, aumentando concomitantemente a base do imposto. O *valor de mercado*, assim, resgata um política fiscal preocupada também como o homem proprietário rural, e não só com o aumento da arrecadação pelo Governo.

A lei ainda afastou o hectare como medida unitária de cálculo do V.T.N. para fixar-se no conjunto – valor do imóvel, significando com isso que o imposto será pago pelo valor do conjunto, e não pela soma de seus hectares. Pode parecer algo sem importância, mas a valoração pelo *corpus*, e não pelo *mensura*, é muito mais equitativa. Como nenhum hectare de terra é igual a outro, a valoração da terra nua por esta medida unitária pode oscilar para mais ou para menos, produzindo injustiça fiscal. Todavia a valoração pelo todo uniformiza estas divergências. Não fora isso, bastaria a circunstância de que a apuração pelo todo é bem mais simplificada do que pelas somas das partes.

7.4. Apuração do valor do I.T.R.[9]

Fixada a base de cálculo, há que se apurar o valor do I.T.R. devido. E nisso a Lei nº 9.393/96 manteve a mesma sistemática.

A operação não é direta, com a multiplicação do valor total da terra nua por uma alíquota correspondente.

Ela será encontrada com a aplicação de um sistema de redução que considera o percentual entre a *área aproveitável* e *a efetivamente utilizada*. O resultado é o GU – Grau de Utilização.

Ao contrário da Lei nº 8.847/94, que estabelecia desigualdades regionais para a fixação desse percentual entre a área aproveitável e a efetivamente utilizada, a nova lei uniformizou em uma única tabela o encontramento da alíquota do I.T.R. Nisso houve uma grande simplificação para o cálculo do imposto, eis que as alíquotas regionais foram abolidas e consolidadas em apenas 30 e não mais 180 como estabelecia a lei anterior. Considerando que é o próprio contribuinte o responsável pelo cálculo do imposto, vê-se que a lei também se preocupou em descomplicar sua atuação.

Para uma melhor compreensão, é bom definir *área aproveitável*, que, segundo a lei, é a área possível de exploração no imóvel rural, excluídas aquelas (1) – ocupadas por benfeitorias úteis e necessárias; (2) – de preservação permanente, de reserva legal, de interesse ecológico para a proteção dos ecossistemas e as reflorestadas com essências nativas ou exóticas e (3) – as comprovadamente imprestáveis para qualquer exploração agrícola, pecuária, granjeira, aquícola ou florestal.

Área efetivamente utilizada é aquela (1) – plantada com produtos vegetais e a de pastagens plantadas; (2) – a de pastagens naturais, observado o índice de lotação por zona de pecuária fixado pelo Poder Executivo (3) – a de exploração extrativa, observados o índice de rendimento por produto, fixado pelo Poder Executivo, e a legislação municipal; (4) – a de exploração de atividade granjeira e aquícola e (5) – sob processos técnicos de formação ou recuperação de pastagens.

Alguns exemplos para melhor se entender a operação de cálculo do imposto em análise:

1) qual é o I.T.R. devido por Antonio Pinto, proprietário de um imóvel rural em 01.01.97, situado em Uruguaiana, Estado do Rio Grande do Sul, com extensão total de 1.000 ha, 800 ha de área aproveitável

---

[9] A Lei nº 11.250/2005 possibilitou a delegação para a órbita municipal da fiscalização, lançamento e cobrança do ITR, significando afirmar que tudo o mais continuou sendo regido pela Lei nº 9.292/96. A Instrução Normativa SRF nº 643, de 12 de abril de 2006, regulamentou o convênio a ser firmados entre a Secretaria da Receita Federal com o Distrito Federal e os Municípios, inclusive apresentando minuta.

e 500 ha de área efetivamente utilizada, cujo valor total da terra nua é de R$ 500.000,00?

O GU entre a área aproveitável e aquela efetivamente utilizada na propriedade de Antonio Pinto é de 62,5% (500 ha efetivamente utilizado de 800 ha aproveitáveis). Como a propriedade é de 1.000 ha, e o seu grau de utilização é de 62,5%, tem-se que a alíquota do I.T.R. corresponde a 1,90%. Assim, como o valor da terra nua total é de R$ 500.000,00, o imposto devido será de R$ 9.500,00.

2) Antonio Quintana é proprietário de 500 ha no Mato Grosso do Sul, desde 1994. Destes, 450 ha é área aproveitável e toda ela efetivamente utilizada. O V.T.N. é de R$ 150.000,00. Qual o imposto devido por Antonio Quintana para o ano de 1995?

O Grau de Utilização entre a área aproveitável e a efetivamente utilizada na propriedade de Antonio Quintana é de 100%. Como o imóvel rural tem 500 ha, a alíquota do imposto é de 0,10%. Logo, o I.T.R. devido é de R$ 150,00.

3) Francisco Magalhães é proprietário de 200 ha no interior da Bahia há longa data. A área aproveitável é de 180 ha, sendo 150 efetivamente utilizada. O valor da terra nua é de R$ 100.000,00. Qual o imposto devido?

O percentual entre a área aproveitável e a utilizável é de 83,33%. Portanto, sendo a alíquota do imposto de 0,07%, o valor a ser pago será o correspondente a R$ 70,00.

Não havendo qualquer área aproveitável, que é aquela passível de exploração agrícola, pecuária, granjeira, aquícola ou florestal, a alíquota do I.T.R. sobre ela incidente é a menor na classificação das alíquotas. É como se o GU – Grau de Utilização – fosse superior a 80%.

A Lei nº 9.393/96 ainda fixou que em nenhum caso o valor do imposto devido será inferior a R$ 10,00. E que poderá ser pago à vista, no último dia para a entrega do DIAT – Documento de Informação e Apuração do I.T.R. – a ser fixado pela Receita Federal, ou em até 3 (três) parcelas iguais, mensais e consecutivas, não podendo nenhuma delas ser inferior a R$ 50,00, sendo corrigidas pela taxa referencial do Sistema de Liquidação e de Custódia (SELIC), acrescidas de juros de 1% ao mês. Os pagamentos fora do prazo sofrerão ainda a incidência de multa de 0,33% por dia de atraso até o limite de 20% e juros de mora.

Embora a nova lei tivesse delegado a apuração do I.T.R. ao contribuinte, reservou à Secretaria da Receita Federal o poder de aceitar ou não o cálculo apresentado, podendo corrigir a subavaliação e as informações inexatas sobre o imóvel e, inclusive, lançar, de ofício, o imposto correspondente, no caso de não entrega do DIAT – Documento de Informação e Apuração do I.T.R. – pelo contribuinte.

7.5. Administração do I.T.R.

Como já se pode observar, o I.T.R. continua, pela nova lei, sendo administrado pela Secretaria da Receita Federal, que mantém sua competência para instaurar processo administrativo-fiscal quer seja para determinar a exigência do imposto, imposição de penalidades, repetição de indébito ou solução de consulta, quer para a compensação do imposto.

No entanto, a lei estabeleceu que a Secretaria da Receita Federal poderá celebrar convênios com o INCRA – Instituto Nacional de Colonização e Reforma Agrária –, especialmente para a fiscalização das informações cadastrais prestadas pelo contribuinte que, por sua vez, poderá também conveniar com IBAMA – Instituto Brasileiro de Meio Ambiente e dos Recursos Naturais Renováveis – e FUNAI – Fundação Nacional do Índio –, bem como com as Secretarias Estaduais da Agricultura. No exercício dessa fiscalização, os agentes do INCRA terão acesso ao imóvel rural.

Como acontecia quando o I.T.R. era regrado pelo Estatuto da Terra, a nova lei possibilitou a celebração de convênios com órgãos da administração tributária das unidades federadas para a cobrança e lançamento do imposto, inclusive com a CNA – Confederação Nacional da Agricultura – e a CONTAG – Confederação Nacional dos Trabalhadores na Agricultura – para efeito da cobrança das contribuições sindicais devidas àquelas entidades.

Importante novidade na administração do I.T.R. surgiu com a Lei nº 11.250/2005, que, regulamentando o inciso III do § 4º do art. 153 da Constituição Federal, alterado pela Emenda Constitucional nº 42/2003, possibilitou que a Secretaria da Receita Federal, através de convênio, pudesse delegar as atribuições de fiscalização, lançamento e cobrança do I.T.R. ao Distrito Federal e aos Municípios, continuando o órgão federal, no entanto, com a competência supletiva.

Esta delegação não retira o poder da Secretaria da Receita Federal de, verificando irregularidades na execução dos atos delegados, poder denunciar o convênio e assumir diretamente a administração do I.T.R.

Assim é que através da Instrução Normativa SRF nº 643, de 12 de abril de 2006, a Secretaria da Receita Federal dispôs sobre o convênio a firmado com o Distrito Federal e os Municípios para a delegação das atribuições, inclusive a de lançamento de créditos tributários, e de cobrança do I.T.R., inclusive, apresentando modelo de convênio a ser firmado entre as partes.

7.6. Imunidades do I.T.R.[10]

A Constituição Federal, no seu art. 153, § 4º, estabelece que o I.T.R. não incidirá sobre pequenas glebas rurais quando o proprietário as explore, só ou com sua família, e desde que não possua outro imóvel. Observa-se, portanto, que a preocupação do constituinte não foi exclusivamente com o tamanho da área. Mas, também, com o aspecto econômico e social. Para que sobre a pequena gleba incida a imunidade do I.T.R., há necessidade que seu proprietário, o titular do domínio útil ou possuidor nela trabalhe, só ou com sua família. E ainda existe uma outra causa-condição: que não possua outro imóvel quer seja ele rural ou urbano.

A Lei nº 9.393/96, regulamentando este dispositivo, no seu art. 2º, disse que são consideradas pequenas glebas os imóveis de área igual ou inferior a:

1) 100 ha, os localizados nos municípios enquadrados na Amazônia Ocidental e no Pantanal Mato-Grossense. Numa linguagem rápida, estas são áreas situadas no noroeste do País, de grandes extensões e ainda pouco habitada, quer por acidente geográfico, ou porque estão em fase de colonização.

2) 50 ha, os localizados nos municípios enquadrados no Polígono das Secas e Amazônia Oriental. O limite considerou o problema da falta de água crônica que ocorre nas regiões do Polígono das Secas, e a franca colonização do leste da região amazônica.

3) 30 ha, os localizados nos demais municípios. O legislador aqui manteve a isenção geral do Estatuto da Terra.

A nova lei não só transformou aquilo que era isenção na Lei 8.847/94 em imunidade, situações tributárias de gradação bem diferenciadas, como ainda elevou o tamanho das propriedades por ela abrangida.

Também na condição de imune ao I.T.R. estão as propriedades imobiliárias pertencentes aos Estados, ao Distrito Federal, aos Municípios, aos partidos políticos, às entidades sindicais dos trabalhadores, as instituições de educação e assistência social, nos termos do art. 150, inciso VI, da Constituição Federal.

7.7. Isenções do I.T.R.[11]

A lei, no seu art. 3º, enumera os casos de isenções do I.T.R.

---

[10] A Lei nº 11.250/05 possibilitou a delegação para a órbita municipal da fiscalização, lançamento e cobrança do ITR, significando afirmar que tudo o mais continuou sendo regido pela Lei nº 9.292/96. A Instrução Normativa SRF nº 643, de 12 de abril de 2006, regulamentou o convênio a ser firmados entre a Secretaria da Receita Federal com o Distrito Federal e os Municípios, inclusive apresentando minuta.

[11] Idem.

Assim, estaria isento do imposto o imóvel rural compreendido em programa oficial de reforma agrária, caracterizado pelas autoridades competentes como assentamentos, que, cumulativamente, seja explorado por associação ou cooperativa de produção; que a fração ideal por família assentada não ultrapasse os limites de 100 ha para a Amazônia Ocidental ou Pantanal Mato-Grossense e sul-mato-grossense, 50 ha para a região do Polígono das Secas ou na Amazônia Oriental e 30 ha, nas demais regiões e que o assentado não possua outro imóvel.

Outro caso de isenção do I.T.R. fixado pela lei está quando o conjunto de imóveis rurais de um mesmo proprietário, cuja área total observe os limites regionais acima especificados, desde que, cumulativamente, seja explorado só ou com sua família, admitida ajuda eventual de terceiro e ainda que não possua imóvel urbano.

7.8. Execução fiscal

A execução fiscal é a forma judicial para cobrança do I.T.R.

A Lei nº 11.250/05 possibilitou que a Secretaria da Receita Federal pudesse celebrar convênios com o Distrito Federal e os Municípios visando a delegar atribuições de fiscalização, lançamento e cobrança do I.T.R. No entanto, não delegou competência para que a execução fiscal pudesse ser ajuizada pelo conveniado. Isso significa dizer que, mesmo havendo convênio expresso, não é o ente público Distrito Federal ou Município legitimado para a cobrança judicial. Apenas para a cobrança administrativa, no qual se incluiu o processo administrativo tributário.

Aliás, o art. 14 da Instrução Normativa SRF nº 643, de 12 de abril de 2006, que regulamentou o convênio a ser firmado entre a Secretaria da Receita Federal com o Distrito Federal e os Municípios, é claro nesse sentido quando diz que após a cobrança, se não houver a confirmação do pagamento por parte do sujeito passivo, a SRF encaminhará o débito à Procuradoria-Geral da Fazenda Nacional (PGFN) para inscrição em Dívida Ativa da União.

O título executivo fiscal é a certidão de dívida ativa, na qual a Fazenda Pública demonstra os elementos que considerou para o lançamento do tributo, o índice de correção monetária aplicada, o percentual de juros moratórios e a pena de multa.

Com força de liquidez e certeza, o débito constituído através da certidão de dívida ativa impõe a constrição judicial através da penhora.

A novidade criada pela lei quanto à execução fiscal do I.T.R. está em que, não incidindo a constrição judicial da penhora ou do arresto sobre dinheiro, deverá ela necessariamente incidir sobre o imóvel rural do devedor e, no caso de avaliação, esse valor será declarado pelo contribuinte.

Esse dispositivo legal (art. 18) modifica estrutural e especialmente as regras do Código de Processo Civil quanto à execução do I.T.R., porquanto cria ordem de preferência bem diversa da que ali consta. É explicável a razão legal pela necessidade do Governo Federal de abrir mais um caminho para a obtenção de terras para a reforma agrária, pois o imóvel rural do devedor preferencialmente penhorado poderá ser adjudicado pela União diretamente em nome do INCRA. E em havendo saldo em favor do devedor, este será transformado em T.D.As. – Títulos da Dívida Agrária – e assim depositado.

7.9. Defesa do contribuinte do I.T.R.

O contribuinte do I.T.R. pode se defender da pretensão de cobrança do I.T.R. de duas formas.

A primeira delas é administrativa, e se oportuniza após a notificação de que a apuração do I.T.R. por ele efetuada e consequente autolançamento foi glosada ou inaceita pela Secretaria da Receita Federal ou pelo órgão arrecadador do Distrito Federal ou do Município, quando houver delegação de lançamento e cobrança (Lei 11.250/05). É o chamado processo de reclamação do contribuinte, onde é necessário o contraditório, ampla defesa e a possibilidade de recurso, em respeito ao art. 5º, inciso LV, da C.F.

A segunda forma de defesa é a judicial e se opera através dos embargos a execução fiscal, onde o devedor pode discutir amplamente qualquer questão referente ao imposto, como, por exemplo, equívoco da Receita Federal ou do órgão do Distrito Federal e do Município, quando houver delegação, no apanhamento dos elementos da base de cálculo do tributo, a aplicação de alíquota errada, o lançamento de ofício defeituoso, ausência de notificação, erros na certidão da dívida ativa, e assim por diante.

Poderão constituir ainda elementos de defesa a arguição da decadência e da prescrição, ambas em prazos estanques e de 5 anos.

Como o I.T.R. é de lançamento direto do contribuinte, se ele não o faz nos prazos estabelecidos pela Secretaria da Receita Federal ou pelos órgãos responsáveis pela fiscalização, lançamento e cobrança do Distrito Federal ou dos Municípios, quando existe convênio, têm estes o dever fiscal de lançar o imposto de ofício. Se não o faz, o seu silêncio flui em benefício de devedor, caracterizando a decadência passados 5 anos da inércia do fisco.

Já a prescrição é prazo que atinge o momento seguinte: lançado o imposto, não é ele cobrado judicialmente.

7.10. Efeitos colaterais do I.T.R.

O legislador procurou atribuir outros efeitos ao I.T.R., buscando com isso abranger com maior eficácia sua execução.

O primeiro dos efeitos é também efeito fiscal, porém ligado diretamente ao imposto de renda. Assim, no caso de custo de aquisição e valor de venda de imóvel rural, é o VTN o parâmetro para efeito de apuração do ganho de capital.

Outro efeito é que na concessão de incentivos fiscais e de crédito rural, em qualquer das modalidades, fica elas condicionadas à comprovação do recolhimento do I.T.R. dos últimos 5 anos, ressalvados os casos em que a exigibilidade do imposto esteja suspensa ou em curso processo de execução fiscal. Ficam fora dessa exigência os empréstimos do PRONAF – Programa Nacional de Fortalecimento da Agricultura Familiar.

O terceiro efeito previsto pelo legislador é de cunho registral. Portanto, somente com a comprovação do pagamento do I.T.R. dos últimos 5 anos podem ser efetuados atos registrais previstos na Lei dos Registros Públicos que digam respeito ao imóvel rural. A lei atribui responsabilidade solidária pelo imposto e seus acréscimos aos serventuários do registro de imóveis que descumprirem essa determinação.

Por último, no caso do imóvel rural ser desapropriado, o valor da terra nua previsto no art. 184 da Constituição Federal e na Lei Complementar nº 76, de 06.07.93, não poderá ser superior ao VTN declarado pelo contribuinte para efeito de apuração do I.T.R.

7.11. Inovações sobre o I.T.R

A Lei nº 11.250, de 17 de dezembro de 2005, introduziu substanciais modificações no I.T.R., por decorrência da EC 42, de 2003, que alterou o artigo 153, § 4º, inciso III, da Constituição Federal.

Estas modificações, no entanto, não transformaram o I.T.R. em tributo do Distrito Federal ou dos Municípios. A competência da União continua íntegra, e a Lei nº 9.393/96 continua vigente.

O que a inovação pretendeu fazer foi possibilitar que o Distrito Federal e os Municípios, que constitucionalmente são aquinhoados com este tributo, pudessem diretamente interagir, fiscalizando, lançando ou cobrando o I.T.R., desde que previamente haja acordo subscrito através de convênio.

Dessa forma, o Distrito Federal e cada um dos Municípios brasileiros, para se legitimarem na permissão constitucional e legal, devem firmar convênio, sem que isso signifique redução ou renúncia fiscal.

Ora, convênio é um típico contrato realizado entre administrações e que, portanto, pode ser denunciado de várias formas, tanto pelo conveniente, a Secretaria da Receita Federal, como pelo conveniado, o Distrito Federal ou qualquer Município.

Através da Instrução Normativa SRF nº 643, de 12 de abril de 2006, a Secretaria da Receita Federal dispôs sobre o convênio a firmado com o Distrito Federal e os Municípios para a delegação das atribuições, inclusive a de lançamento de créditos tributários, e de cobrança do I.T.R., inclusive, apresentando modelo de convênio a ser firmado entre as partes.

8. Colonização

8.1. Antecedentes

O Brasil ainda é um dos poucos países do mundo a possuir uma grande quantidade de área inexplorada social e economicamente, em especial na região da Amazônia Legal, apesar de seus quase 500 anos de história. É certo que bandeiras e preocupações de organismos internacionais resistem a essa ocupação, sob o entendimento de ser essa região a única reserva verde do planeta e, dessa forma, necessária para a sobrevivência de toda população mundial. Ou seja, colonizar a Amazônia não seria uma preocupação nacional, mas internacional.

Discussão à parte, o certo é que o País não mais permite o uso da terra nessa área de forma desordenada, como ocorreu no nordeste, onde as queimadas frequentes dizimaram completamente a cobertura verde existente, levando a região a uma quase desertificação.

O direito de propriedade nas áreas ainda inexploradas, ou a colonizar, sofre severa restrição pela tutela estatal. Derrubar e queimar a mata, para transformá-la em pasto ou área agricultável, ou ainda dividir grandes extensões em lotes menores para revendê-los, são ações que precisam de autorização governamental, uma vez que são atividades abrangidas pelo instituto jurídico da colonização.

Mas a colonização no Brasil tem seus ciclos que podem ser agrupados em 6 (seis) períodos diferentes.

O primeiro período vai de 1824 a 1908. Em decorrência da ebulição social europeia, gerada pela crescente industrialização e a não absorção dos países desse continente da mão de obra excedente, conjugada com a necessidade do País de abrir novas fronteiras agrícolas, aqui aportaram emigrantes alemães, italianos, poloneses e ucranianos, especialmente nos estados do Rio Grande do Sul, Santa Catarina, Paraná, São Paulo e, na outra ponta, Pará, que receberam glebas de terra e que ainda hoje se constitui numa medida agrária chamada "colônia".

O segundo período vai de 1908 a 1930. Agora não são mais os imigrantes europeus que aqui chegam em grandes quantidades, mas os japoneses, especificamente para suprir a mão de obra escrava nas fazendas de café do Estado de São Paulo, embora os italianos continuem a buscar novas perspectivas de vida.

O terceiro período se caracteriza por um fechamento da emigração externa e a intensificação da colonização interna e vai de 1930 a 1954. É o início de uma marcha que não mais busca o caminho leste-oeste, porém toma novo rumo: sul-norte. E, assim, novas fronteiras agrícolas passam a existir no oeste de Santa Catarina, oeste e norte do Paraná e São Paulo, Mato Grosso, sul do Maranhão e Pará.

O que se pode caracterizar como quarto período vai de 1954 a 1970 e tem sua ênfase no abandono de uma colonização desordenada para entrada em cena dos organismos oficiais. É nessa fase que o Estado toma consciência de sua importância na colonização e procura regrar fortemente essa atividade, tentando eliminar ou diminuir as consequências ecológicas praticadas por uma atividade econômica predadora. O Rio Grande do Sul mesmo pode servir de exemplo pela quase completa derrubada de sua cobertura verde nativa para a implantação da monocultura trigo--soja, onde o pinheiro e a erva-mate quase foram extintos como símbolos dessa região.

O quinto período, iniciado em 1970, vai até 1985 e agora com o dirigismo estatal se solidifica no oeste do País e avança para o norte, penetrando na região hoje conhecida como Amazônia Legal.

Um sexto período pode ser caracterizado a partir de 1985 e continua até hoje. Não é mais a exploração interna que se verifica com maior ênfase, embora esta exista. É quase o retorno da história. O Brasil que teve no emigrante seu grande surto inicial de desenvolvimento rural agora exporta essa mão de obra para outros países. Assim, as regiões fronteiriças de Uruguai, Argentina, Paraguai, Bolívia e Colômbia se constituem no novo ciclo da história da colonização brasileira.

8.2. Conceito

Colonização é uma daquelas atividades que o direito positivo buscou regrar, na tentativa de substituição da função do intérprete. Acredita-se que esta conceituação legislativa teve por finalidade a sedimentação mais rápida do direito agrário. Assim, sendo algo novo na estrutura jurídica do País, o legislador desde logo buscou conceituá-lo para não deixar qualquer dúvida inicial do que pretendia implantar. Colonização, portanto, é mais um conceito de direito agrário.

O art. 4º, inciso IX, do Estatuto da Terra, está assim redigido: "Colonização é toda atividade oficial ou particular, que se destine a promover o aproveitamento econômico da terra, pela sua divisão em propriedade familiar ou através de Cooperativas".

Em decorrência da excepcional estrutura política vigente em 1964, de um Poder Executivo forte e de um Poder Legislativo meramente homologatório, observa-se que o Estatuto da Terra, a lei emitida pelo Congresso Nacional, tão somente traçou as linhas gerais daquilo que pretendia estabelecer para o campo, deixando que o regulamento executivo não apenas detalhasse as medidas implantadas, como também as complementasse.

Explicam-se, dessa forma, as razões de tantos decretos regulamentando capítulos inteiros do Estatuto da Terra. O Decreto nº 59.428, de 27.10.66, que regulamenta a colonização, é mais um deles. E esse decreto assim conceitua colonização:

> Art. 5º Colonização é toda atividade oficial ou particular destinada a dar acesso à propriedade da terra e a promover seu aproveitamento econômico, mediante o exercício de atividades agrícolas, pecuárias e agroindustriais, através da divisão em lotes ou parcelas, dimensionados de acordo com as regiões definidas na regulamentação do Estatuto da Terra, ou através das cooperativas de produção nela previstas.

8.3. Tipos de colonização

Já foi dito, num conceito informal, que colonizar é abrir novos polos de exploração da terra com ênfase no fator econômico dessa atividade, todavia, sem descurar do elemento humano, que é o fator básico de seu sucesso.

A lei dividiu a colonização em duas maneiras, conforme se constata na própria conceituação que lhe deu: colonização oficial e colonização particular.

A primeira se caracteriza por uma ação exclusiva do Governo Federal, em que ele se utiliza de suas próprias terras ou as adquire para essa finalidade e, depois de um minucioso estudo, as redimensiona em parcelas, entregam-nas aos beneficiários que recruta e seleciona, e presta-lhe assistência.

Em tradução mais simples do que diz a lei, pode-se dizer que colonização oficial é o beneficiamento pelo Governo Federal de uma grande extensão de terra não explorada, com divisão em lotes, construção de estradas vicinais que os interligue e possibilite o escoamento da produção, construção de agrovila de apoio ao beneficiário, onde ele possa se abastecer de mantimentos no armazém, colocar seus filhos na escola e ter atendimento médico-hospitalar e também o fornecimento dos recursos necessários para o desenvolvimento da atividade rural.

Vários projetos de colonização oficial foram implantados no norte do País, mas poucos deram resultados, exatamente pelo abandono do próprio Governo Federal na sua execução. Dessa forma, a terra dividida em colonização voltava a se aglutinar pela absorção de parceleiros por outros ou mesmo pelos grandes proprietários vizinhos.

O insucesso dos projetos oficiais de colonização que teve como ponto fundamental o abandono do colono ou parceleiro no desenvolvimento de sua área ou lote, porém, deixou sementes. No eixo da estrada Belém-Brasília, por exemplo, a cidade de Altamira é um marco dessa tentativa oficial de colonização.

Já a colonização particular, sempre projetada com a finalidade de lucro, obteve mais sucesso que a colonização oficial. O beneficiamento de grandes extensões de terras inexploradas, por homens que tinham como meta transformar o nada em áreas altamente produtivas, foi o que fez o desenvolvimento de regiões como o norte do Paraná e Mato Grosso.

8.4. Planejamento técnico na colonização

A colonização, na sua forma oficial ou particular, exige projeto técnico, onde se analisa todo o impacto ambiental, econômico e social, sob a coordenação do INCRA.

A abertura de estradas, divisão dos lotes, manutenção de reserva florestal, prestação de assistência médica e técnica, fomento da produção, tudo isso deve passar por um crivo prévio de consideração e, depois, por uma constante fiscalização, especialmente quando se trata de colonização particular.

9. Teoria geral e princípios comuns aos contratos agrários[12]

9.1. Antecedentes históricos

Durante muito tempo, o estudo sobre os contratos estruturou-se na visão exclusiva da ciência jurídica, e não poderia ser diferente, já que é um dos seus mais importantes institutos, embora resistente a mudanças. Dessa forma, a preocupação com sua origem romana sempre foi a base de iniciação de qualquer comentário que procurasse demonstrar uma teoria a seu respeito.

Mas, nos tempos modernos, diante da conclusão insuspeita de que o direito não é uma ilha, já que cresce e se moderniza através de influências externas, é que se buscou alargar o campo de sua abrangência através de estudos correlatos desenvolvidos por ciências propedêuticas importantes no desenvolvimento dessa típica ciência do comportamento, como a política e a sociologia jurídica. Portanto, detectou-se que o contrato, como todo direito, sofria influências e influenciava outros pensamentos catalogados. Foi dentro dessa nova visão que se traçaram linhas de investigação no sentido de estabelecer como questionamento fundamental, por exemplo, qual seria a verdadeira gênese da relação contratual.

E isso se operou através do que passou a se chamar Lei de Maine, em homenagem a Sir Henry Summer Maine, sociológico jurídico inglês, que sustentou, no auge da escalada das ideias socialistas, que a lei do patriarca, do chefe, preponderava sobre a liberdade individual de contratar, numa tentativa de demonstrar que os contratos, desde a sua origem, sempre foram dirigidos por um *tercius* e não seriam produtos exclusivos da vontade dos contratantes.

Essa introdução, portanto, já deixa antever que o estudo do contrato não se exaure nas lindes do direito. Sua importância nas relações sociais e na organização do Estado moderno é inquestionável. Dessa forma, ao

---

[12] Sobre a matéria, ver nosso *Contrato de Arrendamento Rural*, 1998, e *Contrato de Parceria Rural*, 1999, ambos da Livraria do Advogado Editora, nos quais procuro analisar de forma mais abrangente as estruturas desses dois contratos, inclusive com compilação de jurisprudência e modelos.

procurar-se estabelecer os rumos da evolução dos contratos não se pode abandonar aquilo que se consubstanciou como origem clássica desse instituto jurídico, mas, de outro lado, não se pode olvidar que circunstâncias novas produzem importantes reflexos no instituto.

O Estatuto da Terra trouxe uma ideia radical de mudança na estrutura do campo. Isso é demonstrável pelos temas até aqui abordados. Assim, não se limitou ele tão somente a distribuir terras pelo sistema de reforma agrária, a tributar mais rigorosamente as propriedades improdutivas ou a colonizar áreas inexploradas. Procurou também regrar as relações contratuais advindas com o uso ou posse dessas terras. A ideia política traduzida para o direito consistiu na imposição de um sistema fundiário.

Antes dele, essas relações eram regidas pelo Código Civil de 1916, onde predominava a autonomia de vontade. Isso significava dizer que nenhum fator externo influenciava, direta ou indiretamente, a vontade de quem contratava. A liberdade individual de contratar na visão do código era circunstância soberana anterior e superior a qualquer outra. Tanto que duas vontades conjugadas num objetivo comum formavam um vínculo tão forte que criava uma lei entre elas. Na atividade agrária, a aplicação desta plenitude de vontade consistia, por exemplo, no fato de o proprietário rural e o homem que alugasse suas terras poderem livremente pactuar um contrato de meação. Nesse sentido, era plenamente válido que o proprietário entrasse apenas com a terra, e o locatário, com todo o trabalho e despesa com uma lavoura e ao final da safra fosse o lucro repartido meio a meio. A vontade que ambos estabeleceram os vinculava, e o contrato tinha que ser cumprido.

Todavia, com a vigência do Estatuto da Terra, o Código Civil de 1916 deixou de ter aplicação nas relações agrárias, pois a nova disposição legal retirou das partes muito daquilo que a lei civil pressupõe como liberdade de contratar. Substituiu, portanto, a autonomia de vontade pelo dirigismo estatal. Ou seja, o Estado passou a dirigir as vontades das partes nos contratos que tivessem por objeto o uso ou posse temporária do imóvel rural. A ideia implantada pelo legislador residiu na admissão de que o proprietário rural impunha sua vontade ao homem que utilizasse suas terras de forma remunerada. E essa imposição sub-reptícia retirava deste último a liberdade de contratação, pois ele apenas aderia à vontade maior do proprietário. A figura interventora do Estado era, assim, necessária para desigualar essa desigualdade, com uma legislação imperativa, porém de cunho mais protetivo àquele naturalmente desprotegido.

É possível concluir do estudo que se faça do tema, que os contratos agrários surgiram com uma conotação visível de justiça social e que na análise integrada de seus dispositivos nitidamente se observa a proteção contratual da maioria desprivilegiada, a detentora do trabalho e que vem possuir temporariamente a terra de forma onerosa, em detrimento da minoria privilegiada, os proprietários ou possuidores rurais permanentes.

O Código Civil de 2002 não alterou a vigência do Estatuto da Terra quanto aos contratos agrários, já que a lei geral não revoga a lei especial, consoante dispõe o 2º , § 2º, da Lei de Introdução às Normas do Direito Brasileiro, nova denominação da Lei de Introdução ao Código Civil.

9.2. Conceito

Como em outros institutos, a legislação agrária tratou de conceituar direta e antecipadamente o que pretendia regrar sobre contratos agrários. A ideia do legislador, repito, foi a de deixar claros os limites do tema, antecipando-se aos estudos que a doutrina faria do instituto e ainda porque se tentava impor uma diretriz jurídica nova sobre relações fáticas superadas.

Desta vez, não foi o Estatuto da Terra que tratou de conceituar o instituto agrário, mas o regulamento. Dessa forma, é que se encontram no Decreto nº 59.566/66, que regulamenta o dispositivo estatutário dos contratos agrários, os conceitos que se transcrevem e analisam:

> Art. 3º *Arrendamento rural* é o contrato agrário pelo qual uma pessoa se obriga a ceder a outra, por tempo determinado ou não, o uso e gozo do imóvel rural, parte ou partes do mesmo, incluindo, ou não, outros bens, benfeitorias e/ou facilidades, com o objetivo de nele ser exercida atividade de exploração agrícola, pecuária, agroindustrial, extrativa ou mista, mediante certa retribuição ou aluguel, observados os limites percentuais da Lei.

A análise do conceito de arrendamento rural já possibilita que se retirem algumas conclusões, antes mesmo do estudo sistemático de todos os seus dispositivos.

O primeiro deles: arrendamento rural é contrato agrário. Ora, isso significa dizer que arrendar uma área rural com o objetivo de exploração é um contrato agrário e, portanto, suas regras e interpretações são aquelas pertinentes ao sistema desse ramo do direito. Dúvidas podem pairar sobre o conceito de arrendador e arrendatário nesse tipo de contrato, porquanto a lei indetermina esses envolvidos ao falar em uma pessoa se obriga a ceder a outra. A indeterminação legal só leva a uma interpretação: qualquer pessoa, física ou jurídica, pode assumir a condição de arrendador ou de arrendatário agrário. Pretendesse o legislador excluir a pessoa jurídica de firmar contrato de arrendamento expressamente teria previsto diante da abrangência casuística com que regou essa relação contratual. De outro lado, feriria o sistema que a lei procurou proteger ao se pensar que a regra apenas abrangeria as pessoas físicas quando se sabe que as pessoas jurídicas rurais existem em grande número, criando uma circunstância ilógica de interpretação.

A segunda conclusão é a cedência da posse arrendada. O proprietário ou possuidor permanente que arrenda seu imóvel transfere durante o prazo contratual o uso e o gozo que detinha sobre seu bem. Assim lhe é defeso interferir no exercício desses direitos cedidos. Se de alguma forma impede esse exercício, possibilita o uso pelo arrendatário dos interditos possessórios.

Outra conclusão que ainda se retira do conceito é a duração do arrendamento. Em princípio, é de se entender que, quando a lei fala em tempo indeterminado ou não, como prazo de duração do contrato, haveria plena liberdade das partes para fixá-lo. No entanto, como se analisará mais adiante, este conceito deverá ser visto em termos, pois inexiste esta liberdade na determinação mínima de duração do arrendamento. Para esta, há limites que variam de acordo com o tipo de exploração pactuado, e que pode oscilar entre 3 (três) anos para cultura permanente (cultura de safra) até 7 (sete) anos para reflorestamento.

O que pode se enquadrar como objeto do contrato de arrendamento rural é outra conclusão que se retira de seu conceito. Assim, é objeto do arrendamento rural o aluguel de todo o imóvel, parte dele, incluindo, ou não, aquilo que existe sobre ele como benfeitorias ou que lhe facilitem o uso e gozo. Integra o contrato de arrendamento rural, por exemplo, o uso e gozo da área rural, incluindo o da casa da fazenda, armazém e barragem.

Mas o arrendamento rural tem uma finalidade e que diz respeito exatamente com a ideia do legislador: arrenda-se o imóvel rural para explorá-lo. Portanto, exige-se para a perfeição do contrato a efetiva exploração que pode ser, inclusive, a industrialização de produtos agrícolas, como é o caso de uma área rural onde exista um abatedouro ou uma unidade frigorífica de produtos primários de qualquer natureza.. Pode ser considerado arrendamento rural o aluguel de um imóvel rural para exclusivamente se beneficiar o arroz.

Por último, é considerado arrendamento rural o uso ou gozo do imóvel rural mediante remuneração. Logo, não se trata de um contrato gratuito. É oneroso. E mais, não existe liberdade na fixação de seu *quantum*. A lei é que estabelece os percentuais máximos e os parâmetros limitadores.

Na esteira da conceituação de arrendamento rural, a lei procurou também deixar claro o que considerava como subarrendamento rural ao afirmar:

Art. 3º ...

§ 1º Subarrendamento é o contrato pelo qual o Arrendatário transfere a outrem, no todo ou em parte, os direitos e obrigações do seu contrato de arrendamento.

O subarrendamento é um contrato derivado. Sua existência depende, pois, da prévia existência do arrendamento. Pode-se inseri-lo na categoria de um subcontrato agrário e, como tal, sobre ele incidem todas as regras que são pertinentes a esse tipo de relação jurídica. Para ele são transferidos todos os direitos e obrigações do arrendatário, ou, apenas, parte deles. Sua validade, entretanto, depende de consentimento expresso do proprietário ou possuidor-arrendador. Sem ele, não existe subarrendamento válido, e o subarrendante pratica ato que possibilita a denúncia do contrato de arrendamento através de ação de despejo de rito sumário, antes sumariíssimo.

A Lei nº 11.443, de 05 de janeiro de 2007, definindo o conceito de parceria rural, modificou o art. 4º do Decreto nº 59.566, de 12.11.66, para adaptá-lo à realidade moderna, com a seguinte redação:

> 1º Parceria rural é o contrato agrário pelo qual uma pessoa se obriga a ceder à outra, por tempo determinado ou não, o uso específico de imóvel rural, de parte ou partes dele, incluindo, ou não, benfeitorias, outros bens e/ou facilidades, com o objetivo de nele ser exercida atividade de exploração agrícola, pecuária, agroindustrial, extrativa vegetal ou mista; e/ou lhe entrega animais para cria, recria, invernagem, engorda ou extração de matérias-primas de origem animal, mediante partilha, isolada ou cumulativamente, dos seguintes riscos:
>
> I – caso fortuito e de força maior do empreendimento rural;
>
> II – dos frutos, produtos ou lucros havidos nas proporções que estipularem, observados os limites percentuais estabelecidos no inciso VI do caput deste artigo;
>
> III – variações de preço dos frutos obtidos na exploração do empreendimento rural.
>
> § 2º As partes contratantes poderão estabelecer a prefixação, em quantidade ou volume, do montante da participação do proprietário, desde que, ao final do contrato, seja realizado o ajustamento do percentual pertencente ao proprietário, de acordo com a produção.
>
> § 3º Eventual adiantamento do montante prefixado não descaracteriza o contrato de parceria.
>
> § 4º Os contratos que prevejam o pagamento do trabalhador, parte em dinheiro e parte em percentual na lavoura cultivada ou em gado tratado, são considerados simples locação de serviço, regulada pela legislação trabalhista, sempre que a direção dos trabalhos seja de inteira e exclusiva responsabilidade do proprietário, locatário do serviço a quem cabe todo o risco, assegurando-se ao locador, pelo menos, a percepção do salário mínimo no cômputo das 2 (duas) parcelas.

Como no arrendamento rural, o conceito de parceria rural oferece condições de compreender esse tipo de contrato agrário independentemente na análise sistemática de todas as regras que o cercam. O que foi dito sofre o conceito de pessoa que pode contratar no arrendamento rural é aplicável no contrato de parceria.

Assim como seu coirmão, ele pode ser estabelecido por tempo indeterminado, ou não, sempre considerando seu limite mínimo de 3 (três) ou 7 (sete) anos; seu objeto pode consistir no uso de todo o imóvel, parte dele, e compreender suas benfeitorias ou facilidades e sua finalidade, identicamente, atinge todo tipo de exploração rural.

Mas o que diferencia substancialmente a parceria rural do arrendamento rural é a contraprestação pelo uso da terra. No primeiro, o proprietário ou possuidor definitivo transfere a posse integral, embora temporária, de seu imóvel rural mediante uma certa remuneração em dinheiro, cujo limite máximo é fixado em lei. Sua responsabilidade cessa com essa transferência. Já na parceria rural, o dono do imóvel, ou ainda aquele que a possui de forma definitiva, cede apenas o uso específico de suas terras, que dependerá do tipo de exploração pactuado, todavia, mantendo consigo vários direitos inerentes à posse, como o de fiscalizar e exigir prestação de contas. Em outras palavras, ele não perde integralmente os direitos de posse, apenas os divide com outrem, que a explorará também em seu nome. Essa cedência parcial de posse é o capital do proprietário ou possuidor permanente que se juntará ao trabalho do parceiro, constituindo isso um acordo de vontades societário. Por esse uso partilhado do imóvel é que serão identicamente partilhados os resultados obtidos com o empreendimento rural, quer sejam eles lucros ou prejuízos, conforme coeficiente determinado em lei.

A lei procura também definir o que seja parceiro-outorgante como aquele que cede o imóvel em parceria e parceiro-outorgado, a pessoa que o recebe.

Classifica ainda de parceria-agrícola aquele tipo de contrato que tem por objeto a atividade de produção vegetal; parceria-pecuária, aquele cujo objeto é a cessão de animais para cria, recria, invernagem ou engorda; parceria-agroindustrial, quando o objeto da cessão for o uso do imóvel rural para transformação de produto agrícola, pecuário ou florestal; parceria-extrativa, aquela em que a cessão consiste na atividade extrativa de produto agrícola, animal ou florestal e parceria-mista, quando o objetivo abranger mais de uma das modalidades de parceria acima.

9.3. Arrendamento e parceria rural como contratos agrários típicos

O legislador agrário não deixou qualquer dúvida: a posse ou o uso temporário da terra será essencialmente exercida por intermédio dos contratos de arrendamento e parceria rural.

É o que se conclui do art. 92 do Estatuto da Terra assim redigido:

Art. 92. A posse ou uso temporário da terra serão exercidos em virtude de contrato expresso ou tácito, estabelecido entre o proprietário e os que nela exercem atividade agrícola ou pecuária, sob forma de arrendamento rural, de parceria agrícola, pecuária, agroindustrial e extrativa, nos termos desta lei.

E de forma mais peremptória essa conclusão é retirada do art. 1º do Decreto nº 59.566/66:

> Art. 1º O arrendamento e a parceria são contratos que a lei reconhece, para o fim de posse ou uso temporário da terra, entre o proprietário, quem detenha a posse ou tenha a livre administração de um imóvel rural, e aquele que nela exerça qualquer atividade agrícola, pecuária, agroindustrial, extrativa ou mista.

A intenção do legislação de reduzir os contratos agrários a esses dois tipos foi tão evidente que, no art. 6º desse mesmo Decreto nº 59.566/66, impôs que, havendo entre as mesmas partes e sobre um mesmo imóvel rural avenças de arrendamento e de parceria, deverão ser celebrados contratos distintos com a aplicação dos dispositivos específicos de cada um.

Disso decorre, portanto, não ser possível um pacto agrário híbrido onde, por exemplo, se estabeleça o pagamento de um aluguel e também se fixe partilha da produção. Ou o contrato será de arrendamento, ou de parceria, e suas demais cláusulas é que fornecerão os elementos dessa opção. Se a partilha é apenas um plus no preço do aluguel, tem-se um contrato de arrendamento rural. Se, todavia, ocorrer o contrário, ou seja, se o valor do aluguel se caracterizar como uma parte a maior da partilha, ter-se-á um contrato de parceria rural. Em ambos os casos, a cláusula excedente será nula de pleno direito. O art. 2º e seu parágrafo único do citado Decreto nº 59.566/66 assim estabelece, ao afirmar que:

> Art. 2º Todos os contratos agrários reger-se-ão pelas normas do presente Regulamento, as quais serão de obrigatória aplicação em todo território nacional e irrenunciáveis os direitos e vantagens nelas instituídos.
>
> Parágrafo único – Qualquer estipulação contratual que contrarie as normas estabelecidas neste artigo, será nula de pleno direito e de nenhum efeito.

No entanto, a exegese que se retira da inclinação do legislador pelos contratos de arrendamento e parceria rural não afasta a possibilidade de poder vir a existir outro tipo de contrato. O que se há de entender é que, em se tratando do uso ou posse temporária da terra de forma onerosa, aí sim, a opção por um dos contratos se torna imperativa. Assim, é possível que as partes pactuem um comodato agrário, que é o uso ou a posse gratuita de imóvel rural. O que deve ficar claro é que, mesmo neste caso, as regras aplicáveis são as de direito agrário, e não as de direito civil. Logo, o comodatário deverá explorar a terra de forma eficiente, direta e corretamente, conforme os arts. 38 e 39 do Regulamento citado.

9.4. A exegese dos contratos agrários

Os contratos agrários não podem ser interpretados da mesma forma que os contratos regidos pelo Código Civil. Embora não se negue que a estrutura básica e genérica de qualquer contrato encontra montagem nos fundamentos da legislação civil, como, por exemplo, a existência de agente capaz, objeto lícito e forma prescrita ou não proibida em lei (art. 104 do CC), a estrutura sistemática dos contratos que este regramento estabelece está calcada na plena autonomia de vontade ou liberdade contratual. Isso significa que as partes são livres contratualmente e o que firmarem terá a força de lei entre elas.

Já nos contratos agrários, não existe esta plenitude de vontade. As partes são tuteladas pela lei do Estado, representadas pelo Estatuto da Terra e pelo Decreto nº 59.566/66. Como já se viu no tópico anterior, sequer podem dispor ou renunciar os direitos que estes dispositivos legais preveem. Por conseguinte, autonomia de vontade nos moldes preceituados no Código Civil existirá apenas na decisão ou não de contratar, pois se houve opção de contrato, a vontade se subsumirá nos ditames da lei. Os contratantes deverão cumprir a vontade do legislador.

Mas qual é a vontade do legislador agrário? É a de proteger os economicamente mais fracos. Portanto, o Estatuto da Terra e o Regulamento que trata dos contratos agrários têm uma nítida proteção ao arrendatário e ao parceiro-outorgado, que são as partes economicamente mais fracas nessas relações.

Por via de consequência, não havendo dispositivo expresso, a exegese deverá se inclinar pela proteção do que a lei entendeu ser o mais fraco.

9.5. Forma dos contratos agrários

Por uma questão lógica, os contratos agrários, além da forma expressa ou escrita, podem existir tácita ou verbalmente. A lógica do legislador em permitir a existência dessa forma de contrato reside na própria realidade rural onde a cultura é subsumida pelo trabalho e o fio de bigode ou o apalavrado, pelo documento. Permitir que os contratos agrários somente se caracterizem de forma escrita é dificultar ou até mesmo impedir a demonstração de direitos de quem se buscou proteger.

Enquanto o Estatuto da Terra (art. 92) diz que os contratos agrários podem existir expressa ou tacitamente, o Regulamento fala que eles podem ser escritos ou verbais. É certo que é possível se interpretar na sinonímia jurídica que o conceito de expresso pode ser escrito, mas tácito não significa necessariamente verbal. Neste, há uma manifestação clara e prévia de contratar. Naquele, ela se opera de forma silenciosa, implícita.

Se as partes convencionarem o ajuste por escrito, a lei impõe requisitos formais. Eles estão no art. 12 do Decreto nº 59.566/66, desta maneira:

Art. 12. Os contratos escritos deverão conter as seguintes indicações:
I – lugar e data da assinatura do contrato;

II – nome completo e endereço dos contratantes;

III – características do arrendador ou do parceiro-outorgante (espécie, capital registrado e data da constituição, se pessoa jurídica, e, tipo e número de registro do documento de identidade, nacionalidade e estado civil, se pessoa física e sua qualidade (proprietário, usufrutuário, usuário ou possuidor);

IV – características do arrendatário ou do parceiro-outorgado (pessoa física ou conjunto familiar);

V – objeto do contrato (arrendamento ou parceria), tipo de atividade de exploração e destinação do imóvel ou dos bens;

VI – identificação do imóvel e número de seu registro no Cadastro de Imóveis Rurais do INCRA (constante do Recibo de Entrega de Declaração, do Certificado de Cadastro e do Recibo do Imposto Territorial Rural);

VII – descrição da gleba (localização no imóvel, limites e confrontações e área em hectares e fração), enumeração das benfeitorias (inclusive edificações e instalações), dos equipamentos especiais, dos veículos, máquinas, implementos e animais de trabalho e, ainda, dos demais bens e/ou facilidades com que concorre o arrendador ou o parceiro-outorgante;

VIII – prazo de duração, preço do arrendamento ou condições de partilha dos frutos, produtos ou lucros havidos com expressa menção dos modos, formas e épocas desse pagamento ou partilha;

IX – cláusulas obrigatórias com as condições enumeradas no art. 13 do presente regulamento, nos arts. 93 a 96 do Estatuto da Terra e no art. 13 da Lei nº 4.947/66;

X – foro do contrato;

XI – assinatura dos contratantes ou de pessoa a seu rogo e 4 (quatro) testemunhas idôneas, se analfabetos ou não poderem assinar.

Com essa enumeração, a lei fornece condições plenas de se poder redigir um contrato agrário escrito. O legislador procurou uniformizar e simplificar a existência formal dos contratos agrários.

Requisitos como lugar, data da assinatura, qualificação completa dos contratantes, foro e assinaturas das partes são comuns a todos os contratos escritos e não oferecem qualquer dificuldade de compreensão.

Uma das novidades desse tipo de contrato é a especificação de seu objeto, tipo de atividade de exploração e destinação do imóvel ou dos bens, do inciso V, art. 12 do Regulamento. Como não é possível existir um contrato agrário híbrido em que se possam mesclar cláusulas de arrendamento e parceria, a definição clara de qual dos tipos de contrato as partes estão firmando se torna bem compreensível. De outro lado, como a sistemática da lei é para que efetivamente haja exploração econômica do imóvel rural, a sua destinação e o tipo de atividade se torna imperiosa. Não se recebe um imóvel rural em arrendamento ou parceria para simples deleite, porém para exploração específica, quer seja ela de plantio de trigo, soja, arroz ou criação de gado.

Outro requisito do contrato agrário escrito é o da completa identificação registral e cadastral do imóvel. Ele tem que existir juridicamente, mesmo que o arrendador ou parceiro-outorgante seja apenas seu possuidor. E a existência jurídica de um imóvel rural não se limita tão somente na sua inscrição no Registro de Imóveis. Ele tem que estar também inscrito no Cadastro de Imóveis do INCRA.

Pessoalmente, entendo que é no inciso VII do art. 12 do Regulamento que reside o requisito de maior importância na feitura de um contrato agrário escrito. Descrever a gleba, suas benfeitorias e todos os bens que a acompanham é fundamental para a perfeição e resguardo futuro do contrato que se pretender escrever. Ocorre, como se verá mais adiante, que nenhum contrato agrário é firmado por tempo inferior a 3 (três) anos e, muitas vezes, dependendo da atividade a explorar, este prazo se eleva para 5 (cinco) ou 7 (sete) anos. Isso significa dizer que, aquela área descrita representa o momento e a realidade da feitura do contrato e que somente será aferida quando de sua devolução. Ora, sendo longo este prazo, dúvidas menores surgirão, se o contrato fixar o tempo que foi elaborado. A anexação ao contrato de laudos agronômicos ou até mesmo de fotografias autenticadas afastarão muitas dúvidas no futuro.

Ainda, há que se ter presente, na feitura de um contrato agrário escrito, o seu tempo de duração, que pode ser determinado ou indeterminado, mas em qualquer dos casos a sua duração mínima é a que a lei estabelece e que sofre variações de acordo com o tipo de exploração contratada. Aliás, essa é uma cláusula tão obrigatória que o legislador a repete no art. 13 do Regulamento, especificando aqueles prazos mínimos.

O preço do arrendamento ou as condições de partilha dos frutos também não fica na livre disposição dos contratantes: a lei estabelece percentuais como cláusula de inserção obrigatória.

Podem as partes dispor apenas quanto aos modos, formas e épocas desse pagamento ou partilha, desde que não afronte dispositivos específicos a respeito.

Não se pode esquecer, na redação de um contrato escrito, de cláusulas de conteúdo material e de inserção obrigatória. Não se trata mais de mera forma, mas de imposições legislativas tão fortes que constituem a própria identidade dos contratos agrários. Estas cláusulas estão no art. 13 do Regulamento e serão motivo de análise específica.

9.6. A prova dos contratos agrários

Não há limite legal para que se possa demonstrar a existência de qualquer contrato agrário.

A prova absolutamente testemunhal pode ser admitida para demonstrar a relação jurídica contratual agrária. É o caso de se pretender demonstrar a existência de um contrato tácito ou verbal de arrendamento ou parceria.

Parece óbvia essa afirmação, no entanto, ela adquire foro de validade quando se constatam que muitos contratos no direito brasileiro só têm vida se escritos e com a chancela estatal, como é o caso dos contratos de compra e venda.

O art. 92, § 8°, do Estatuto da Terra, e o art. 14 do Decreto n° 59.566/66, que o regulamenta, são expressos na validação do pacto agrário exclusivamente testemunhal.

Todavia, merece ficar esclarecido que essas disposições são anteriores ao Código de Processo Civil, mas nem por isso estão absolutamente revogadas. Se é verdade que a teoria da prova adotada por essa lei processual é de permissão de qualquer meio moralmente legítimo, há que se limitar sua aplicação. A liberdade probatória do art. 332 do CPC se vincula à existência prévia de uma ação. E muitos contratos agrários têm vida independentemente do conflito.

9.7. Solidariedade possessória entre os contratantes

O art. 92, § 1°, do Estatuto da Terra, e o art. 40 do Decreto n° 59.566/66 estabelecem uma solidariedade possessória independente da resultante do contrato agrário, quando estabelece que o proprietário garantirá ao arrendatário ou ao parceiro o uso e gozo do imóvel arrendado ou cedido em parceria durante o prazo de duração do contrato.

Embora a lei só se refira ao proprietário, e o art. 40 do Regulamento diga respeito ao arrendatário, essa solidariedade possessória é extensiva a qualquer um que detenha a posse ou tenha a livre administração de um imóvel rural.

No caso de ameaça ou esbulho à posse arrendada ou cedida em parceria, o arrendador ou parceiro-outorgante deverá assumir a defesa dessa posse. Se o conflito toma o caminho do processo, o arrendador ou parceiro-outorgante deverá assumir a defesa da posse, quer na condição de autor, ou de réu, e nesta situação o arrendatário ou parceiro-outorgado poderá assisti-lo. Todavia, se a ação for proposta por qualquer um destes, a denunciação da lide é obrigatória, quer pelo autor arrendatário ou parceiro-outorgado, quer pelo réu da ação proposta.

9.8. A irrenunciabilidade de direitos e vantagens

Já foi dito que uma das premissas do direito agrário é a existência de preceitos imperativos. No tocante aos contratos agrários de arrendamento e de parceria, essa cogência se torna bem evidente quando o art. 13 do

Decreto nº 59.566/66, repetindo o art. 13, inciso IV, da Lei nº 4.947, que complementou o Estatuto da Terra, estabeleceu a proibição de renúncia dos direitos ou vantagens concedidos aos arrendatários e parceiros-outorgados.

A proibição de não se renunciar atinge de forma inexorável a liberdade contratual. Mas a ideia do legislador foi calcada na busca de proteção ao homem que só dispõe de seu trabalho como fator de contraprestação contratual. Entendendo que essa vontade se subsumia na vontade do arrendador ou parceiro-outorgante e que, por isso, poderia procurar retirar alguns direitos e vantagens estatuídos na lei, o legislador chamou a si essa proteção com o claro intuito de fazer justiça social.

9.9. Nulidade absoluta de cláusulas contrárias à lei

O art. 2º e seu parágrafo único do Decreto nº 59.566/66, transcritos no tópico referente a arrendamento e parceria como contratos agrários típicos, não deixam qualquer dúvida da imperatividade imposta pelo legislador ao cumprimento das disposições atinentes aos contratos agrários que beneficiem a parte economicamente mais frágil nessa relação, impondo como sanção a essa desobediência a nulidade absoluta e, inclusive, reafirmando uma condição que lhe é inerente: o de não produzir nenhum efeito.

A cogência do legislador se explica pela necessidade de impor mudanças radicais em benefício dos arrendatários e parceiros-outorgados e com isso impedir ou afastar cláusulas contratuais que impliquem a perda de direito ou de vantagens a eles concedidos.

De outro lado, ao impor o cumprimento das regras benéficas a uma das partes na relação agrária, o legislador buscou limitar a função do intérprete agrário, vedando-lhe aproximações de conceitos.

É bom que fique esclarecido que a nulidade absoluta só ocorrerá se a desobediência legal consistir na eliminação ou diminuição de direitos ou vantagens do arrendatário ou parceiro-outorgado. Por conseguinte, não haverá sua incidência se uma tal cláusula contratual, embora contrária à lei, se traduzir em benefícios para quem ela foi idealizada.

A lei, portanto, não preconiza o nulo pelo nulo, mas a possibilidade de prejuízo a quem ela buscou proteger.

9.10. Alienação ou imposição de ônus real sobre o imóvel, permanência do contrato

Qualquer modificação que ocorra na titularidade do imóvel arrendado ou cedido em parceria, resultante de alienação, não prejudicará o contrato agrário. O novo titular se subsume na condição de arrendador ou parceiro-outorgante no contrato agrário. No caso de venda de um imóvel arrendado, por exemplo, o comprador assumirá a condição de arrendador no pacto firmado por seu antecessor.

A situação de imutabilidade contratual também se verificará na circunstância de incidência de ônus real sobre o imóvel. É o caso de ocorrência de hipoteca sobre um imóvel cedido em parceria. Este ônus real não afetará o contrato agrário.

O art. 92, § 5º, do Estatuto da Terra e o art. 15 do Decreto nº 59.566/66 dão lastro legal a esta interpretação.

9.11. Rescisão facultativa dos contratos agrários

Não se confunde nulidade com rescisão contratual. Anula-se o viciado e rescinde-se o perfeito. Assim, é causa de ineficácia absoluta por incidência de nulidade a cláusula contratual que afronte a lei e prejudique direitos e vantagens do arrendatário ou parceiro-outorgado. No entanto, é apenas causa facultativa de rescisão do contrato agrário o inadimplemento de qualquer obrigação válida assumida pelas partes.

Exemplo: se o preço do arrendamento é fixado em produto, isso caracteriza nulidade de pleno direito da cláusula, pois a lei estabelece sua fixação em dinheiro (art. 18 e parágrafo único do Decreto nº 59.566/66). Mas se essa cláusula do preço foi corretamente fixada em dinheiro e apenas não foi paga pelo arrendatário, ocorre apenas possibilidade de rescisão, pois fica facultado ao arrendador buscar ou não o distrato.

O art. 92, § 6º, do Estatuto da Terra enseja essa interpretação.

9.12. Prazo mínimo de contratação

Os contratos agrários têm uma forte carga de dirigismo estatal, que é o outro lado do sistema da livre manifestação de vontade contratual. Dessa maneira, a lei criada pelo Estado, na forma do Estatuto da Terra e do Decreto nº 59.566/66, se sobrepõe à vontade das partes em muitos pontos, não deixando aos contratantes outra alternativa senão a de cumpri-la.

O prazo de duração dos contratos é uma dessas alternativas, tanto que o legislador, especialmente quanto ao prazo mínimo, o classifica como norma de existência obrigatória em qualquer tipo de contrato (art. 13 do Decreto nº 59.566/66).

É certo que dúvidas poderiam surgir sobre a duração desse prazo mínimo obrigatório em qualquer contrato agrário, eis que o art. 95, II, e 96, I, do Estatuto da Terra, que tratam, respectivamente, do arrendamento e da parceria, expressam a possibilidade de seu reconhecimento apenas no arrendamento por tempo indeterminado e parceria não convencionada. Ora, se o arrendamento convencionar a duração indeterminada do contrato, entender-se-á como fixado no prazo mínimo de 3 (três) anos; se, de outro lado, na parceria, não havendo qualquer convenção sobre o seu tempo de duração, entender-se-á também como de 3 (três) anos o seu mínimo, não é possível se concluir uma exegese de um contrato escrito poder determinar prazo inferior a esse mesmo período, conclusão que poderia ser retirada de uma análise apressada, uma vez que seria a única possibilidade não prevista nos dispositivos legais. Isso porque existe interpenetração de princípios comuns tanto ao arrendamento como à parceria, o que gera a aplicação indiscriminada de um no outro. E o prazo de duração mínima é um desses. Ademais, uma tal interpretação feriria todo o sistema lógico que rege os contratos agrários e ensejaria a criação de uma exegese prejudicial a quem a lei nitidamente buscou proteger.

A duração do prazo mínimo no contrato agrário ainda varia de acordo com o tipo de atividade rural explorada. Tanto que nos termos da lei era será:

Art. 13 ...

II ...

a) ...

- de 3 (três) anos, nos casos de arrendamento em que ocorra atividade de exploração de lavoura temporária e/ou de pecuária de pequeno e médio porte, ou em todos os casos de parceria;

- de 5 (cinco) anos, nos casos de arrendamento em que ocorra atividade de exploração de lavoura permanente e/ou de pecuária de grande porte para cria, recria, engorda ou extração de matérias-primas de origem animal;

- de 7 (sete) anos, nos casos em que ocorra atividade de exploração florestal.

A limitação mínima de duração do contrato agrário pelo legislador tomou por base a realidade existente nas várias atividades de exploração rural, e o fato de que o homem que nelas trabalha precisa de tempo para obter um retorno economicamente razoável, eis que mesmo na exploração de uma lavoura temporária como a de trigo, soja, arroz e milho, no primeiro ano os investimentos são intensos e apenas possibilitam um retorno razoável a partir do ano seguinte, se não se verificarem percalços. Imagine-se, portanto, a possibilidade de retorno de um arrendamento de exploração florestal em que a árvore tem que adquirir um diâmetro razoável para possibilitar o corte rentável. Logo, ao fixar o prazo mínimo de 3, 5 ou 7 anos, o legislador considerou todas as variantes possíveis na exploração rural, concedendo ao arrendatário ou parceiro-outorgado uma permanência passível de ganhos.

9.13. Terminação dos contratos agrários

Por força dos arts. 95, incisos I e II, e 96, I, do Estatuto da Terra, e 21, §§ 1º e 2º, do Decreto nº 59.566/66, o prazo de terminação dos contratos agrários será na ultimação da colheita, após a parição dos rebanhos ou depois da safra de animais de abate. Dessa forma, se um contrato foi fixado para terminação em dia certo, tem-se como substituída esta data para aquilo que se considera a ultimação de seu objeto ou até mesmo prorrogada para data posterior, caso haja a incidência de motivo de força maior. Essa prorrogação é automática e não necessita de aditamento contratual ou pagamento adicional de preço ou aumento no percentual de partilha.

No entanto, a situação é outra se o arrendatário ou parceiro-outorgante inicia nova cultura que sabidamente não terminará no prazo da cultura anterior. Nesse caso, terá ele de ajustar previamente um adicional de preço ou de aumento de percentual na partilha, sob pena de infringir o contrato e possibilitar a ação de despejo, não tendo qualquer legitimidade de evocar o direito de retenção.

9.14. Direito de preferência na alienação do imóvel rural contratado

O direito de preferência do arrendatário na alienação do imóvel rural arrendado será caracterizado nos arts. 92, §§ 3º e 4º, do Estatuto da Terra, e 45 do Decreto nº 59.566/66.

Dúvida poderia haver quanto à aplicação desse direito ao contrato de parceria. Inicialmente, coloco que a previsão da preferência do arrendatário na alienação do imóvel arrendado se encontra nas disposições gerais inerentes aos contratos, tanto de arrendamento, como de parceria, como se observa nos demais parágrafos do art. 92, o que dá ideia da aplicação comum do instituto. Não bastasse, inexiste qualquer conflito entre a preferência e o contrato de parceria, o que, nos termos do art. 34 do Decreto nº 59.566/66, significa sua plena aplicação. Por fim, é do sistema dos contratos de sociedade de pessoas, como se assemelha a parceria, a preferência do sócio que fica pelos direitos existentes na sociedade do sócio que se retira, consoante se deduz do art. 334 do Código Comercial brasileiro.

Superada a dúvida, é de se colocar que a preferência surge para o arrendatário ou parceiro-outorgado no momento que o arrendador ou parceiro-outorgante pretende alienar o bem objeto do contrato agrário. É uma restrição ao seu direito de propriedade, pois a disposição da coisa fica condicionada à aceitação de uma pessoa certa. Pouco importa a existência, por exemplo, de animosidade entre as partes contratantes, a oferta tem que se feita para que a venda do bem imóvel rural seja perfeita.

O arrendatário ou parceiro-outorgado não leva qualquer vantagem na aquisição preferencialmente do imóvel rural. Seu direito se restringe à possibilidade de adquirir o bem existindo iguais condições de ofertas de preço. Portanto, se os estranhos ao contrato rural oferecerem 100, sendo também esta a proposta do arrendatário ou parceiro-outorgado, surge para ele o direito de preferir aos demais na compra do imóvel rural e a obrigação do arrendador ou parceiro-outorgante de lhes vender o bem.

O arrendador ou parceiro-outorgado deve comunicar a intenção de venda e as ofertas recebidas 30 (trinta) dias antes de realizá-la, mediante notificação judicial ou qualquer outra forma que possa demonstrar a ciência do arrendatário ou parceiro-outorgado interessado, como o Aviso de Recebimento dos correios.

Todavia, se não houver notificação, ou ainda se ela se operou de forma viciada, como fora do trintídio ou com dúvida de recebimento, surge para o arrendatário ou parceiro-outorgado a possibilidade de exercitar o seu direito de preferência, também conhecido como direito de preempção ou de adjudicação compulsória. A lei estabeleceu o prazo de 6 (seis) meses para o efetivo exercício desse direito, fixando seu início na data de transcrição da escritura de compra e venda no Registro de Imóveis, decorrido o qual a venda embora inicialmente viciada se consolida.

Questão interessante pode surgir se a escritura de compra e venda foi firmada quando estava em vigor o contrato agrário e somente registrada após sua terminação. Como fica evidente que o registro posterior ocorreu com claro intuito de prejudicar o detentor do direito de preferência, é possível ao arrendatário ou ao parceiro outorgado beneficiar-se desse direito de preferência a qualquer tempo por se constituir a omissão em ato juridicamente nulo, mais precisamente por simulação, quer seja por violação ao disposto no art. 2º, parágrafo único, do Decreto nº 59.566/66, quer por força do art. 169 do Código Civil. A importância dessa conclusão é que, por se tratar a compra e venda de ato nulo, fica sem qualquer relevância jurídica o prazo decadencial de 6 (seis) meses para o exercício da decadência a contar de seu registro. Aqui é aplicável a teoria do fruto da arvore envenenada pelo qual o vício da planta é transmitido aos seus frutos. Pode o beneficiário da preferência ainda cumular o seu pedido com indenização ou só pedir exclusivamente esta.

Como já disse acima, o arrendatário ou parceiro-outorgado não adquire qualquer vantagem econômica na venda do imóvel rural a terceiro pelo arrendador ou parceiro-outorgante. Seu direito se exaure em poder adquiri-lo. Portanto, na ação de preempção, preferência ou de adjudicação compulsória que deverá ajuizar para o exercício efetivo desse direito, o depósito do preço é condição essencial de recebimento de seu pedido.

O preço que deverá depositar é integrado do valor constante na escritura de compra e venda firmada entre o arrendador ou parceiro-outorgante e o terceiro, devidamente corrigido, acrescido de juros legais e as despesas da venda, como as de pagamento de impostos, comissão de corretagem e gastos com a própria escritura. O valor depositado se constituirá na parcela a ser devolvida ao terceiro.

A ação de preempção, preferência ou adjudicação compulsória é de rito ordinário e deverá necessariamente trazer no seu polo passivo o arrendador ou parceiro-outorgante e o terceiro, pois seu universo de abrangência é de verdadeira cumulação de pedidos. Isso porque, no primeiro momento, ela desconstituirá a venda efetuada entre o arrendador ou parceiro-outorgante e o terceiro e, no segundo momento, a constituirá agora entre aqueles e o autor da ação. O Ministério Público será cientificado do feito.

9.15. Direito de preferência na renovação dos contratos agrários[13]

Demonstrando mais uma vez a sua intenção de proteger o arrendatário ou parceiro-outorgado, o legislador estabeleceu que, em igualdade de condições com estranhos, terão eles preferência na renovação do contrato, desde que o arrendador ou parceiro-outorgante lhes comunique, através de notificação válida, a existência de outras propostas, até 6 (seis) meses antes de seu vencimento. É o que dispõe o art. 95, inciso IV, c/c o art. 96, II, do Estatuto da Terra, e art. 22 e § 1º do Decreto nº 59.566/66.

A notificação duvidosa, quer quanto aos conteúdos das propostas recebidas, quer quanto a sua forma expressa de comunicação, ou mesmo sua inexistência, proporcionará a renovação automática do contrato nas mesmas bases e condições.

O legislador, no entanto, abriu a possibilidade de o arrendatário ou o parceiro-outorgado não pretenderem mais continuar contratando, quando lhes fixou prazo de 30 (trinta) dias, contados da terminação do contrato, para expressar essa desistência através de declarações registradas no Cartório de Títulos e Documento.

Questão de interesse é quanto ao prazo dessa renovação, seja ela porque a oferta do arrendatário ou parceiro-outorgado é igual à dos es-

---

[13] A Lei nº 11.443/07 modificou o art. 95. inciso IV, do Estatuto da Terra apenas para enfatizar que a notificação a ser feita pelo proprietário seria extrajudicial. Isso porque a substituição de locatário por arrendador no corpo do inciso IV modificado é claro erro de redação, pois a mudança radical não se explica dentro do estrutura do artigo. Ora, ao admitir-se como pertinente a modificação estar-se-ia criando um prêmio ao proprietário faltoso, que, além de manter-se silente na notificação, poderia rescindir o contrato em completo desvirtuamento da estrutura protetiva que o legislador pretendeu dar ao arrendatário. Além disso, o complemento da frase não manifeste sua desistência ou formule nova proposta ficaria sem nexo, pois, estando o contrato já renovado, o ato de desistir seria manifestação de vontade exclusiva do arrendatário, circunstância que também se estende à possibilidade de formulação de nova proposta, já que proposta alguma pode o arrendador fazer. Ele apenas as recebe.

tranhos ou porque houve silêncio ou notificação viciada do arrendador ou parceiro-outorgante. Tenho, numa exegese protetiva de acordo com toda a estrutura imposta pelo legislador, que se o contrato anterior tinha prazo indeterminado, e a lei não faz qualquer distinção a respeito quando afirma expressamente que haverá renovação, conceito jurídico que significa repetição do existente ou algo novo, há de se entender que este novo contrato deverá respeitar o prazo mínimo de acordo com o tipo de exploração pactuada. Essa é a melhor lógica na interpretação. Se, todavia, o contrato anterior for tácito ou verbal, que significam coisas diferentes, como já se viu no estudo da forma dos contratos agrários, neste caso entender-se-á que aquele contrato foi fixado pelo prazo mínimo, e, portanto, a renovação implicará a existência de um novo prazo mínimo. Dúvida não pairará se o contrato anterior for por prazo determinado, pois nesta situação o novo contrato se renovará por igual período.

9.16. Direito de retomada[14]

Se o arrendador ou parceiro-outorgante pretender continuar com o arrendamento ou parceria, deverá respeitar a preferência do arrendatário ou parceiro-outorgado, se em igualdade de condições com estranhas, com se viu no item anterior.

No entanto, a lei lhes concede a possibilidade de retomar o imóvel se, no prazo de 6 (seis) meses antes do vencimento do contrato, comunicar essa intenção através de notificação válida. Embora haja omissão legal, esse direito é extensivo ao parceiro-outorgante, pois se caracteriza como intenção de rescindir a parceria ou de pretender o distrato da sociedade. Mas o exercício da retomada não é pleno, vazio ou sem causa, já que está condicionado a que o imóvel rural seja explorado diretamente pelo retomante ou por descendente seu. Trata-se, portanto, de denúncia cheia, motivada ou condicionada. Há de se ter presente ainda que a lei fala em exploração direta, o que não significa exploração pessoal. Logo, o arrendador ou parceiro-outorgante poderá retomar o imóvel para explorá-lo através de preposto seu. Outra questão importante reside na segunda possibilidade de retomada do imóvel dado em arrendamento ou cedido em parceria: é que ela só se verificará em benefício de descendente, o que por óbvio afasta a pretensão de retomar para exploração de ascendente. O ato de retomar cria tão somente uma expectativa de direito para os descendentes beneficiários, não os legitimando para ação própria, salvo em substituição aos titulares do direito.

---

[14] A Lei nº 11.443/07 modificou o art. 95, IV, do Estatuto da Terra apenas para enfatizar que a notificação a ser feita pelo proprietário seria extrajudicial.

Dúvida pertinente poderia surgir nesta pergunta: seria possível o exercício do direito de retomada nos contratos por prazo indeterminado desde quando estes não têm vencimentos? A resposta é afirmativa, caso contrário, chegar-se-ia à conclusão juridicamente absurda de que os contratos agrários indeterminados não terminam, e que o direito de retomada teria efeito restrito exclusivamente aos contratos com prazo determinado. Como os contratos agrários são firmados para exploração de atividade rural específica, é de se entender que é possível ao retomante, arrendador ou parceiro-outorgante, exercitar o seu direito 6 (seis) meses antes do término da exploração objeto do contrato, por aplicação do art. 95, I, do Estatuto da Terra, que estabelece a terminação do arrendamento, e aqui da parceria, sempre depois de ultimada a colheita.

Verificada que a retomada foi insincera, ou seja, que o arrendador ou parceiro-outorgante não explorou diretamente ou por intermédio de seu descendente o imóvel rural, no período de safra imediatamente posterior, surge para o arrendatário ou parceiro-outorgado a possibilidade de não só se reintegrar na posse do bem, eis que retomada insincera não produz efeitos, como o de buscar indenização, só ou cumuladamente com a reintegração, pelo que deixou de ganhar, se o contrato não fosse viciadamente rescindido. Caracterizando-se a insinceridade desrespeito ao estabelecido em lei, revisando posicionamento anterior, penso que seu efeito é *ex tunc*, próprio da nulidade absoluta abarcada pelo art. 2º, parágrafo único, do Decreto nº 59.566/66. A ação é de rito sumário, nos termos do art. 275, inciso II, letra *b*, do Código de Processo Civil.

Se houve mudança na titularidade do arrendador ou parceiro-outorgante por causa mortis, e o imóvel rural for partilhado entre vários herdeiros, surge para cada um deles o direito autônomo de retomar seu quinhão no mesmo prazo de 6 (seis) meses antes do vencimento do prazo do contrato determinado ou de ultimação da colheita, nos de prazo indeterminado, operando-se ainda a renovação no seu silêncio.

A base legal para o direito de retomada está nos arts. 96, inciso V, c/c o art. 96, VII, do Estatuto da Terra, 22, §§ 1º a 4º, 23 e 34 do Decreto nº 59.566/66.

9.17. Indenização por benfeitorias[15]

O arrendatário ou o parceiro-outorgado tem direito à indenização por benfeitorias que realizou no imóvel rural. As benfeitorias úteis e necessárias independem de autorização. Se realizadas, elas caracterizam

---

[15] A Lei nº 11.443/2007 modificou o art. 95, VIII, do Estatuto da Terra apenas para enfatizar que a autorização deveria caber ao proprietário do solo, com isso evitando que o possuidor pudesse legitimar-se como beneficiário da indenização.

obrigação legal do arrendador ou parceiro-outorgante. As benfeitorias voluptuárias só serão indenizadas se expressamente autorizadas.

O art. 24 do Decreto nº 59.566/66 assim conceitua as benfeitorias:

I – Voluptuárias, as de mero deleite ou recreio, que não aumentam o uso habitual do imóvel rural, ainda que o tornem mais agradável ou sejam de elevado valor;

II – Úteis, as que aumentam ou facilitam o uso do imóvel rural; e

III – Necessárias, as que têm por fim conservar o imóvel rural ou evitar que se deteriore, e as que decorram do cumprimento das normas estabelecidas neste Regulamento para a conservação de recursos naturais.

Num imóvel rural arrendado para plantação de arroz, por exemplo, caracteriza-se como benfeitoria necessária a construção de uma barragem; como benfeitoria útil, o melhoramento de cerca ou estradas internas e benfeitoria voluptuária, a construção de uma piscina. As duas primeiras são de indenização obrigatória, e a terceira, se autorizada.

O direito a indenizar, contudo, só se consolida após o término do contrato. Isso significa que o arrendatário ou parceiro-outorgado não pode pedir compensação no pagamento do arrendamento ou na partilha dos frutos.

Quando as benfeitorias úteis e necessárias forem realizadas pelo arrendador ou parceiro-outorgante e possibilitarem, o aumento de produtividade no imóvel rural, darão lugar agora o aumento no aluguel ou na maior participação dos frutos e não obrigarão a indenização pelo arrendatário ou parceiro-outorgado.

O respaldo legal está nos arts. 95, VIII, e 96, V, letra *e*, do Estatuto da Terra e arts. 13, 23, 24 e 25 do Decreto nº 59.566/66.

9.18. Direito de retenção

Indenizar as benfeitorias úteis e necessárias ou as voluptuárias autorizadas é obrigação do arrendador ou parceiro-outorgante após o término do contrato.

Enquanto não houver essa indenização, surge para o arrendatário ou parceiro-outorgado o direito de reter o imóvel. Trata-se de uma penalização ao arrendador ou parceiro-outorgante inadimplente.

O direito de retenção não é gratuito, já que o arrendatário ou parceiro-outorgado continuará desfrutando plenamente do imóvel rural. Entendê-lo gratuito é onerar indevidamente o arrendador ou parceiro-outorgante. Em verdade, ele nada mais constitui do que uma prorrogação legal do contrato agrário. Assim, o aluguel ou o direito à partilha continuam vigendo.

Havendo ação de despejo por falta de pagamento ou de partilha dos frutos, que por força de lei é pelo rito sumário do Código de Processo Civil, poderá o arrendatário ou parceiro-outorgado contrapô-lo como matéria de defesa para que, mesmo julgada procedente a ação, lhe seja garantida a permanência do imóvel até a compensação dos valores em liquidação de sentença.

9.19. Direitos e obrigações das partes contratantes

No mesmo diapasão dos institutos comuns, tanto ao contrato de arrendamento, como ao de parceria, é o elenco dos direitos e obrigações dos arts. 41 e 42 do Decreto nº 59.566/66, pois não há colidência nessa aplicação, nos termos do art. 48 do mesmo Decreto.

Os direitos e obrigações que serão analisados abaixo, se descumpridos por qualquer das partes, poderão constituir causa de distrato ou rescisão do contrato e consequentemente oportunizar o ajuizamento de ação de despejo ou de indenização pelo rito sumário.

Assim são obrigações do arrendador e do parceiro-outorgante:

I – entregar ao arrendatário ou parceiro-outorgado o imóvel objeto do contrato, na data estabelecida ou segundo os usos e costumes da região.

Não resta dúvida de que, sem a entrega do imóvel rural, contrato agrário não existe. O que o legislador pretendeu consolidar foi a possibilidade de o imóvel objeto do contrato poder também ser entregue em data diferente daquela fixada no acordo de vontades, desde que respeite os usos e costumes da região. Esse preceito tem íntima relação com aquele outro que prorroga o prazo de terminação do contrato para o final da colheita e não a dia certo, consoante se observa nos arts. 95, inciso I, do Estatuto da Terra, e 21, § 1º, do Decreto nº 59.566/66. É a compensação entre o dever de aceitar a prorrogar o término do contrato para o arrendatário e parceiro-outorgante e o direito de igualmente prorrogar o seu início.

O Rio Grande do Sul é um dos poucos estados da federação onde as estações são delimitadas e por isso existem explorações agrícolas sazonais. Por conseguinte, se o contrato agrário tem por objeto uma exploração agrícola de verão, deverá o imóvel rural ser entregue logo após ultimada a safra de inverno para ensejar ao contratante trabalhador razoabilidade no preparo da terra.

O pagamento é a contraprestação pela entrega do imóvel rural, e a lei deixa que as partes livremente fixem o momento – se antecipadamente, no meio, ou no final da safra, ou se dividido em prestações mensais, ou em parcela única. Do mesmo modo quanto ao local onde será pago.

Deve ficar claro que o aluguel do arrendamento será fixado sempre em dinheiro, mas poderá ser pago em produto, sob pena de nulidade absoluta da cláusula. O que a lei proíbe é a sua fixação em produto, pois isso retira do arrendatário a liberdade no dispor da produção.

II – a garantir ao arrendatário o uso e gozo do imóvel arrendado, durante todo o prazo do contrato (Art. 92, § 1º, do Estatuto da Terra)

Naturalmente que o Arrendador ou o Parceiro-outorgante deve entregar o imóvel livre de qualquer impedimento ao Arrendatário ou Parceiro-outorgado. Isso é condição inerente ao próprio contrato.

Assim, se por qualquer motivo a posse cedida vier a sofrer questionamento, cabe àquele que a cedeu a obrigação de garantir a tranquilidade possessória.

III – a fazer no imóvel, durante a vigência do contrato, as obras e reparos necessários.

A posse cedida deve permitir o uso para o qual foi contratada.

Surgindo necessidade de obras e reparos nessa posse, cabe ao Arrendador ou ao Parceiro-Outorgante a obrigação repará-las sob pena de ferimento ao objeto contratado.

Não se deve confundir os reparos e as obras com benfeitorias. Aqueles significam reposição do que foi danificado. Estas, acréscimos representativos de mais valoração do imóvel.

IV – a pagar as taxas, impostos, foros e toda e qualquer contribuição que incida ou venha incidir sobre o imóvel rural arrendado, se de outro modo não houver convencionado.

As taxas, impostos, foros e toda e qualquer contribuição incidente sobe o imóvel arrendado ou cedido em parceria são, de regra, responsabilidade do Arrendador e do Parceiro-outorgante. No entanto, podem as partes estabelecerem de forma contrária.

São obrigações do Arrendatário e do Parceiro-outorgado:

I – a pagar pontualmente o preço do arrendamento, pelo modo, nos prazos e locais ajustados.

O pagamento do preço do arrendamento ou a partilha dos frutos na parceria pelo modo, nos prazos e locais ajustados são contraprestações inerentes à própria existência destes contratos.

Estas são as obrigações mais importantes dos contratos agrários.

O desrespeito gera a rescisão contratual e o consequente despejo.

II – usar o imóvel rural, conforme o convencionado, ou presumido, e a tratá-lo com o mesmo cuidado como se fosse seu, não podendo mudar sua destinação contratual.

Essa obrigação do contratante trabalhador não enseja dúvida: o imóvel rural deve ser usado conforme o pactuado e, na ausência de pacto, conforme o costume da região. Dessa forma, numa região costumeiramente de cultivo do binômio trigo-soja, ou de arroz, o uso do imóvel para plantio de fumo foge à normalidade e caracteriza mudança de sua destinação.

O desrespeito a essa obrigação importa em causa de rescisão de contrato e em consequente ação de despejo.

III – levar ao conhecimento do arrendador ou parceiro-outorgante, imediatamente, qualquer ameaça ou ato de turbação ou esbulho que, contra a sua posse vier a sofrer, e ainda, de qualquer fato do que resulta a necessidade da execução de obras e reparos indispensáveis à garantia do uso do imóvel rural.

A primeira obrigação constante neste enunciado caracteriza a solidariedade possessória do arrendador ou parceiro-outorgante para como o arrendatário ou parceiro-outorgado e é tema de estudo específico em outro item.

E a segunda parte da obrigação caracteriza pré-condição de procedibilidade do arrendatário ou parceiro-outorgante. A comunicação válida e imediata da necessidade de obras e reparos no imóvel é que cria condições para a ação do arrendador ou parceiro-outorgante.

IV – fazer no imóvel, durante a vigência do contrato, as benfeitorias úteis e necessárias, salvo convenção em contrário.

As benfeitorias úteis e necessárias independem de autorização para que sejam realizadas. Por seus próprios conceitos elas se autoimpõem. Por conseguinte, a convenção que as proíba pode atentar contra o sucesso da atividade rural pactuada. A faculdade imposta na ressalva pelo legislador pode tudo, menos proibi-las de realização.

V – devolver o imóvel ao término do contrato, tal como recebeu, com seus acessórios, salvo as deteriorações naturais ao uso regular.

A devolução do imóvel como recebido no início do contrato é uma consequência da terminação do contrato. Ponto a considerar é que nessa devolução o desgaste natural do imóvel é considerado.

Logo, pode caracterizar cláusula não pactuada aquela que consigne a entrega melhorada. Por exemplo: as cercas de um imóvel rural sofrem desgastes naturais. Incluir como cláusula contratual a devolução com cercas novas é um plus legalmente proibido. Se a benfeitoria vier a ocorrer, ela será passível de indenização.

VI – indenizar o uso predatório no imóvel rural.

Essa obrigação é resultante da anterior. Devolve-se o que se recebeu, atentando-se para os desgastes que naturalmente ocorreriam, existisse ou não o contrato. Porém, se por culpa ou dolo do contratante trabalhador ocorreram prejuízos no imóvel rural, assume o arrendatário ou parceiro-outorgado o dever de indenizá-los.

Ressalte-se que, se o uso predatório do imóvel rural for por dano ambiental, essa questão foge à orbita privada e passa à órbita pública, já que meio ambiente é bem de uso comum do povo, consoante o disposto no art. 225, *caput*, da Constituição Federal.

Outros direitos e obrigações são ainda apresentados pelo legislador:

a) oposição a corte ou podas de árvores nativas do imóvel;
b) devolução nas mesmas condições pelo arrendatário ou parceiro-outorgado dos animais de cria, de corte ou de trabalho recebidos.

9.20. Causas de extinção dos contratos agrários

O art. 26 do Decreto nº 59.566/66 estabelece as formas de extinção do arrendamento rural que, por aplicação do art. 34 da mesma norma, são extensivas ao contrato de parceria rural. As cláusulas inicialmente nominadas são apenas exemplificativas, desde quando o próprio artigo declara ser causa de extinção do contrato aquilo que a lei estabelecer.

São estas as causas:

I – término do prazo de contrato e do de sua renovação.

O término do prazo contratual é causa normal de extinção dos contratos determinados. Como a renovação se opera em igual prazo, aí também se tem a incidência dessa causa extintiva. Como a legislação agrária possibilita a existência de contratos tácitos ou verbais e impõe um período mínimo de validade, inclusive na renovação, tem-se que nessa situação o término contratual é na fluição desse mínimo. Aqui há ainda que se considerar a terminação da safra como momento final do contrato.

II – retomada.

Retomar o imóvel rural é um direito do arrendador ou do parceiro-outorgante, desde que pretenda explorá-lo diretamente ou por intermédio de descendente. Portanto, efetivada a notificação válida nos 6 (seis) meses antes da terminação do contrato, fluido este prazo, extingue-se o contrato, possibilitando o despejo no caso de recusa.

III – aquisição da gleba pelo arrendatário ou parceiro-outorgante.

É o caso típico de confusão onde a figura do arrendatário e do parceiro-outorgante se confunde respectivamente com a do arrendador e do parceiro-outorgado.

IV – distrato ou rescisão do contrato.

Distrato é o desfazimento consentido do contrato; é o retorno das partes ao momento anterior ao pacto, ao nada jurídico, enquanto rescisão importa em reconhecer a existência do contrato ou a validade até a rescisão de algum seu efeito.

V – resolução ou extinção do direito do arrendador ou parceiro-outorgante.

Se a propriedade ou a posse permanente do arrendador ou do parceiro-outorgante deixou de existir, por exemplo, em decorrência de sentença trânsita em julgado, a posse temporária que ele transmitiu através do contrato agrário também deixa de existir.

VI – motivo de força maior que impossibilite a execução do contrato.

Motivo de força maior é aquela circunstância imprevisível na relação contratual agrária e que impede a exploração da atividade rural pactuada. Pode servir de exemplo o arrendamento rural para a criação de aves exóticas, atividade que posteriormente vem a ser proibida pelo Governo.

VII – sentença judicial irrecorrível.

A sentença que não caiba mais recurso e que tenha decidido sobre algum contrato agrário é causa de sua extinção.

VIII – perda do imóvel rural.

Se em decorrência de inundação ou de qualquer outra situação assemelhada o imóvel rural deixa de existir, evidentemente que o contrato agrário dele decorrente se extingue.

IX – desapropriação parcial ou total do imóvel rural.

A desapropriação por necessidade ou utilidade pública ou por interesse social do imóvel rural é intervenção do Estado na propriedade privada. É a retirada do bem imóvel privado com destinação pública. Em decorrência dessa determinação superior, o contrato agrário, que é relação entre particulares, não pode prosperar; fica extinto.

X – qualquer outra causa prevista em lei.

Evidentemente que, além das causas nominadas no art. 26, Decreto nº 59.566/66, o contrato poderá ser declarado extinto por lei por qualquer outra causa. Isso demonstra a relativação da vontade contratual agrária, pois, mesmo que as partes venham limitar as causas de sua extinção, a lei poderá regrar diferentemente, e a extinção se operar inapelavelmente.

É bom repetir nesta oportunidade que a substituição da titularidade do arrendador ou de parceiro-outorgante, por morte ou alienação do imóvel rural, não constitui causa extintiva do contrato de arrendamento ou de parceria. Os contratos continuarão íntegros; apenas os novos titulares assumirão os deveres e obrigações dos anteriores.

Não é causa de extinção do contrato agrário a morte do arrendatário ou parceiro-outorgado quando ele se constituir em conjunto familiar e houve nesse conjunto outra pessoa devidamente qualificada que prossiga na execução do contrato. É o que diz o parágrafo único do art. 26 do Decreto nº 59.566/66. Ponto a ser considerado neste afastamento de causa de extinção contratual é a abrangência de conjunto familiar. Ele não significa simplesmente uma família legítima, ou de fato, composta de pais e filhos, mas pode abranger todos aqueles que formam uma unidade de produção econômica, mesmo que essas pessoas sejam estranhas por laços de sangue. Porém, não basta a existência tão só do conjunto familiar para que se tenha o contrato como existente. É necessário que haja alguém que tenha qualificação para prosseguir na atividade contratada. À guisa de exemplo, a esposa ou companheira viúva pode assumir a condição de arrendatário ou parceiro-outorgado no contrato de arrendamento ou de parceria, desde que demonstre condições para continuar com a atividade objeto do contrato. Na mesma situação o filho legítimo ou adotado e o enteado.

9.21. Casos de despejo

O contrato agrário não se extingue de pleno direito. Sua extinção impõe manifestação do interessado, o que importa dizer que o fato rescindível pode ser superado pela inércia.

Embora o art. 32 do Decreto nº 59.566/66 faça referência direta ao contrato de arrendamento, a possibilidade de despejo ali elencada é também incidente nos contratos de parceria rural, por força do art. 96, VII, do Estatuto de Terra, e arts. 34 e 47 do Decreto nº 59.566/66.

A ação de despejo é o caminho processual que a lei faculta ao interessado para concretizar a rescisão do contrato agrário. Ela pode ser utilizável tanto pelo arrendador ou parceiro-outorgante, como pelo arrendatário ou parceiro-outorgado. Essa última situação pode parecer inusitada. Mas nada impede que o arrendatário, na infringência do contrato pelo arrendador ou parceiro-outorgante, busque o Poder Judiciário para que se lhe declare rescindido o contrato, e legítimo o seu autodespejo.

No entanto, o seu rito é o sumário, nos termos do art. 275, II, letra *b*, do Código de Progresso Civil. No Rio Grande do Sul, a competência recursal de tais ações é das 9ª e 10ª Câmaras Cíveis e do 5º Grupo do Tribunal de Justiça

A Lei nº 9.099, de 26 de setembro de 1995, criou os juizados especiais cíveis e criminais, e, no seu art. 3º, estabeleceu competência para também conhecer e julgar as causas enumeradas no art. 275, inciso II, do Código de Processo Civil, ou seja, aquelas de procedimento sumário em razão da matéria, onde as ações vinculadas aos arrendamentos e parcerias rurais.

Como o juizado especial criado pela Lei nº 9.099/95 é de opção facultativa, isso significa a dualidade de caminhos processuais à disposição das partes interessadas, apenas que a opção pelo juizado especial afasta a possibilidade da via comum e vice-versa.

Os casos de despejo nominados no art. 32 do Decreto nº 59.566/66 são exemplificativos, porquanto, no último inciso ali enumerado, o legislador remete a possibilidade de sua ocorrência sempre que houver infração legal ou contratual grave.

As causas enumeradas para o despejo são:

I – término do prazo contratual ou de sua renovação.

Como o vencimento do prazo extingue o contrato e sua renovação, não o desocupando o arrendatário ou parceiro-outorgante, ensejará a propositura da consequente ação de despejo pelo rito sumário.

II – se o imóvel dado em aluguel ou cedido em parceria for repassado a terceiro sem o expresso consentimento.

O contrato agrário se perfectibiliza com a passagem da posse ou uso de um imóvel rural a outrem. Se, contudo, o que recebeu o imóvel o transfere para terceiro, sem o expresso consentimento do arrendador ou parceiro-outorgante, infringe o contrato e, dessa forma, possibilita o despejo.

III – o não-pagamento do aluguel ou partilha dos frutos no prazo convencionado.

Recebendo o imóvel objeto do contrato agrário, o arrendatário assume a obrigação de pagar o preço do aluguel no prazo combinado, e o parceiro-outorgante, a partilhar os frutos obtidos. Se cada um deles assim não age, possibilita que o interessado contra si ajuíze a competente ação de despejo.

No prazo de contestação, poderá o arrendatário ou parceiro-outorgado purgar a mora, requerendo ao juiz da causa o pagamento do aluguel ou da quota da partilha, ambas acrescidas das custas processuais e honorários advocatícios que forem fixados. Como isso importa em cálculo, o juiz fixará um prazo razoável para que haja a efetividade do depósito.

A purga de mora, como direito de devedor, não pode ser impedida pelo credor, salvo existindo irregularidades no quantum a depositar.

IV – dano causado à gleba ou às colheitas por culpa ou dolo.

O contrato agrário tem por objeto a cedência de um imóvel rural para uma específica exploração agrícola. Caso o arrendatário ou parceiro-outorgado no exercício da atividade cause danos ao imóvel rural, por ação consciente ou por negligência, imprudência ou imperícia, ensejam a ação de despejo.

No entanto, quanto o dano causado à gleba for de natureza ambiental, o despejo somente terá lugar depois de manifestação administrativa do órgão ambiental competente que, no caso do Rio Grande do Sul é a FEPAM – Fundação Estadual de Proteção Ambiental Henrique Luiz Roessler. Isso porque, sendo o meio ambiente um bem público de uso comum do provo, conforme dicção do art. 225, *caput*, da Constituição Federal, danos que lhe vieram a ser causados é de responsabilidade do gestor ambiental.

De outro lado, como a responsabilização do dano ambiental cria conflito administrativo, a manifestação do órgão ambiental somente pode ocorrer depois de exaurido o processo administrativo competente em que se garanta o contraditório, a ampla defesa e a possibilidade recursal, nos exatos termos do art. 5º, inciso LIV e LV, também da Constituição Federal.

Questão importante é que o dano à gleba pode gerar indenização. Todavia, quando esse dano é ambiental somente o órgão ambiental é competente para buscá-lo pela simples razão de que não pode o particular pretender apropriar-se do que é público.

V – mudança na destinação do imóvel rural contratado.

O arrendatário ou parceiro-outorgado recebe o imóvel para nele explorar uma atividade certa, como é o arrendamento rural para criação de gado ou plantio de arroz ou soja, ou a parceria agrícola para o cultivo de fumo ou criação de aves. Se, todavia, o contratante trabalhador se desvia da atividade pactuada, possibilita o despejo nos termos da lei.

VI – abandono total ou parcial do cultivo.

Como a mudança da destinação do imóvel constitui causa de despejo, da mesma forma seu abandono total ou parcialmente. Assim, não basta o recebimento do imóvel, há de se exercer nele a exploração contratada. Especialmente nos casos de arrendamento rural, não basta pagar o aluguel; há de se explorar efetivamente o imóvel.

VII – retomada.

O direito de retomar o imóvel para uso direto ou de descendente, como já se viu, é causa de extinção do contrato. Portanto, não o desocupando amigavelmente o arrendatário ou parceiro-outorgado, possibilita que o arrendador ou parceiro-outorgante ajuíze a ação de despejo. A lei, no entanto, impõe que o autor da ação demonstre a sinceridade de seu pedido como condição prévia do despejo.

VIII – inobservância das cláusulas obrigatórias.

Todo contrato agrário tem cláusulas obrigatórias; são normas que, independentemente da vontade das partes contratantes, integram o pacto. São exigências legais. Se desrespeitadas, oportunizam o despejo. Nos termos do art. 13 do Decreto nº 59.566/66, essas cláusulas obrigatórias podem ser elencadas como de:

a) preservação dos recursos naturais existentes no imóvel rural;

b) proteção social e econômica aos arrendatários e parceiros-outorgados, consistente na:

- proibição de exigências especificadas no art. 93 do Estatuto da Terra e art. 13, inciso VII, letra *b*, do Decreto nº 59.566/66 (prestação de serviço gratuito, exclusividade da venda dos frutos ou produtos, obrigatoriedade de beneficiamento da produção em estabelecimento do arrendador ou parceiro-outorgante, aquisição de gêneros e utilidades em armazéns do arrendador ou parceiro-outorgante, aceitação de papéis substitutivos do real);

- concordância do arrendador ou parceiro-outorgante à solicitação de crédito rural pelo arrendatário ou parceiro-outorgado;

- disponibilidade dos frutos e produtos nas seguintes condições: nenhuma das partes poderá dispor dos frutos havidos antes da partilha; aviso-prévio do parceiro-outorgado da data do início da colheita ou da efetivação da partilha; disposição livre da quota partilha pelo parceiro--outorgado; proibição da dação em pagamento da quota do parceiro-outorgado antes de efetuada a partilha;

c) prazos mínimos de acordo com a exploração objeto do contrato;

d) práticas agrícolas preservacionistas e não predatórias;

e) fixação do preço do arrendamento em dinheiro e nunca superior ao máximo legal;

f) partilha dos frutos, produtos ou lucros da parceria em bases legais;

g) estabelecimento de bases para renovação dos contratos;

h) especificação das causas de extinção e rescisão do contrato;

i) especificação das indenizações por benfeitorias.

9.22. Substituição facultativa da área objeto do contrato agrário

O objeto do contrato de arrendamento ou de parceria rural é o uso ou a posse temporária de um determinado imóvel rural.

No entanto, demonstrando intimidade com a realidade rural, o legislador instituiu norma possibilitando a substituição de uma área por outra dentro do prazo do contrato, sem que isso possa acarretar qualquer infringência ou nulidade contratual. A permissão legal consta no art. 95, VII, do Estatuto da Terra e no art. 33 do Decreto nº 59.566/66.

É que certos tipos de exploração rural exaurem mais intensamente a terra, como é o caso do cultivo do arroz. Assim, a exploração dessa atividade agrária continuamente, na mesma área, ensejará uma menor produtividade, quase inviabilizando o retorno econômico do contratante trabalhador. Diante disso, a permissão legal de substituição. Para que não surja conflito no momento da substituição, é oportuno que o contrato de logo esclareça e limite a área a ser substituída.

9.23. Cláusulas proibidas de contratar

Toda a sistemática do legislador nos contratos agrários está em proteger o contratante trabalhador. É o que se chama de justiça social, em que a proteção ao economicamente mais fraco impõe restrições ao economicamente mais forte. Trata-se de uma nítida desigualdade legal na constatação de que existe uma desigualdade real a eliminar. Em cada disposição do Estatuto da Terra ou de seus decretos regulamentadores se observa isso.

Com tal visão, é que o legislador proibiu a inserção de cláusulas contratuais que impusessem ao arrendatário ou parceiro-outorgado, como se observa no art. 93 do Estatuto da Terra e no art. 13, inciso VII, letra *b*, do Decreto nº 59.566/66, a:

I – prestação de serviços gratuitos.

Uma cláusula que exija do contratante trabalhador a prestação de serviço gratuito, como a construção de cercas novas, melhoria de estradas e estábulos, se constitui num *plus* proibido. E se realizado, importa na existência de um outro tipo de relação jurídica a ensejar indenização.

II – exclusividade da venda da colheita.

Com uma cláusula dessa o arrendador ou parceiro-outorgante retira do arrendatário ou parceiro-outorgado a liberdade de procurar o melhor preço para o seu produto, eis que o prende com a preferência de venda. Se já inserida no contrato, por nula, não produz qualquer efeito. É como se não tivesse sido pactuada.

No entanto, a lei retira esta proibição quando o arrendador ou parceiro-outorgante tiver financiado a exploração objeto do contrato na ausência de crédito rural oficial.

III – obrigatoriedade do beneficiamento da produção em seu estabelecimento.

Como a cláusula da exclusividade da venda da colheita, esta também restringe a liberdade do contratante trabalhador. Portanto, é também nula, se inscrita no contrato.

IV – obrigatoriedade de aquisição de gêneros e utilidades em seus armazéns ou barracões.

Em algumas regiões do país, a distância entre o imóvel rural e o centro de abastecimento é muito grande, o que não raro possibilita ao dono ou possuidor permanente da terra também se tornar fornecedor de gêneros e utilidades ao contratante trabalhador, estabelecendo ele o preço de seus produtos sem condição de concorrência.

Embora essa vinculação seja uma realidade, o que a lei proíbe é a inserção de uma obrigatoriedade contratual. Se já no contrato, também é uma cláusula sem efeito.

V – aceitação de pagamento em ordens, vales, borós ou outras formas regionais substitutivas da moeda.

Esta proibição é específica para o contrato de parceria, pois visa a impedir que o parceiro-outorgado receba a sua parte no lucro em forma regional de substituição da moeda. A parte que couber ao parceiro-outorgado deverá ser em real, que é a moeda corrente no País.

9.24. Arrendamento e parceria rural de terras públicas

A regra é de que terra pública não pode ser objeto de contrato de arrendamento ou parceria rural por ferir a própria essência da atividade estatal. O conceito de terra pública abrange também as terras devolutas.

Todavia, se excepcionalmente a lei permitir o arrendamento ou a parceria dessas terras, ter-se-ão por aplicáveis as disposições do Estatuto da Terra e do Decreto nº 59.566/66, com algumas ressalvas.

Uma dessas ressalvas é a de que quando o poder público assume a condição de arrendador ou parceiro-outorgante na relação agrária impõe algumas modificações próprias de sua existência jurídica de direito público. Todavia, sua presença não é de mando, mas de proprietário rural de condições especiais.

Por outro lado, passa a existir uma diferença fundamental entre o contrato agrário firmado por particulares e aquele realizado com um ente público. É que o conteúdo desse contrato respeitará, sempre que não haja colidência, as normas de cogência e imperatividade do direito agrário, mas a sua forma será de direito administrativo.

Por conseguinte, pretender o órgão público arrendar ou dar em parceria um imóvel de seu domínio deverá atentar para a Lei nº 8.666, de 21.06.93. Logo, deverá previamente licitar sua intenção de contratar e, homologada esta ao vencedor, adjudicar-lhe o contrato administrativo, em respeito ao art. 2º desta lei, que diz:

Para efeitos desta lei, considera-se contrato todo e qualquer ajuste entre órgãos ou entidades da Administração Pública e particulares, em que haja um acordo de vontades para a formação de vínculo e a estipulação de obrigações recíprocas, seja qual for a denominação utilizada.

9.25. Cláusulas obrigatórias

Os contratos agrários são fortemente dirigidos pela lei. Como já tive a oportunidade de dizer, esse dirigismo estatal relativa a autonomia de vontade, fazendo com que as pessoas que pretendem pactuar apenas tenham a liberdade quanto a isso, posto que deverão obedecer a cláusulas que lhe são impostas pela lei.

O art. 13 do Decreto nº 59.566/66 estabelece quais essas cláusulas, que nos contratos escritos serão de obrigatória inserção, e nos tácitos ou verbais, como se pactuadas fossem.

Essas cláusulas são aquelas enumeradas no item VIII, de Casos de Despejo, a que se remete.

10. Princípios específicos ao arrendamento e à parceria rural

10.1. Antecedentes

Na Parte I deste tema, estudou-se a estrutura histórica dos contratos agrários de arrendamento e parceria e aqueles institutos que lhes são comuns. Agora, no momento em que se procuram analisar os institutos contratuais agrários que têm aplicação exclusiva a cada um desses contratos, é de bom alvitre que se os rememore como forma de revisão.

Portanto, são institutos aplicáveis independentemente ao arrendamento a parceria rural: a) a exegese que proteja o arrendatário ou parceiro-outorgado, no caso de lacuna legal; b) a possibilidade de sua existência dos contratos agrários na forma tácita ou verbal, e se escrita, na observância do art. 12 do Decreto nº 59.566/66; c) o princípio de prova meramente testemunhal; d) a solidariedade possessória do arrendador ou parceiro-outorgante, no caso de ameaça ou esbulho do arrendatário; e) a irrenunciabilidade dos direitos e vantagens que a lei concede tanto ao arrendatário, como ao parceiro-outorgado, com a culminância de nulidade absoluta no caso de infringência a qualquer de suas regras; f) a imutabilidade do arrendamento ou parceria, no caso de alienação ou incidência de ônus real sobre o imóvel rural objeto do contrato; g) a rescisão facultativa, no caso de inadimplência de qualquer de suas cláusulas; h) a existência de prazo mínimo de acordo com o tipo de exploração agrícola, qualquer que seja a forma do contrato; i) a terminação do contrato sempre depois da colheita; j) direito real de preferência ao arrendatário ou parceiro-outorgante na alienação do imóvel rural objeto do contrato, l) direito obrigacional de renovação do arrendamento ou da parceria; m) direito de retomada do arrendador ou parceiro-outorgante; n) outros direitos e obrigações dos contratantes; o) causas comuns de extinção dos contratos agrários; p) casos comuns de despejo; q) possibilidade de substituição da área objeto do contrato; r) cláusulas de inclusão obrigatória em todos os contratos agrários.

10.2. Preço do arrendamento rural em dinheiro

A Lei nº 11.443, de 5 de janeiro de 2007, alterou o Estatuto da Terra e os arts 18 e 19 do Decreto nº 59.566/66, deixando de chamar a contraprestação pelo arrendamento de preço, passando a denominar de remuneração. A alteração é meramente semântica:

> Art. 95. ...
>
> XII – a remuneração do arrendamento, sob qualquer forma de pagamento, não poderá ser superior a 15% (quinze por cento) do valor cadastral do imóvel, incluídas as benfeitorias que entrarem na composição do contrato, salvo se o arrendamento for parcial e recair apenas em glebas selecionadas para fins de exploração intensiva de alta rentabilidade, caso em que a remuneração poderá ir até o limite de 30% (trinta por cento).

De qualquer forma, a remuneração pelo arrendamento rural continua sendo um dos temas mais tormentosos na questão contratual agrária. Por desconhecimento ou, muitas vezes, por interpretação ajurídica e intencional de que a lei agrária "não pegou", como se na estrutura do direito positivo brasileiro houvesse essa forma de revogação da lei, muitos contratos escritos tomam conteúdo de direito civil. E é especialmente no fator remuneração, a contraprestação pelo uso temporário do imóvel rural, que essa lei agrária é mais afrontada, ao se entender possível seu reajuste livre, na equivocada afirmação de predominância de liberdade contratual da lei civil, e não de um forte dirigismo estatal a tutelar a vontade das partes contratantes do direito agrário.

Mas a tutela forte da lei não deixa qualquer outra opção: a remuneração do arrendamento deve ser ajustado em quantia fixa de dinheiro. A imposição do legislador é de visivelmente proteger o arrendatário, deixando-o livre na destinação do produto obtido com a atividade contratada. Aliás, o sistema de proteção ao economicamente mais fraco criado a partir do Estatuto da Terra é constatável em todos os dispositivos que o compõem.

A palavra *dinheiro* significa moeda corrente, e esta no País atualmente é o real. Portanto, o ajuste da remuneração no contrato de arrendamento deve ser em real.

No entanto, a lei faculta que as partes pactuem o pagamento dessa remuneração em produto, sempre considerando o mínimo oficial fixado para o produto tomado como parâmetro na data da quitação.

É causa de nulidade absoluta, logo sem qualquer exigibilidade por ausência de eficácia, o ajuste da remuneração do arrendamento rural em frutos ou produtos. A vedação do parágrafo único do art. 18 do Decreto nº 59.566/66 encontra a consequência de nulidade do art. 2º, parágrafo único, desse mesmo Decreto.

No arrendamento rural, fruto é o rendimento obtido pelo arrendatário na exploração rural, e produto, o próprio bem explorado. Dessa forma, a cláusula inserta num contrato de arrendamento agrário que ajuste o pagamento do aluguel em 10% (dez por cento) da produção, ou em 20 sacos de arroz por hectare, ou mesmo os dois ajustes concomitantes, será nula de pleno direito, pois, no primeiro caso, a fixação incidiu sobre frutos do contrato e, no segundo, em produtos, sendo com maior razão no ajuste duplo.

A nulidade da cláusula não libera o arrendatário do pagamento do aluguel, se houver o efetivo uso do imóvel rural objeto do contrato, sob pena de enriquecimento indevido. Apenas torna o quantum a pagar ilíquido, ou imediatamente inexigível, a depender de um novo ajuste entre as partes. A desobrigação do arrendatário, no caso de conflito, poderá ocorrer com o ajuizamento de ação de fixação de remuneração de arrendamento, rito sumário, com base no art. 275, inciso II, letra *b*, do Código de Processo Civil, onde a nulidade da cláusula será o fundamento principal. A ação de consignação em pagamento não é viável porque não há liquidez e certeza do que pagar. Por parte do arrendador, nula a cláusula, inexigível o contrato, quer para o processo de execução, quer para a ação de despejo. Resta-lhe, todavia, o ajuizamento de ação de cobrança também pelo rito sumário do art. 275, inciso II, letra *b*, do Código de Processo Civil.

Se a remuneração for fixada em dinheiro, mas conste o ajuste de seu pagamento em produto, e o arrendador pretenda receber esse pagamento pela remuneração aquém do mínimo oficial, a lei faculta que o arrendatário pague exclusivamente em dinheiro, ou opte pelo produto, mas com a remuneração mínimo oficial.

O legislador, todavia, deixou os contratantes livres quanto ao ajuste antecipado ou ao final da safra, ou do contrato e pagamento do aluguel mensal ou anual, ou qualquer outra forma que não infrinja as regras que dispôs.

Assim, nada impede que, sendo a prestação para pagamento posterior e devendo ser fixado em *real*, possa sofrer ela correção monetária por índices oficiais. O que não deve ser ajustado é que a cláusula de correção tenha equivalência imediata em fruto ou produto, como por exemplo, o ajuste que fixe em R$ 100,00 (cem reais) o aluguel do hectare anualmente, para pagamento no final da colheita, e dê a esse valor a equivalência de 10 (dez) sacos de soja. Essa equivalência pode acarretar para o arrendatário na época da liquidação do aluguel o desembolso de mais *reais*, se a remuneração mínima do produto estiver em alta, ou em mais produto, se em baixa. Além dessa insegurança que o legislador procurou evitar, uma vinculação de tal forma colide frontalmente com a lei.

10.3. Limite da remuneração do arrendamento rural

A manifestação de vontade nos contratos agrários é contida. Aquilo que na teoria contratual civilista significa o expoente da relação, aqui sofre uma tutela forte do Estado através da lei. A obrigatoriedade de cumprimento de preceitos nitidamente protetivos ao homem trabalhador é uma marca na gerência contratual agrária.

Nesse contexto de dirigismo estatal das cláusulas do pacto agrário se alinha a remuneração do arrendamento.

É de 15% (quinze por cento) do valor cadastral do imóvel rural o limite máximo para a fixação do valor de remuneração no arrendamento rural. Como existe obrigatoriedade de que este valor seja em dinheiro, tem-se que o percentual deverá corresponder a uma importância fixa dentro do limite daquele valor atribuído pelo arrendador quando da declaração cadastral ao INCRA. A cláusula obrigatória, se desrespeitada, é causa de nulidade absoluta. Dessa forma, fixar-se a remuneração do arrendamento em percentual sobre a colheita ou em produto é nulificar-se o contrato. Sem remuneração, o arrendatário pode desobrigar-se, pedindo ao Poder Judiciário que o fixe, se não houver acordo com o arrendador. A ação de consignação em pagamento não é o caminho processual. Este tipo de ação exige uma dívida líquida, que no caso não existe. A nulidade da cláusula de remuneração retira do arrendador o direito de propor processo de execução ou ajuizar ação de despejo por falta de pagamento. No primeiro caso, porque a dívida é ilíquida, como já foi dito, e no segundo, porque a recusa do arrendatário é legítima. Poderá ajuizar ação de cobrança pelo rito sumário.

O legislador vincula o percentual de 15% ao valor cadastral do imóvel. Cadastro rural é a prestação variada e completa de informações do proprietário, ou quem quer que esteja na posse permanente do bem, sobre tudo que existir no imóvel rural. Essas informações são obrigatórias, de onde se pode concluir que o imóvel rural, além do registro no Cartório de Registro de Imóveis, necessita de registro cadastral para merecer proteção jurídica. Antes, uma das importâncias dessas informações cadastrais era tributária, pois através dela o INCRA conseguia elementos para calcular o I.T.R., Imposto sobre a propriedade Territorial Rural. Por conseguinte, se o arrendador declarasse ser de pouco valor o hectare de seu imóvel rural, evidentemente que iria pagar pouco imposto, mas, de outro lado, não poderia se beneficiar quando do arrendamento.

Hoje, com o advento da Lei nº 8.847, de 28.01.94, que reformulou radicalmente o I.T.R., retirando-o da órbita do INCRA e atribuindo-o à Secretaria da Receita Federal e também mudando a colheita de informações para a fixação do valor da terra, do cadastro rural para levantamento direto de remuneração do hectare nos municípios de situação do imóvel, com a ouvida prévia do Ministério da Agricultura, do Abastecimento e da Reforma Agrária e Secretarias dos Estados, o limite de remuneração do arrendamento perdeu importância tributária e, sem dúvida, facilitou a vida do arrendador, uma vez que o deixou livre dessa vinculação. Para manter o arrendamento rural dentro do limite legal basta que atualize anualmente seu cadastro rural, agora sem qualquer preocupação de conflitância com o fisco.

A lei possibilita o aumento do percentual de 15% (quinze por cento) para até 30% (trinta por cento) se a área arrendada se constituir parte do imóvel rural e recair sobre glebas selecionadas para fins de exploração intensiva de alta rentabilidade. Para evitar um possível conflito futuro, é mister que se consigne no contrato de arrendamento essa circunstância.

10.4. Partilha dos frutos na parceria

Como o arrendamento rural, a parceria rural sofre controle legal rígido. Assim, a divisão dos frutos não é livre. Ela está condicionada a índices impostos tanto no Estatuto da Terra, art. 96, inciso VI, letras *a*, *b*, *c*, *d*, *e*, e *f*, como no art. 35, incisos I, II, III, IV e V, do Decreto nº 59.566/66. A Lei nº 11.443, de 5 de janeiro de 2007, deu nova redação a estes dispositivos.

Esse controle legislativo na partilha dos frutos veio impedir uma prática até então costumeira de se dividir a produção na parceria em meação. Através dessa forma de contrato, aquele que cedia tão somente a terra participava com 50% da produção. Na visão do legislador, uma partilha como esta se constitui numa penalização ao contratante trabalhador, a obrigatoriedade de aplicação dos percentuais que fixou.

Assim, a quota do parceiro-outorgante, com as modificações introduzidas no art. 96, inciso VI, do Estatudo da Terra, pela Lei nº 11.443, de 5 de janeiro de 2007, será de:

a) 20% (vinte por cento), quando concorrer apenas com a terra nua;

b) 25% (vinte e cinco por cento), quando concorrer com a terra preparada;

c) 30% (trinta por cento), quando concorrer com a terra preparada e moradia;

d) 40% (quarenta por cento), caso concorra com o conjunto básico de benfeitorias, constituído especialmente de casa de moradia, galpões, banheiro para gado, cercas, valas ou currais, conforme o caso;

e) 50% (cinquenta por cento), caso concorra com a terra preparada e o conjunto básico de benfeitorias enumeradas na alínea d deste inciso e mais o fornecimento de máquinas e implementos agrícolas, para atender aos tratos culturais, bem como as sementes e animais de tração, e, no caso de parceria pecuária, com animais de cria em proporção superior a 50% (cinquenta por cento) do número total de cabeças objeto de parceria;

f) 75% (setenta e cinco por cento), nas zonas de pecuária ultraextensiva em que forem os animais de cria em proporção superior a 25% (vinte e cinco por cento) do rebanho e onde se adotarem a meação do leite e a comissão mínima de 5% (cinco por cento) por animal vendido.

Observa-se que as modificações legislativas nas cotas de participação foram elevadas de 10% para 20% para a terra nua, de 20% para 25% para a terra preparada; de 20% para 30% para a terra preparada e moradia e de 30% para 40% havendo concorrência, além da terra nua, o conjunto básico de benfeitorias.

Além da alteração das alíquotas, a Lei nº 11.443, transformou letras em incisos, sem modificar o seu conteúdo. Assim, ficaram mantidas as seguintes disposições:

a) o proprietário poderá sempre cobrar do parceiro-outorgado, pelo preço de custo, o valor de fertilizantes e inseticidas que vier a fornecer no percentual que corresponder à sua participação na modalidade de parceria acordada;

b) não se enquadrando a parceria em qualquer das modalidades especificadas no art. 96, inciso VI, do E.T., o proprietário poderá cobrar ainda uma quota adcional de 10% (dez por cento) do valor das benfeitorias ou dos bens postos à disposição do parceiro-outorgado.

Situação importante criada pela Lei nº 11.443/07 foi o acréscimo feito ao art. 96 do ET, de um § 2º, permitindo que as partes contratantes pudessem prefixar quantidade ou volume a ser partilhado, incidente sobre o montande da participação do proprietário, desde que, ao final do contrato, seja realizado o ajustamento do percentual a ele pertencente, tudo de acordo com a produção. Essa modificação veio em boa hora para evitar possíveis nulidades da cláusula de partilha na parceria rural, pois permite que se possa fixar a entrega de produto sem que isso transforme o contratao de parceria em arrendamento rural. Aliás, como de forma expressa disse o acrescido § 3º do mesmo art. 96 do ET.

Novidade também importante imposta pela Lei nº 11.443/07 foi a inclusão do § 4º também ao art. 96 do ET disposto sobre a chamada falsa parceria, matéria bem conhecida da doutrina. Dessa forma, se o contrato prever o pagamento do trabalhador, parte em dinheiro e parte em percentual na lavoura cultivada em gado tratado, tem-se a locação de serviço regulada pela legislação trabalhista, desde que tambem concorra a direção dos trabalhos pelo inteira e exclusiva responsabilidade do proprietário, o locatário do serviço, ficando assegurado ao locador (o pseudoparceiro-outorgado) a percepção de dois valores do salário mínimo nacional.[16]

10.5. Pagamento da quota na parceria

O parceiro-outorgado tem a obrigação de pagar a quota da partilha no lugar e forma combinados, sob pena de ensejar a resolução do contrato através de ação de despejo por rito sumário. O parceiro-outorgante poderá simplesmente buscar a sua quota agora através de ação de cobrança também pelo rito sumário.

Todavia, se a cláusula que fixou a partilha for nula por contrária a lei, mas que pelo que dela consta seja possível enquadrá-la nos termos do quoeficiente legal, o parceiro-outorgado poderá ajuizar ação de consignação em pagamento. Caso contrário, a ação será de fixação de quota em parceria de rito sumário.

Havendo dúvidas na execução do contrato, o parceiro-outorgante poderá judicialmente pretender vistoriar a exploração ou ainda pedir prestação de contas.

10.6. Crítica à legislação

Pela análise que foi feita aos princípios que regem os contratos agrários, observa-se uma preocupação do legislador com aquele que em sua visão seria a parte mais fragilizada na relação contratual e, portanto, a merecer sua proteção.

Em 1964, o Brasil efetivamente tinha uma estrutura agrária incipiente, inclusive porque as formas de exploração nessa atividade ainda não tinham adquirido um grau de eficiência e produtividade como o que hoje se observa. Por conseguinte, o resultado econômico do trabalho do arrendatário ou do parceiro-outorgado era diminuto, o que naturalmente exigia uma maior proteção a quem dele dependia.

No entanto, passados mais de 50 anos, o Brasil agrário mudou substancialmente, e os índices de produtividade na exploração rural se encontram entre os melhores do mundo. Ademais, muitos arrendatários e parceiros-outorgados são empresas de lastro econômico maior do que o próprio capital constituído pela terra do arrendador ou parceiro-outorgante. Dessa forma, se a preocupação do legislador era proteger o traba-

---

[16] O § 4º do art. 96 do Estado da Terra, acrescido pela Lei nº 11.443/2007, tem a seguinte redação: Art. 96... § 4º Os contratos que prevejam o pagamento do trabalhador, parte em dinheiro e parte em percentual na lavoura cultivada ou em gado tratado, são considerados simples locação de serviço, regulada pela legislação trabalhista, sempre que a direção dos trabalhos seja de inteira e exclusiva responsabilidade do proprietário, locatário do serviço a quem cabe todo o risco, assegurando-se ao locador, pelo menos, a percepção do salário mínimo no cômputo das 2 (duas) parcelas.

lho porque este sofria subsunção do capital, aplicar-se a mesma estrutura legal para quem hoje é verdadeiramente o detentor do capital é praticar injustiça.

A crítica que a doutrina vinha fazendo sobre a necessidade de mudanças na legislação contratual agrária (eu me alinhei a esta crítica nas edições anteriores deste curso) foi ouvida pelo legislador que, ainda de forma tênue, procurou adaptar os contratos agrários à realidade agrária, como foi a edição das Leis nºs 11.443 e 11.446, ambas de 2007.

11. Os contratos agrários e o meio ambiente

11.1. A dimensão jurídica dos contratos agrários

11.1.1. Os contratos agrários como instituto de direito agrário

Os contratos agrários estão inseridos como instituto de direito agrário e suas regras são próprias do dirigismo contratual, e não da autonomia de vontade,[17] mas que, apesar de seus 50 anos de vigência, ainda não mereceu o devido reconhecimento.[18]

E não se pode falar em contratos agrários sem, antes, se analisar a estrutura de onde eles promanam.

Como ramo da ciência jurídica, o direito agrário é de estudo relativamente novo no Brasil. Seu nascimento, com autonomia própria, tem um marco inicial dentro do direito positivado: é a Emenda Constitucional nº 10,

---

[17] Os contratos agrários nominados são os de arrendamento rural e parceria rural, cuja diferença significativa está na maior ou menor cedência dos direitos possessórios e a contraprestação que, para o arrendamento rural, é um valor certo fixado nos moldes legais e, na parceria rural, uma partilha entre os lucros ou prejuízos segundo coeficientes legais. O art. 3º do Decreto 59.566/66 assim caracteriza o contrato de arrendamento rural: *Arrendamento rural é o contrato agrário pelo qual uma pessoa se obriga a ceder à outra, por tempo determinado ou não, o uso e gozo de imóvel rural, parte ou partes do mesmo, incluindo, ou não, outros bens, benfeitorias e ou facilidades, com o objetivo de nele ser exercida atividade de exploração agrícola, pecuária, agroindustrial, extrativa ou mista, mediante, certa retribuição ou aluguel, observados os limites percentuais da Lei*. Já o Estatuto da Terra, no art. 96, § 1º, define parceria rural dessa forma: *Parceria rural é o contrato agrário pelo qual uma pessoa se obriga a ceder à outra, por tempo determinado ou não, o uso específico de imóvel rural, de parte ou partes dele, incluindo, ou não, benfeitorias, outros bens e/ou facilidades, com o objetivo de nele ser exercida atividade de exploração agrícola, pecuária, agroindustrial, extrativa vegetal ou mista; e/ou lhe entrega animais para cria, recria, invernagem, engorda ou extração de matérias-primas de origem animal, mediante partilha, isolada ou cumulativamente, dos seguintes riscos: I – caso fortuito e de força maior do empreendimento rural; II – dos frutos, produtos ou lucros havidos nas proporções que estipularem, observados os limites percentuais estabelecidos no inciso VI do caput deste artigo; III – variações de preço dos frutos obtidos na exploração do empreendimento rural.*

[18] Apesar dessa especificidade, não se pode esquecer que nenhum direito é uma ilha que tenha vida própria e, portanto, se baste. Nos sistemas jurídicos fechados, como é o Brasil, o direito nasce através da lei, que é manifestação social por representação do Congresso Nacional, e exercita a sua função de retorno comportando a sociedade que o criou pela prevenção ou pela decisão do litígio surgido. Embora no início de sua evolução a lei tenha surgido de forma natural como expressão consensual da convivência social espontânea, caracterizando como direito tudo aquilo que era aceito pela comunidade, o certo é que, hoje, especialmente no Brasil, ele é quase absolutamente um produto do estado que, não raramente, contraria a própria relação costumeira.

de 10.11.1964, que outorgou competência à União para legislar sobre a matéria ao acrescentar ao art. 5°, inciso XV, letra *a*, da Constituição de 1946, a palavra *agrário*. Assim, entre outras competências, a União também passou a legislar sobre direito agrário. O exercício legislativo dessa competência ocorreu 20 dias após, ou seja, em 30.11.1964, quando foi promulgada a Lei n° 4.504, denominada de *Estatuto da Terra*.

Na história de sua criação se observa que seu surgimento não foi por mero acaso. A pressão política, social e econômica dominante naquela época forçaram a edição de seu aparecimento, até como forma de justificação ao movimento armado que eclodira poucos meses antes e que teve como estopim o impedimento a um outro movimento que pretendia, especificamente no universo fundiário, eliminar a propriedade como direito individual. Dessa forma, toda a ideia desse novo direito, embora de origem político-institucional revolucionária, tem contornos nitidamente sociais, pois seus dispositivos claramente visam a proteger o homem do campo em detrimento do proprietário rural. A sua proposta, portanto, lastreou-se no reconhecimento de que havia uma desigualdade enorme entre o homem que trabalhava a terra e aquele que a detinha na condição de proprietário ou possuidor permanente.

Antes de seu surgimento, as relações e os conflitos agrários eram estudados e dirimidos pela ótica do direito civil, que é todo embasado no sistema de igualdade de vontades. O trabalhador rural, por essa ótica, tinha tanto direito quanto o homem proprietário das terras onde trabalhava.

A questão que se discute na atualidade é se as regras que vigem há meio século, especificamente no tocante aos contratos agrários, merecem ou não uma adaptação.

Pessoalmente penso que há necessidade de adaptação dos dispositivos contratuais agrários aos novos tempos, mesmo porque a realidade agrária de hoje não é a mesma que levou o legislador a agir então.

11.1.2. *A função social da propriedade agrária como princípio norteador dos contratos agrários*

No tópico anterior, observou-se que os contratos agrários se inserem como instituto de direito agrário.

A questão que se analisa agora é que os contratos agrários, como todos os institutos de direito agrário, têm como base o *princípio da função social da propriedade*.

Princípio é um desses institutos que todo mundo fala, mas poucos entendem. Pois bem, princípio é o norte para o qual devem-se direcionar todas as emanações jurídicas diretas, através da lei, ou indiretas, através das decisões administrativas e judiciais. Trata-se de um comando superior que não pode ser desobedecido, sob pena de inconstitucionalidade.

Pois bem, para se entender o princípio fundamental que norteia todo direito agrário, portanto, os contratos agrários, é preciso rememorar seus antecedentes.

É sabido que durante muito tempo, pairou na estrutura do direito pátrio a verdade de que a propriedade imóvel atingia seu ponto ótimo apenas satisfazendo o proprietário. O dogma, assim estabelecido, tinha como pressuposto originário a sustentação filosófica e política de que ela se inseria no direito natural do homem e, dessa forma, apenas nele se exauria. É o que se podia chamar de função individual ou privada da propriedade imóvel. Em decorrência disso, surgiu uma aceitação genérica no sentido de que o homem proprietário e a sua coisa, chamada terra, mantinham uma estreiteza de laços tão fortes, que esta última parecia ter vida pela transposição de sentimento que aquele dedicava. Tamanha foi essa simbiose, que surgiu, ainda no campo do direito, a figura da legítima defesa da propriedade, e que bem poderia ser retratada nessa metáfora: o meu é tão meu, que se alguém tentar dele se apossar, eu revido, lesionando ou até matando, e me arvoro em ação legítima nesse agir.

A força dessa função privada ou individual da propriedade imóvel é explicada por sua continuidade tempo afora, eis que já plenamente admitida no direito romano, embora, lá, se buscasse proteger apenas a pretensão individual, e não a necessidade de alimentos e de emprego de mão de obra, pois estes fatores são contingências modernas do direito de propriedade.

Mas o princípio continuou na Idade Média, porque se adequava à estrutura feudal de dominação. Ser proprietário de terras nesse período era exercício de poder absoluto e, consequentemente, de submissão daqueles que nela moravam ou trabalhavam. A vontade do senhor de terras era o limite do direito de propriedade.

A Revolução Francesa, embora surgida como o propósito de modificar a estrutura asfixiante do domínio feudal, apenas serviu para mudar a titularidade da figura dominante, dos suseranos e clero, para os novos-ricos comerciantes e industriais, porque o exercício exclusivamente pessoal ainda continuou como função da propriedade imobiliária. O certo é que, por força das ideias políticas revolucionárias e de certa forma inovadoras, a função privada da propriedade ganhou mundo como verdade única.

Esse redemoinho externo encontra uma predisposição política de um País que, buscando crescer, importa conteúdo ideológico. E foi assim que ocorrer a inserção do art. 179 da Constituição do Império, que resguardou de forma absoluta o direito de propriedade, que se manteve inalterado na Constituição Republicana de 1891, no seu art. 72, § 17. Em outras palavras, a função individual ou privada da propriedade continuava plenamente presente, tanto que o art. 524 do Código Civil de 1916, o reproduziu ao assegurar ao proprietário o direito de usar, gozar e dispor de seus bens, sem estabelecer qualquer limite no exercício de tais direitos.

Mas o questionamento de que havia algo mais entre a vontade do homem proprietário e sua terra começou a ser formulado ainda na idade média, mais precisamente no século XII, por Santo Tomás de Aquino, quando na sua *Summa Contra Gentiles* concluiu que cada coisa alcança sua colocação ótima quando é ordenada para o seu próprio fim. Surgia, aí, o embrião da doutrina da função social da propriedade. Evidentemente que, pela própria estrutura da igreja, como proprietária de terra, a ideia não logrou êxito.

Com as distorções econômicas e sociais geradas pelo desenvolvimento industrial dos séculos XVIII/XIX, é que o repensar da terra como direito absoluto do proprietário ganhou força e teve em Marx sua alavanca, quando, em 1848, publicou seu *O Capital*, no qual questionou a possibilidade de a terra se constituir em direito individual, já que ela era bem de produção. Em 1850, Augusto Comte, através de seu *Sistema de Política Positiva*, também se utilizou desse argumento para sustentar a necessidade de intervenção do Estado na propriedade privada por ter ela uma função social.

Diante da repercussão que essas ideias ganharam no mundo, a Igreja Católica voltou a repensar os ensinamentos de Santo Tomás de Aquino e admitiu como um de seus dogmas a sustentação de que a terra tinha uma função superior àquela de satisfação do proprietário, e, assim, iniciou pregação nesse sentido por intermédio da *Encíclica Rerum Novarum*, de João XXIII, continuando com a sustentar esse ensinamento na atualidade, no sentido de que a propriedade privada tem uma hipoteca social.

No campo específico do Direito, coube a Duguit o mérito inicial de havê-la sustentado. Porém, a doutrina só se transformou em princípio constitucional com a Constituição Mexicana de 1917, quando, no seu art. 27, o admitiu, seguindo-se a Constituição alemã de Weimar, de 1919, que, magistralmente, no seu art. 157, declarou: *a propriedade obriga*. Outras constituições se seguiram, como a da Iugoslávia, de 1921, e do Chile, de 1925. Hoje, pode-se dizer, em qualquer resquício de erro, que a função social da propriedade e característica quase universal.

Entre nós, a Constituição de 1934 adotou o princípio, que se manteve sempre presente em todas as demais constituições que se lhe seguiram. Ocorre que, até a Constituição de 1969, a função social da propriedade foi apenas insculpida como princípio maior sem que, todavia, se lhe detalhassem o limite e a abrangência. Coube ao *Estatuto da Terra*, uma lei ordinária, no seu art. 2º, § 1º, a oportunidade de conceituá-la nestes termos:

Art. 2º (...)

§ 1º A propriedade da terra desempenha integralmente a sua função social quando, simultaneamente:

a) Favorece o bem-estar dos proprietários e dos trabalhadores que nela labutam, assim como de suas famílias;

b) Mantém níveis satisfatórios de produtividade;

c) Assegura a conservação dos recursos naturais;

d) Observa as disposições legais que regulam as justas relações de trabalho entre os que a possuem e a cultivam.

Já a Constituição de 1988, em vigor, expressamente declara como princípio que a propriedade tem função social, no art. 5º, inciso XXIII, quando trata dos direitos e deveres individuais e coletivos, mas inova em termos constitucionais, quando também o estende para os imóveis urbanos, no seu art. 182, § 2º, ao estabelecer que a propriedade urbana cumprirá sua função social quando atender às exigências fundamentais de ordenação da cidade expressa no plano diretor, além de diretamente conceituar sua amplitude para os imóveis rurais, art. 186, *caput*, ao prescrever que a propriedade rural atende a sua função social quando, simultaneamente, segundo graus e critérios de exigência estabelecidos em lei, os requisitos de aproveitamento racional adequado, utilização adequada dos recursos naturais disponíveis e preservação do meio ambiente, observância das disposições que regulam as relações de trabalho e exploração que favoreça o bem-estar dos proprietários e dos trabalhadores.

A redação está nestes termos:

Art. 186. A função social é cumprida quando a propriedade rural atende, simultaneamente, segundo critérios e graus de exigência estabelecidos em lei, aos seguintes requisitos:

I – aproveitamento racional e adequado;

II – utilização adequada dos recursos naturais disponíveis e preservação do meio ambiente;

III – observância das disposições que regulam as relações de trabalho;

IV – exploração que favoreça o bem-estar dos proprietários e dos trabalhadores.

Coube à lei nº 8.629, de 25.02.1993, detalhar, agora, os preceitos constitucionais.

Embora a função social da propriedade seja, hoje, no País, mandamento constitucional, o que ainda se observa é uma perseverante manutenção de seu conceito individual ou privadístico, numa intrigante distonia entre o direito positivado e a realidade social de sua aplicação, mesmo por aqueles que operam a ciência jurídica e sedimentam opiniões através da doutrina e da jurisprudência, como se o conceitos clássicos ainda vigorassem.

11.2. A superveniência da necessidade de proteção ambiental como regra imperativa

11.2.1. O surgimento do meio ambiente como bem público

A perspectiva nova criada pelo direito agrário quanto ao uso da terra através dos contratos agrários já foi uma mudança substancial na perspectiva clássica e dominante do *pacta sunt servanda* dos romanos que, apesar do tempo, ainda não foi devidamente assimilado. Isso porque saiu a função privada da propriedade e entrou em cena a necessidade de se lhe dar uma função superior, que é a função social.

Imagine-se a dificuldade de assimilação que isso produz quando se afirma que a essa função social deve-se adicionar a função ambiental da propriedade, criada por um direito novíssimo, que é o direito ambiental, como se pretende com este artigo, em que, por definição constitucional, é um em público de uso comum do povo.

Pois bem, o direito ambiental é um direito universal por excelência porque a conscientização de que o meio ambiente é bem de todos e precisa ser protegido está lastreada na própria sobrevivência do homem na terra. Este apelo é instantâneo e tem foro de legitimidade absoluta em todos os povos. Assim, sua transinternacionalização e consequente importação e adaptação no Brasil foi uma decorrência natural. A discussão fundamental sobre o novo direito reside na dimensão que se deve dar ao meio ambiente: se deve ser protegido incondicionalmente, segundo a pauta de conduta ditada pelo *princípio da precaução* ou se ele deve ser conjugado com o desenvolvimento como sustenta o *princípio do desenvolvimento sustentável*.

Por conseguinte, o direito ambiental não é um direito que tenha um nascimento tópico brasileiro. Ele é uma importação do direito estrangeiro, especialmente porque alguns países começaram a sofrer os reflexos pesados dos danos causados ao meio ambiente, como o despejo de efluentes industriais na Baía de Minamata, no Japão, que levou à contaminação de mais de 12.500 pessoas; a emissão do agente laranja, em Seveso, na Itália; o vazamento de isocianato de metila em Bhopal, na Índia os acidentes nucleares em Flisborough, no Reino Unido, em Three Mila Islanda, Harriburg, na Pensilvânia, nos EUA e Chernobyl, na Ucrânia; os derramamentos de petróleo por acidente marítimo com os petroleiros – Atlantic Express; Amoco Cadiz, Torrey Canion e Exxon Valdes. Estes acidentes levaram à publicação do livro *Primavera Silenciosa*, de Rachel Louise

Carson, nos Estados Unido, livro que se tornou um marco na luta ambiental porque levou à eliminação do DDT como inseticida absoluto.[19]

---

[19] BARROS, Wellington Pacheco, UM LIVRO QUE MUDOU O MEIO AMBIENTE, artigo publicado no jornal O SUL, edição de 11.11.2007. Na pesquisa para o meu *Curso Sistematizado de Direito Ambiental* (em vias de publicação) levantei a importância de um livro que mudou o conceito de meio ambiente. Em 1962, o DDT (dicloro difenil tricloroetano) era conhecido como um produto de efeitos benéficos inquestionáveis. Tinha uma verdade científica incontestada. O veredicto de um produto de mil e uma utilidades surgiu quando, em 1940, Paul Hermann Mueller, da companhia suíça Geigy Pharmaceutical, observou que o DDT sintetizado por Zeidler em 1874, era um potente inseticida e que ainda tinha como aliado a baixa solubilidade em água, alta persistência e que propiciava resultados verdadeiramente notáveis fazendo com que seu uso rapidamente se expandisse. Esse fato deu a Paul Mueller o Prêmio Nobel de Fisiologia e Medicina, em 1948. Conta-se que durante a Segunda Guerra Mundial, na Itália, o DDT em pó foi pulverizado na pele das pessoas para prevenir epidemias de tifo transmitidas por piolhos, que causavam alta mortalidade. Foi também usado, em grandes áreas do globo terrestre para eliminar os mosquitos que transmitiam malária. Mais tarde, o DDT foi utilizado no controle de pragas na agricultura, particularmente em colheitas com elevado rendimento econômico. O Rio Grande do Sul sentiu o seu poder. Neste contexto, rachel louise carson, escritora, cientista e ecologista norte-americana, publicou o livro *A Primavera Silenciosa* (*Silent Spring*) mostrando, na contramão dos fatos, que o DDT penetrava na cadeia alimentar e se acumulava nos tecidos gordurosos dos animais, inclusive do homem, afirmando que já tinha sido detectado a sua presença até no leite humano, com a possibilidade de causar câncer e dano genético. A escritora, com impacto, mostrou que uma única aplicação de DDT em uma lavoura matava insetos durante semanas e meses e, não só atingia as pragas, mais um número incontável de outras espécies, permanecendo tóxico no ambiente mesmo com sua diluição pela chuva. No ser humano causada cloro-acnes, na pele, e sintomas inespecíficos, como dor de cabeça, tonturas, convulsões, insuficiência respiratória e até morte, dependendo da dose e do tempo de exposição. O livro era provocativo porque além de expor os perigos do DDT, também questionava a confiança cega da humanidade no progresso tecnológico e por isso causou alarme entre os leitores americanos, provocando a indignação da indústria de pesticidas e reações extremadas que, inclusive, questionaram a sua integridade e sanidade. Respondendo às acusações a autora demonstrou evidências fortes do malefício do DDT, tanto que cientistas eminentes vieram em sua defesa, o que levou o Presidente John Kennedy a ordenar ao comitê científico de seu governo que investigasse as questões levantadas pelo livro. Os relatórios apresentados foram favoráveis ao livro e à autora. Como resultado, o governo passou a supervisionar o uso do DDT que terminou sendo banido. Fato interessante é que a idéia de escrever o livro não foi algo imediato, mas a saída encontrada pela ambientalista para tornar pública sua luta contra os ataques ao meio ambiente. Inicialmente, ela escreveu um artigo para a revista *Reader's Digest* falando sobre a série de testes que estavam sendo feitos com o DDT próximo a onde ela vivia, em Maryland, nos EUA. Sua matéria foi rejeitada. Treze anos mais tarde, em 1958, a idéia de RACHEL de escrever sobre os perigos do DDT, teve um novo alento, quando ela soube da grande mortandade de pássaros em Cape Cod, causada pelas pulverizações de DDT, mas a autora não conseguiu convencer nenhuma revista a publicar sua opinião sobre os efeitos adversos do DDT, apesar de ser ela uma pesquisadora e escritora reconhecida. Sua visão sobre o assunto soava como uma heresia. Batalhadora, ela decidiu abordar o assunto em um livro. A maior contribuição de *A Primavera Silenciosa* foi à conscientização pública de que a natureza é vulnerável à intervenção humana. Poucas pessoas até então se preocupavam com problemas de conservação: e a maior parte pouco se importava se algumas ou muitas espécies estavam sendo extintas. Mas o alerta de Rachel Carson era assustador demais para ser ignorado porque isso envolvia a contaminação de alimentos, os riscos de câncer, de alteração genética e a morte de espécies inteiras. Pela primeira vez, a necessidade de regulamentar a produção industrial de modo a proteger o meio ambiente se tornou aceita. *A Primavera Silenciosa* é o livro que valeu mais do que uma guerra na luta contra o desenvolvimentismo industrial sem peias e causador de danos ambientais imensos, pois criou uma consciência sobre a necessidade de imposição de legislação mais rígida e protetiva sobre o meio ambiente. O livro foi o despertar de uma consciência ecológica, tema até então tabu ou *coisa de louco*. Aliás, o Rio Grande do Sul e o Brasil devem muito à figura de um louco desse gênero o engenheiro agrônomo e ambientalista José Antônio Lutzenberger que, entre tantas ações a favor do meio ambiente, se projetou internacionalmente pela ferrenha luta que travou contra a poluição emanada da indústria norueguesa de celulose *Borregard*, localizada às margens do Guaíba, no Município

A Constituição Federal, no seu art. 225, dispõe sobre o meio ambiente dessa forma:

> Art. 225. Todos têm direito ao meio ambiente ecologicamente equilibrado, bem de uso comum do povo e essencial à sadia qualidade de vida, impondo-se ao Poder Público e à coletividade o dever de defendê-lo e preservá-lo para as presentes e futuras gerações.

Portanto, por dicção constitucional, o meio ambiente é bem público de uso comum do povo, tal qual define o art. 99, I, Código Civil.[20] E sendo o Brasil uma federação, conforme o disposto no art. 1º da Constituição Federal, e sendo o meio ambiente conceito difuso, tem-se que aprioristicamente se definir sobre que meio ambiente se está falando para só aí se definir qual a dominialidade de tal bem, já que não existe condomínio de bem público no País.

Portanto, é de se deixar claro que, se os contratos agrários se caracterizam pela cedência temporária da posse de imóvel rural, tem que ficar resguardado que, aquilo que dentro desse imóvel rural for definido como meio ambiente, bem público de uso comum do povo, não pode ser objeto de contratação privada.

11.2.2. O solo, a água, o ar, a flora e a fauna como elementos ambientais de proteção nos contratos agrários

Já se observou no tópico anterior, que direito ambiental tem como objeto o estudo e a proteção do meio ambiente, um bem público de uso comum do povo.

Mas, *meio ambiente*, conforme o art. 3º, inciso I, da Lei nº 6.938, de 31.8.81, é *o conjunto de condições, leis, influências, alterações e interações de ordem física, química e biológica, que permite, abriga e rege a vida em todas as suas formas.*

Embora esse conceito tenha sido editado antes da Constituição Federal, por força de seu art. 225, foi por ela recepcionado, mantendo-se intacto.

---

de Guaíba, grande Porto Alegre, que, com os seus gases exalando fedor de coisa podre inundava a capital gaúcha quando soprava o vento oeste. A indústria chegou a ser fechada de 07 de abril de 1972 a 13 de março de 1974 e *borregard* passou a ser sinônimo de poluição. Hoje, depois de sofrer várias sanções administrativas, a antiga *Borregard* mantém níveis de proteção ambiental exemplares quer quanto aos seus efluentes industriais, quer quanto à emanação de seus gases na atmosfera que, embora continuem varando o espaço, como sempre fizeram, se constituem apenas de elemento ondulante a integrar a paisagem que ganhou foro de cartão postal de Porto Alegre, especialmente se observada com o espetáculo do pôr do sol.

[20] Código Civil, art. 99. São bens públicos: I – os de uso comum do povo, tais como rios, mares, estradas, ruas e praças; II – os de uso especial, tais como edifícios ou terrenos destinados a serviço ou estabelecimento da administração federal, estadual, territorial ou municipal, inclusive os de suas autarquias; III – os dominicais, que constituem o patrimônio das pessoas jurídicas de direito público, como objeto de direito pessoal, ou real, de cada uma dessas entidades.

Apesar do conceito jurídico de meio ambiente, no entanto, ele é emoldural e por isso precisa adquirir contornos nítidos.

Combinando-se o conceito de meio ambiente dado pela art. 3º, inciso I, da Lei nº 6.939/81, com o disposto no art. 225 da Constituição Federal, é possível classificá-lo em *natural, cultural, artificial* e *do trabalho*.[21]

No entanto, o que mais chama a atenção e interessa ao estudo que aqui se faz sobre a sua imbricação nos contratos agrários é o *meio ambiente natural*, também conhecido como *meio ambiente dos recursos naturais*, e é, dentre os elementos que integram o conceito de meio ambiente, o que se apresenta com mais visibilidade fática e por isso mesmo é o que tem maior disciplina jurídica.

O *meio ambiente natural* é formado pelo solo, água, ar, fauna e flora.

Solo vem do latim *solum* e significa *base, fundamento, terreno*, sendo este último conceito o adotado pela língua portuguesa no sentido do próprio chão, terreno ou superfície da terra em que se edificam as coisas ou onde germinam e dão frutos as plantas.

Juridicamente, solo, não se afastou do sentido etimológico, e, portanto, tem o conceito de terreno, considerado em si mesmo, sem qualquer edificação, plantas ou árvores e arvoredos. Solo, como já diziam os romanos, é a terra nua despida de qualquer edificação ou vegetação e equivalia a *fundus* e a *praedium* e, neste, a distinção de *aedificium* para significar a construção.

No Direito Civil, conforme o art. 79 do Código Civil, solo é um bem jurídico tipificável por si mesmo e classificado na categoria de bem imóvel. O próprio dispositivo alarga este conceito quando diz que também é considerado solo tudo quanto se lhe possa incorporar natural ou artificialmente. Portanto, solo é a superfície da terra, a que se adicionam o subsolo, as árvores, o espaço aéreo, as construções e as plantações, para compor um bem de natureza imobiliária.

Embora não haja previsão expressa, tem-se entendido que a propriedade do solo importa na propriedade do subsolo, entendendo-se este como a profundidade de possível aproveitamento. Inexiste, dessa forma, uma dimensão rígida sobre o subsolo, restando o conceito de que será subsolo a espessura até onde possa ser útil para o uso.

Questão importante está no princípio da acessoriedade do solo externado no artigo 81 do Código Civil, segundo o qual tudo o que for agregado ao solo a ele adere, ficando condicionado, todavia, a que a incorporação do acessório ao solo seja em caráter permanente pelo simples fato de poder ser retirado sem destruição, modificação, fratura, ou dano. Aliás, esta regra é clássica e vem do *Digesto* na seguinte afirmação *omne*

---

[21] Esta classificação não é uníssona, mas é majoritária na doutrina.

quod inaedificatur solo cedit – tudo que é edificado sobre o terreno, ou tudo o que a ele se agrega ou acessoria, passa a nele integrar-se, adquirindo a qualidade de imóvel e pertencendo ao respectivo dono.

Não obstante o subsolo ser parte integrante do solo, todavia, as minas e demais riquezas do subsolo constituem propriedade distinta da do solo, para efeito de sua exploração. É o princípio que se fixa na Constituição Federal, artigo 176.

O espaço aéreo somente se incorpora ao conceito de solo enquanto extensão razoável para seu aproveitamento, o que significa que não integra este conceito as grandes altitudes.

No campo do direito ambiental, o solo mantém a dimensão dada pelo Direito Civil, mas adquire um conceito autônomo que é o de ser um dos mais importantes elementos do meio ambiente natural restringindo-se o seu estudo, especificamente, à compreensão dos regramentos que estabelecem os meios de defesa e preservação impostos pelo Poder Público para consecução do equilíbrio ecológico sopesado com a sadia qualidade de vida.

Diante disso, o conceito de solo necessita muito do subsídio da geologia para se delimitar aquilo que se pode ter como ação danosa à sua estrutura. Portanto, geologicamente, solo é a camada viva que recobre a superfície da terra e que está em permanente evolução por meio da alteração das rochas e de processos pedogenéticos comandados por agentes físicos, biológicos e químicos. O solo, dessa forma, é o resultado de mudanças que ocorrem nas rochas de forma bem lenta através da incidência das condições climáticas e da presença de seres vivos

Vê-se, portanto, que qualquer ingerência humana no conceito geológico de solo produz mudanças porque altera o seu *status quo*. As regras criadas pelo Poder Público é que vão estabelecer quando o solo poderá sofrer mudanças sem que isso caracterize dano ambiental.[22]

Para evitar a ocorrência destes danos é que se estabeleceu a necessidade de zoneamento e de estudos de impactos ambientais para, só depois, se possibilitar as licenças autorizativas de uso do solo.[23]

---

[22] Apesar da modificação consentida do solo é possível relacionar-se, no conceito jurídico de dano ambiental, causas que o degradam, como: *agricultura predatória; monoculturas exaustivas; devastação de matas ciliares e vegetação de cabeceiras; desmatamento e/ou queimadas desordenadas; uso intensivo de adubos químicos; uso indevido da mecanização; uso impróprio de agrotóxicos; ocupação de várzeas férteis; substituição desordenada de florestas por campos e pastagens; construção aleatória de represas; atividades desordenadas de mineração; implantação de florestas homogêneas sem estudos prévios; implantação de indústrias e pólos industriais sem a precaução necessária; ocupação de áreas de mananciais; aberturas indiscriminadas de estrada e lixões.*

[23] Do solo e do direito de propriedade - Já foi observado que solo é bem imóvel, consoante o disposto no art. 79 do Código Civil. A titularidade desse bem imóvel, ou mais propriamente o direito de propriedade, pode ser público ou privado; pode ser bem do Estado ou do cidadão. Mas, qualquer que seja essa dominialidade, a propriedade do solo, por força constitucional, deve respeitar a função

Dessa forma, os contratos agrários de uso temporário da terra deverão prever a proteção ambiental prevista para o bom uso do solo.

A água,[24] em termos de importância para o direito ambiental, só perde para o solo. As águas podem ser classificadas como *subterrâneas ou superficiais*. *Subterrâneas* são aquelas existentes nos lençóis freáticos ou sistemas aquíferos. *Superficiais* são aquelas existentes nos açudes, rios, lagos, mares, oceanos e geleiras. As águas também se classificam em internas ou interiores e externas ou exteriores. São *internas* as águas existentes nos rios, lagos, mares interiores, o mar territorial, os portos, canais e ancoradouros. São *externas* as águas existentes em zonas contíguas e alto-mar.

No campo do direito ambiental, como o solo, a água adquire um conceito autônomo que é o de ser um importante elemento do meio ambiente natural, restringindo-se o seu estudo, especificamente, à compreensão dos regramentos que estabelecem os meios de defesa e preservação impostos pelo Poder Público para consecução do equilíbrio ecológico sopesado com a sadia qualidade de vida.

Assim, de forma breve, a água adquire relevância ambiental através de regramento próprio quando destinada aos seguintes usos básicos: 1) abastecimento para consumo humano direto; 2) abastecimento para usos domésticos; 3) abastecimento para usos industriais; 4) irrigação; 5) dessedentação de animais; 6) conservação da fauna e flora; 7) atividades de recreação; 8) pesca e piscicultura; 9) geração de energia; 10) transporte; e 11) diluição de despejos.

Dessa forma, a água, como elemento integrante do conceito de meio ambiente, embora se caracterize como bem público, primeiro, não pode ser objeto de contrato agrário e, segundo, se concedido o seu uso através da outorga, ela deve ser protegida.

---

social, seja ela rural ou urbana. Função social, como o próprio nome diz, é um atributo superior da propriedade no sentido de que, antes de exaurir-se no conceito de querer do proprietário, ela deve respeitar as necessidades da população. Só se respeitada, é que merece toda a proteção jurídica. A Constituição Federal diz que a função social da propriedade urbana é aquela que for estabelecida pelo plano diretor da cidade (art. 182) e a rural, aquela que, simultaneamente, e segundo critérios e graus de exigência estabelecidos em lei, tenha (I) – aproveitamento racional e adequado; (II) – utilização adequada dos recursos naturais disponíveis e preservação do meio ambiente; (III) – observância das disposições que regulam as disposições de trabalho e (IV) – exploração que favoreça o bem-estar dos proprietários e dos trabalhadores (art. 186). Mas não me parece essencial, como alguns autores tem procurado fazer, que seja relevante o estudo da propriedade em si mesma. Isso é campo do direito civil ou do direito agrário. O que é relevante é a inserção do conceito de solo como elemento integrante do meio ambiente, isso, sim, é matéria de direito ambiental. Tome-se como exemplo, a propriedade rural que desrespeite a função social. A sanção que o direito agrário lhe atribui é a desapropriação por interesse social por parte da União com o fim de reforma agrária. O direito agrário não prevê sanções pelo desrespeito ao meio ambiente. Logo, o que disciplinará estas sanções é o direito ambiental, inclusive com alargamento da competência para os Estados e Municípios, por força do art. 225 da Constituição Federal.

[24] Para melhor compreensão da água sugiro a leitura da *Água na Visão do Direito*, de minha autoria, edição do Tribunal de Justiça do Estado do Rio Grande do Sul, 2005.

O *ar* é outro elemento integrante do conceito de meio ambiente natural e por isso o regramento sobre o seu uso adquire importância para o direito ambiental e, por decorrência, para os contratos agrários.

O ar recobre todo planeta numa espécie de capa que atinge certa de 11 quilômetros de largura a partir da superfície. Esta camada permite a passagem dos raios solares fornecendo luz e calor para toda a Terra e impedindo que este escape durante a noite, o que faria a temperatura da Terra oscilar de forma muito grande. É o chamado efeito estufa.

O ar, também conhecido como ar atmosférico ou atmosfera, como se pode observar, tem importância química, biológica e ecológica, porque estreitamente ligado aos processos vitais de respiração e fotossíntese, à evaporação, à transpiração, à oxidação e a fenômenos climáticos e metereológicos. O ar, portanto, é elemento vital para a vida do homem e do meio ambiente que o cerca.

Porém, a poluição do ar altera as características físicas, químicas ou biológicas normais, comprometendo os processos fotossintéticos e de respiração, contribuindo para o surgimento de várias patologias como: o enfisema, a bronquite, a rinite alérgica e as deficiências visuais. Além disso, esse tipo de poluição é dinâmica e não se restringe a um único local, porquanto os animais e o próprio vento cuidam de espalhá-la para grandes distâncias em relação a fonte geradora.

O Brasil adotou a política do desenvolvimento sustentável no âmbito ambiental, o que significa a convivência dos aspectos negativos desse desenvolvimento com o meio ambiente. E o aspecto de maior potencialidade ofensiva no campo do meio ambienta ar é a poluição, e, dentre elas, as queimadas para formação de pastagens e florestas, além das frequentes queimadas da palha da cultura de cana de açúcar.

No campo do direito ambiental, como o solo e água, o ar adquire um conceito autônomo que é o de ser um importante elemento do meio ambiente natural restringindo-se o seu estudo, especificamente, à compreensão dos regramentos que estabelecem os meios de defesa e preservação impostos pelo Poder Público para consecução do equilíbrio ecológico sopesado com a sadia qualidade de vida.

Evitar a poluição do ar é obrigação que adere aos usuários do imóvel rural cedidos através dos contratos agrários.

A *fauna* integra o conceito de meio ambiente para fins de aplicação do direito ambiental.

Para melhor compreensão, *fauna* é o conjunto das espécies animais que ocorrem numa determinada região. Não se trata de um agrupamento ocasional. Pelo contrário, possui sua lógica rigorosa, sua personalidade, suas características próprias, intrínsecas e absolutamente específicas.

Objetivamente, integram o conceito de fauna os animais na categoria de *aves*, *mamíferos* e *peixes*.

Proteger a fauna é obrigação ambiental do usuário temporário do imóvel rural através dos contratos agrários

Flora é o conjunto de espécies vegetais que compõe a cobertura vegetal de uma determinada área. Por esse conceito se observa que a flora é um recurso de enorme valor, já que cada planta tem uma importância fundamental no conjunto de organismos vivos (biodiversidade) nos diferentes ecossistemas.

De forma didática, a flora ganha dimensão tátil bem mais sensível quando visualizadas pela denominação de florestais e que ganham importância porque são utilizadas na alimentação, na medicina, vestuário, construção civil, móveis; na fabricação de chapéus, tecidos e papel; na produção de perfumes, inseticidas, etc.

Florestas, considerada em si mesmo, são áreas com alta densidade de árvores. Segundo alguns dados as florestas ocupam cerca de 30% da superfície terrestre. As florestas são vitais para a vida do ser humano, devido a muitos fatores principalmente de ordem climática.

As florestas podem ser de formação *natural* ou *artificial*. A floresta natural é o *habitat* de muitas espécies de animais e plantas, e a sua biomassa por unidade de área é muito superior se comparado com outros biomas. A floresta *artificial* ou *plantada* é aquela implantada com objetivo específico, e tanto pode ser formada por espécies nativas como exóticas.[25]

Existem também as florestas tropicais sazonais. São aquelas que perdem suas folhas nas estações de inverno e outono, adquirindo uma cor amarelada, avermelhada ou alaranjada. A uma pequena floresta também se dá o nome de mata.

Assim, no campo do direito ambiental, como o solo, a água, o ar e a fauna, a flora adquire um conceito autônomo que é o de ser um importante elemento do meio ambiente natural restringindo-se o seu estudo, especificamente, à compreensão dos regramentos que estabelecem os meios de defesa e preservação impostos pelo Poder Público para consecução do equilíbrio ecológico sopesado com a sadia qualidade de vida.

Portanto, proteger a flora é uma obrigação inerente aos usuários do imóvel rural cedido através dos contratos agrários.

---

[25] A mais conhecida das florestas é a floresta Amazônica, que recebe o nome do rio que circunda e que tem dimensão maior que muitos países. Equivocadamente ela é considerada o *pulmão do mundo* e assim vendida pela mídia. No entanto estudos científicos mais recentes comprovaram que a floresta Amazônica consome cerca de 65% do oxigênio que produz (com a fotossíntese) com a respiração e transpiração das plantas. Além disso, a floresta arrota gás carbônico, o que tem preocupado o estudo do aquecimento global do planeta. A tese mais aceita ultimamente é a de que a floresta se constitui no ar condicionado do mundo, devido à intensa evaporação de água da bacia.

11.3. As restrições ambientais nos contratos agrários

11.3.1. As APPs e a Reserva Legal como áreas rurais infensas à contratação agrária

Na exploração do imóvel rural através dos contratos agrários, os contratantes são obrigados a proteger os elementos ambientais naturais, os também chamados recursos naturais, constituindo infração ambiental apurável via processo administrativo ambiental os danos ao solo, à água, ao ar, à fauna e à flora, já especificados no tópico anterior.

No entanto, integram também o conceito de bem ambiental por extensão as APPs e a *Reserva Legal* que são bens públicos de uso comum do povo por extensão e por isso não podem ser objeto de contrato agrário.

O conceito de APPs e Reserva Legal é encontrado no Código Florestal, Lei nº 12.651, de 25.05.2012, neste termos:

Art. 3º Para os efeitos desta Lei, entende-se por:
(...)
II – Área de Preservação Permanente - APP: área protegida, coberta ou não por vegetação nativa, com a função ambiental de preservar os recursos hídricos, a paisagem, a estabilidade geológica e a biodiversidade, facilitar o fluxo gênico de fauna e flora, proteger o solo e assegurar o bem-estar das populações humanas;

III – Reserva Legal: área localizada no interior de uma propriedade ou posse rural, delimitada nos termos do art. 12, com a função de assegurar o uso econômico de modo sustentável dos recursos naturais do imóvel rural, auxiliar a conservação e a reabilitação dos processos ecológicos e promover a conservação da biodiversidade, bem como o abrigo e a proteção de fauna silvestre e da flora nativa;

E o art. 4º da referida lei de forma categórica especifica o que se deve considerar *Área de Preservação Permanente*, nestes termos:

Art. 4º Considera-se Área de Preservação Permanente, em zonas rurais ou urbanas, para os efeitos desta Lei:

I – as faixas marginais de qualquer curso d'água natural perene e intermitente, excluídos os efêmeros, desde a borda da calha do leito regular, em largura mínima de:

a) 30 (trinta) metros, para os cursos d'água de menos de 10 (dez) metros de largura;

b) 50 (cinquenta) metros, para os cursos d'água que tenham de 10 (dez) a 50 (cinquenta) metros de largura;

c) 100 (cem) metros, para os cursos d'água que tenham de 50 (cinquenta) a 200 (duzentos) metros de largura;

d) 200 (duzentos) metros, para os cursos d'água que tenham de 200 (duzentos) a 600 (seiscentos) metros de largura;

e) 500 (quinhentos) metros, para os cursos d'água que tenham largura superior a 600 (seiscentos) metros;

II – as áreas no entorno dos lagos e lagoas naturais, em faixa com largura mínima de:

a) 100 (cem) metros, em zonas rurais, exceto para o corpo d'água com até 20 (vinte) hectares de superfície, cuja faixa marginal será de 50 (cinquenta) metros;

b) 30 (trinta) metros, em zonas urbanas;

III – as áreas no entorno dos reservatórios d'água artificiais, decorrentes de barramento ou represamento de cursos d'água naturais, na faixa definida na licença ambiental do empreendimento;

IV – as áreas no entorno das nascentes e dos olhos d'água perenes, qualquer que seja sua situação topográfica, no raio mínimo de 50 (cinquenta) metros;

V – as encostas ou partes destas com declividade superior a 45°, equivalente a 100% (cem por cento) na linha de maior declive;

VI – as restingas, como fixadoras de dunas ou estabilizadoras de mangues;

VII – os manguezais, em toda a sua extensão;

VIII – as bordas dos tabuleiros ou chapadas, até a linha de ruptura do relevo, em faixa nunca inferior a 100 (cem) metros em projeções horizontais;

IX – no topo de morros, montes, montanhas e serras, com altura mínima de 100 (cem) metros e inclinação média maior que 25°, as áreas delimitadas a partir da curva de nível correspondente a 2/3 (dois terços) da altura mínima da elevação sempre em relação à base, sendo esta definida pelo plano horizontal determinado por planície ou espelho d'água adjacente ou, nos relevos ondulados, pela cota do ponto de sela mais próximo da elevação;

X – as áreas em altitude superior a 1.800 (mil e oitocentos) metros, qualquer que seja a vegetação;

XI – em veredas, a faixa marginal, em projeção horizontal, com largura mínima de 50 (cinquenta) metros, a partir do espaço permanentemente brejoso e encharcado.

A lei, no entanto, cria exceções a estas regras quando diz que o entorno de reservatórios artificiais de água que não decorram de barramento ou represamento de cursos d'água naturais, não será exigida Área de Preservação Permanente; nas acumulações naturais ou artificiais de água com superfície inferior a 1 (um) hectare, fica dispensada a reserva da faixa de proteção prevista nos incisos II e III do *caput*, vedada nova supressão de áreas de vegetação nativa, salvo autorização do órgão ambiental competente do Sistema Nacional do Meio Ambiente – Sisnama; admite, para a pequena propriedade ou posse rural familiar, de que trata o inciso V do art. 3º desta Lei, o plantio de culturas temporárias e sazonais de vazante de ciclo curto na faixa de terra que fica exposta no período de vazante dos rios ou lagos, desde que não implique supressão de novas áreas de vegetação nativa, seja conservada a qualidade da água e do solo e seja protegida a fauna silvestre; admite também para os imóveis rurais com até 15 (quinze) módulos fiscais, a prática da aquicultura e a infraestrutura física diretamente a ela associada, através de condições que especifica.

Quanto ao regime de proteção das Áreas de Preservação Permanente, o Código Florestal no seu art. 7º salienta que a vegetação aí existente deverá ser mantida pelo proprietário da área, possuidor ou ocupante a qualquer título, pessoa física ou jurídica, de direito público ou privado e que tendo ocorrido supressão de vegetação deverão eles promover a recomposição da vegetação, ressalvados os usos autorizados previstos na Lei, obrigação que tem natureza real e é transmitida ao sucessor no caso de transferência de domínio ou posse do imóvel rural.

Como as APPs, a *Reserva Legal*, por se constituir bem ambiental por extensão, também não pode ser objeto de contrato agrário.

E o art. 12 do Código Florestal delimita a Área de Reserva Legal, afirmando que todo imóvel rural deve manter área com cobertura de vegetação nativa, sem prejuízo da aplicação das normas sobre as Áreas de Preservação Permanente, observados os percentuais mínimos em relação à área do imóvel. Se o imóvel for localizado na Amazônia Legal: a) 80% (oitenta por cento), no imóvel situado em área de florestas; b) 35% (trinta e cinco por cento), no imóvel situado em área de cerrado e c) 20% (vinte por cento), no imóvel situado em área de campos gerais e para os imóveis localizados nas demais regiões do País, 20% (vinte por cento).

A lei, no entanto, cria algumas exceções como para a não incidência da reserva legal: os empreendimentos de abastecimento público de água e tratamento de esgoto; as áreas adquiridas ou desapropriadas por detentor de concessão, permissão ou autorização para exploração de potencial de energia hidráulica, nas quais funcionem empreendimentos de geração de energia elétrica, subestações ou sejam instaladas linhas de transmissão e de distribuição de energia elétrica; as áreas adquiridas ou desapropriadas com o objetivo de implantação e ampliação de capacidade de rodovias e ferrovias.

A lei também cria regime proteção da Reserva Legal, no seu art. 17, quando afirma que ela deve ser conservada com cobertura de vegetação nativa pelo proprietário do imóvel rural, possuidor ou ocupante a qualquer título, pessoa física ou jurídica, de direito público ou privado. Todavia, admite a sua exploração econômica mediante manejo sustentável, previamente aprovado pelo órgão competente do Sisnama.

Em outras palavras, as APPs e a Reserva legal, como elementos por extensão de proteção ao meio ambiente, não podem ser objeto de contratação agrária. A inclusão de tais bens ambientais como objeto de contrato agrário é cláusula absolutamente nula por constituir cedência de bem público por particular com os efeitos graves disso decorrente.

11.3.2. O dano ambiental e a repercussão nos contratos agrários

Questão importante na relação contrato agrário e meio ambiente é o dano causado a este último.

Mas não se pode confundir dano ao imóvel, que é causa direta de rescisão do contrato agrário, com dano ambiental ao imóvel rural.

Dano ambiental é lesividade ao solo, à água, ao ar, à fauna à flora, e às APPs e à Reserva legal, portanto, tem a natureza jurídica de dano a um bem público de uso comum do povo, conforme dicção do art. 225, *caput*, da Constituição Federal.[26]

Ora, dessa forma, não pode, por exemplo, o titular do imóvel imputar como causa de rescisão contratual dano ambiental ao imóvel cedido porque, sendo o meio ambiente bem público de uso comum do povo, só quem tem legitimidade para aferir se houve dano ao bem é o seu titular. Ademais, ante a responsabilidade ambiental objetiva, o dono do imóvel é tão responsável quanto o usuário temporário desse imóvel.

Portanto, somente se afastada a responsabilidade indireta do proprietário do imóvel rural no dano ambiental,[27] e desde que o dano fique

---

[26] *Dano* deriva do latim *damnum* e significa todo mal ou ofensa que se cause a alguém e do qual resulte uma deterioração ou destruição à sua coisa ou um prejuízo ao seu patrimônio. O dano pode ser *aquiliano* ou contratual. *Aquiliano* é o dano resultante do ato ilícito e contratual, aquele que se funda em ofensa à obrigação contratual. Qualquer que seja a categoria, o dano só merece responsabilização ou ressarcimento se houver efetiva diminuição de um patrimônio ou na ofensa de um bem juridicamente protegido por culpa ou dolo do agente. E, dentro deste conceito, diz-se que é dano patrimonial, quando o prejuízo é conseqüente de diminuição patrimonial ou deterioração de coisas materiais e dano moral, quando atinge bens de ordem moral, tais como a liberdade, a honra, a profissão, a família.

[27] O conceito de poluidor é alargado pela Lei nº 9.605/98, que dispôs sobre as sanções penais e administrativas derivadas de condutas e atividades lesivas ao meio ambiente, quando, no seu art. 3º, disse: *As pessoas jurídicas serão responsabilizadas administrativamente, civil e penalmente conforme o disposto nesta lei, nos casos em que a infração seja cometida por decisão de seu representante legal ou contratual, ou de seu órgão colegiado, no interesse ou benefício da sua entidade. Parágrafo único. A responsabilidade das pessoas jurídicas não exclui a das pessoas físicas, autoras, co-autoras ou partícipes do mesmo fato*. Portanto, também deverá ser responsabilizado administrativamente não só o representante legal da pessoa jurídica, mas a própria pessoa física. A lei estabeleceu a responsabilidade cumulativa para o dano ambiental. Inovação importante na responsabilização por dano ambiental é a possibilidade de desconsideração da pessoa jurídica sempre que ela se constituir em obstáculo no ressarcimento de prejuízos causados à qualidade do meio ambiente. Dessa forma, a extinção de uma pessoa jurídica, sua alteração contratual, ou outra qualquer modificação que pretenda criar impedimento na pretensão ressarcitória de prejuízos ambientais, deverá ser desconsiderada. A burla, se demonstrada, implica no afastamento por efeito legal. Isso é o que diz o art. 4º da Lei nº 9.605/98, nestes termos: *Poderá ser desconsiderada a pessoa jurídica sempre que sua personalidade for obstáculo no ressarcimento de prejuízos causados à qualidade do meio ambiente*. A responsabilidade civil do Estado por dano ambiental, consoante o disposto no art. 14, § 1º, da Lei nº 6.938/81, é *objetiva* embora a lei seja anterior à Constituição Federal de 1988, foi por ela recepcionada porque essa modalidade de responsabilização foi a eleita pelo constituinte para toda e qualquer ação praticada pelos agentes estatal que resulte de ato ilícito, consoante o disposto no seu art. 37, § 6º. A responsabilidade estatal por dano ao meio ambiente é tanto comissiva como omissiva. Por ação de seus agentes ou por omissão. Embora de forma geral essa responsabilidade sofra algumas contestações, isso é afastado porque, por força do art. 225, *caput*, da Constituição Federal, a ação do Estado quanto ao meio ambiente não é apenas repressiva, mas, e antes de tudo, preventiva. Assim, não exercendo com plenitude seu poder de polícia ambiental, responde ele pelo que vier a acontecer. Mas, como já foi referido ao se falar sobre a natureza jurídica da responsabilidade civil objetiva, é possível ao Estado evocar em sua defesa a responsabilidade concorrente do particular responsável pela atividade que causou o dano ambiental ou mesmo a ocorrência de casos fortuitos ou de força maior. Tome-se como exemplo da primeira situação o dano ambiental causado por poluidor

tipificado através da exaustão do devido processo administrativo ambiental, é possível utilizar-se de tal declaração como prova emprestada para efeito de rescisão contratual.

A primeira dúvida jurídica que surge nesta questão prejudicial é a de saber-se qual o gestor ambiental competente para instaurar o processo administrativo ambiental e responsabilizar o infrator por sua ocorrência.

Penso que é possível se chagar a uma conclusão clara partindo-se da dominialidade ambiental.

Ocorre que meio ambiente é bem público de uso comum do povo, consoante o disposto no art. 225 da Constituição Federal. Portanto, sendo o Brasil uma federação, é razoável concluir-se que cada ente público federado tem o seu bem ambiental, como ocorre com a praça, as ruas e as estradas.

De outro lado, não sendo possível definir-se a competência ambiental pela dominialidade por ausência de regra expressa, tem-se entendido que deve ser aplicado o *princípio da predominância do interesse,* segundo o qual compete à União a responsabilização pelos danos classificados como

---

pessoa física ou jurídica privada detentor de licença ambiental perfeita e que sofre permanente fiscalização. Na segunda situação, tem-se um dano ambiental sem qualquer responsabilização do estado ou do particular, como é o caso da cheia de um rio proveniente de chuvas intermitentes. O Estado, que pode ser responsável passivo pelo dano ambiental se demonstrada sua omissão fiscalizatória, é, com maior razão, também legitimado ativo para responsabilizar civilmente o poluidor. E essa legitimidade também abrange a responsabilização de outros entes estatais. Assim, tanto a União, como qualquer Estado ou Município pode responsabilizar e ser responsabilizado na condição de poluidor ambiental. De outro lado, embora a sociedade não tenha legitimidade ativa própria, cabe ao Ministério Público ou às sociedades civis com finalidade específica representá-la na responsabilização civil por dano ambiental. O instrumento processual para que isso ocorra é a ação civil pública ambiental, que será devidamente estudada em capítulo próprio deste livro. No tocante à responsabilidade administrativa, já se viu que o meio ambiente é um bem que, por sua importância social, é fortemente protegido e o dano que se lhe pratique tem repercussões civil, administrativa e penal. No entanto, quando se fala da responsabilidade administrativa pelo dano ambiental se observa uma conjunção de institutos típicos de direito administrativo, mas com roupagem forte de direito penal é também de direito civil. Tanto isso é verdade que na fixação da pena é exigido da autoridade ambiental o enfrentamento de circunstâncias tipicamente penais como individualização da pena, aplicação de agravantes e atenuantes, concurso material, reincidência, entre outros. A celebração de compromisso de ajustamento, suspendendo ou extinguindo a sanção administrativa imposta, por sua vez, é instituto jurídico de origem civil. Mas o grande mote da responsabilização administrativa, pressuposto que o diferencia da responsabilidade civil e penal, é que a sua análise se opera na esfera da própria administração e não no Poder Judiciário, como as demais. Dessa forma, se o *Poder Público* tem o dever de *defender* e *preservar* o meio ambiente, consoante o disposto no art. 225, *caput,* da Constituição Federal, independentemente da responsabilização civil ou penal, tem o dever de, dentro de sua própria estrutura, exercer o seu munus. Isso porque *defender* e *proteger* são conceituações próprias de ações positivas e inerentes à ação governamental de administrar o meio ambiente como bem de uso comum de todos. A expressão *poder público* é sinônima de *estado-administração* ou *administração pública* e significa, no conceito estrutural, o complexo de funções que o governo exercita no desempenho de atividades que interessam ao Estado e ao seu povo, e, no conceito equivalente à atividade privada, a simples direção ou gestão de negócios ou serviços públicos realizados por todos os seus órgãos ou entes especiais, com a finalidade de prover às necessidades de ordem geral ou coletiva. Diante disso, o Poder Público deve colocar à mercê da defesa e da preservação ambiental toda a força de sua estrutura, inclusive utilizando-se de um direito que foi moldado para responder a estas peculiaridades, com é o direito administrativo. A responsabilização administrativa por dano ambiental, assim, passa pelo entendimento do que seja poder de polícia e poder disciplinar.

praticados ao meio ambiente de interesse nacional; aos Estados, os de interesse regional e aos Municípios, os de interesse local.

A aplicação do princípio da predominância do interesse público nas dúvidas de competência para responsabilização por dano ambiental deve ter como base a sua conjugação com o também princípio da razoabilidade.[28]

11.4. Conclusão

Na análise dos contratos agrários tem que se considerar sua estrutura de instituto de direito agrário, portanto, direito que tem no princípio da função social da propriedade sua regra fundamental.

Além disso, no uso temporário do imóvel rural através dos contatos agrários, tem que se observar o resguardando aos elementos ambientais solo, água, ar, fauna e flora, tendo ainda presente a não inclusão como objeto contratual as APPs e a Reserva Legal.

E, por fim, que, praticado dano ambiental, não pode o titular da posse permanente, evocá-lo como direito próprio para efeito de rescisão contratual, mas apenas, se e quando, tiver afastada sua responsabilidade e ainda que a existência do dano tenha sido declarada pelo titular do meio ambiente respectivo através do devido processo administrativo ambiental.

---

[28] Não chega a ser obsessão ou muito menos psicose, mas existe um quê de excitação coletiva no sentido de se outorgar dimensões catastróficas a qualquer dano ao meio ambiente como se ele fosse novo, único e definitivo. E isso é potencializado pela mídia agora sob o argumento do politicamente correto, como acontece na defesa de fatos envolvendo a mulher, o negro, o índio e o pobre, dentro outros. Que isso seja verberado por redes de comunicação muitas vezes preocupada mais com o olho da audiência do que no próprio fato e no consequente retorno que isso proporciona na venda dos espaços para propaganda e também por entidades que têm como finalidade a defesa desmedida desse bem social, e nisso são encontráveis as mais esdrúxulas, é até compreensível. O que é criticável é que esse messianismo global contagie aqueles que lidam com o direito, especialmente no âmbito do direito ambiental brasileiro, porque o conceito de meio ambiente não é fático, mas jurídico já que estruturado em dispositivos legais, como ocorre com o meio ambiente artificial. Repete-se: o meio ambiente no direito brasileiro é somente aquilo que for disposto nas leis nacionais. Mesmo as dicções da ONU só são aqui respeitadas se o Brasil for seu subscritor. Trata-se de soberania nacional. Feita essa prospecção jurídica evidentemente crítica, deve se concluir que só se pode afirmar que houve um dano ao meio ambiente se e quando esse meio ambiente foi antecipadamente contextualizado dentro daquilo que a lei estabeleceu e o dano dimensionado com exatidão. E isso é importante especialmente quando se pretende imputar ao causador do dano a consequente responsabilidade. Em direito civil, a doutrina chama isso de *nexo de causalidade*, mas que também é aplicável na responsabilização administrativa e penal, com mais razão porque elas exigem a subjetividade dolosa ou culposa da ofensa.

12. Usucapião especial rural

12.1. Breves antecedentes históricos

A posse mansa, pacífica e ininterrupta, criadora de direito, foi preocupação dos gregos, que os romanos aperfeiçoaram através da *usucapio*. A história do instituto da usucapião, portanto, remonta à antiguidade.

As Ordenações Afonsina, Filipinas e Manoelinas, que durante muito tempo regraram o direito português de aplicação no Reino e no Brasil Colônia, acolheram o instituto. O Código Civil brasileiro de 1916 o manteve nos arts. 550 a 553. A redação original do instituto estabelecia um prazo longo de 30 anos, que reduzia para 20 e 10 anos, desde que a posse fosse lastreada com justo título de boa-fé, e respectivamente entre ausentes ou presentes. A Lei n° 2.437, de 07.03.55, reduziu esse prazo para 20 anos e 15 entre os ausentes. Esse tipo de usucapião comum ainda está em pleno vigor, apesar da constatação de que a tendência mundial é de fixação de prazos menores. O ter e não usar, que caracteriza o exercício crítico do direito de propriedade, tende a ceder lugar para o usar sem ter, que é a posse aquisitiva do domínio.

Buscando beneficiar a posse agrária, a Constituição de 1934, com intuito nitidamente social, criou um outro tipo de usucapião chamado *prolabore*, pois vinculava a redução do prazo longo do Código Civil ao efetivo trabalho no imóvel pelo possuidor, limitando o tempo em 10 anos, mas condicionando esse benefício a uma área de até 10 (dez) hectares. A Constituição de 1946 manteve o instituto apenas elevando o tamanho da área para 25 (vinte e cinco) hectares. A Emenda Constitucional n° 10/64 aumentou esta área para 100 (cem) hectares. O Estatuto da Terra, mantendo o mesmo prazo de 10 (dez) anos, fixou a área usucapível em um módulo rural. As Constituições de 1967 e 1969 nada disseram a respeito.

Foi a Lei n° 6.969, de 10.12.81, que recriou a usucapião especial rural, fixando o limite da área em 25 (vinte e cinco) hectares, reduzindo, porém, o prazo para 5 (cinco) anos. A Constituição de 1988 elevou o tamanho da área para 50 (cinquenta) hectares, mantendo o prazo quinquenal.

12.2. Fundamento legal da usucapião especial

Como a Constituição Federal garante o direito de propriedade e o insere na categoria de direito individual, restringir ou limitar o exercício desse direito só através de disposição legal. Dessa forma, sendo a usucapião uma restrição à propriedade privada, sua evocação só pode ocorrer mediante prévia lei.

O constituinte de 1988 elevou a posse agrária à categoria de princípio constitucional, quando a incluiu como elemento fundamental da usucapião especial rural, que definiu nos seguintes termos:

Art. 191. Aquele que, não sendo proprietário de imóvel rural ou urbano, possua como seu, por cinco anos ininterruptos, sem oposição, área de terra, em zona rural, não superior a cinquenta hectares, tornando-a produtiva por seu trabalho ou de sua família, tendo nela sua moradia, adquirir-lhe-á a propriedade.

Parágrafo único. Os imóveis públicos não serão adquiridos por usucapião.

Reside aqui a estrutura legal da existência da usucapião especial rural, fortalecendo o que estava na Lei nº 6.969, de 10.12.81.

A denominação de usucapião especial rural serve para diferenciá-la da usucapião comum do Código Civil e da usucapião especial urbana, criada pelo constituinte no art. 183 da Constituição Federal de 1988.

12.3. Requisitos da usucapião especial rural

O art. 191 da Constituição Federal, ao fixar a posse de 5 (cinco) anos como passível de aquisição da propriedade, estabeleceu 6 (seis) condições para limitar sua arguição.

A posse da usucapião especial rural é dos mesmos moldes daquela necessária para a usucapião comum do art. 550 do Código Civil, ou seja, não necessita de justo título ou do requisito da boa-fé. Apenas tem que ser ininterrupta, sem oposição e que o possuidor a exerça como se fosse sua. Posse ininterrupta é a posse contínua; é aquela que não sofreu solução de continuidade durante os 5 (cinco) anos de exercício. Posse sem oposição é aquela que não sofreu ataques de quem legitimamente tinha condições de a ela resistir. Não prejudica o exercício possessório a oposição indevida. Possuir como se fosse sua é o ânimo de dono; é o uso do imóvel rural sem condições ou vinculações do proprietário.

Para essa posse, o constituinte impôs estas condições:

a) *não ser proprietário de imóvel rural ou urbano* – O benefício da posse reduzida na usucapião especial rural só é possível para o não proprietário. Dessa condição resulta que ela só pode ser evocada uma única vez. No entanto, não impede a utilização da usucapião comum do Código Civil, pois lá não existe condições a limitá-la.

Como o constituinte fala em não ser proprietário, condição que só se adquire com o registro de uma área no Cartório de Registro de Imóveis, nada impede que a usucapião especial rural possa ser evocada pelo possuidor de vários imóveis.

b) *ser a área exclusivamente rural* – O Estatuto da Terra, no seu art. 4º, inciso I, define imóvel rural como sendo aquele prédio rústico, qualquer que seja a sua localização, desde que se destine à exploração extrativa agrícola, pecuária ou agroindustrial. Por essa definição, pode vir a existir imóvel rural em zona urbana, pois a ênfase não é para a sua localização, mas sim, para sua exploração.

O constituinte, portanto, deixou claro que só pode ser objeto de usucapião especial rural o imóvel situado em zona rural, que é aquele limite após a zona urbana assim definida em lei.

c) *área não superior a 50 (cinquenta) hectares* – A Lei nº 6.969/81 estabeleceu a área em 25 (vinte e cinco) hectares, duplicada agora na Constituição Federal. A área deve ser contínua, o que afasta a soma de áreas. Isso porque o legislador foi peremptório quando afirmou que a posse deveria ocorrer em área de terra, o que dá ideia de unicidade.

Não se tem mais o módulo rural como limite para se usucapir uma área rural, consoante previa o parágrafo único do art. 1º da Lei nº 6.969/81. Isso pode significar que em zonas rurais onde o módulo rural alcança até 120 (cento e vinte) hectares ser possível a usucapião especial rural em minufúndio. Trata-se, neste caso, de uma exceção imposta pela Constituição Federal ao princípio da indivisibilidade do imóvel rural do art. 65 do Estatuto da Terra.

d) *tornando-a produtiva por seu trabalho ou de sua família* – Essa condição reflete a preocupação do constituinte em beneficiar aquele que, como possuidor, conseguiu explorar economicamente a área rural. Independentemente de ter se verificado isso por força própria ou com a ajuda da família. O constituinte não estabeleceu o momento que o possuidor tornou a área produtiva, o que significa dizer que dentro do prazo de 5 (cinco) anos é sempre possível o preenchimento desse requisito. Não há necessidade de que a exploração ocorra desde o primeiro dia da posse.

e) *tendo nela sua moradia* – No mesmo diapasão de produtividade da área rural, está a condição de moradia do possuidor. O legislador quis beneficiar aquele que tem vinculação direta com o imóvel rural, mas não estabeleceu prazo para que isso ocorra.

Ao se entender que as condições de produtividade e moradia da área deveriam ocorrer desde o primeiro momento, estar-se-ia criando uma exegese contrária ao próprio instituto da usucapião especial rural, portanto, ao próprio direito individual nele constituído, o que, é de se convir, fere toda a sistemática que o direito agrário procurou criar.

f) *impossibilidade da usucapião especial rural em imóveis públicos* – Ao contrário do que estabelecia a Lei nº 6.969/81, a Constituição Federal, no parágrafo único do art. 191, não deixou dúvida quanto à impossibilidade de se usucapir imóveis públicos, quaisquer que sejam eles.

Nessa proibição, encontram-se as terras devolutas, que por origem histórica e classificação constitucional – art. 20, inciso I, e art. 26, IV, da Constituição Federal – são terras públicas. Assim, por não haver recepção constitucional, o art. 2º da Lei nº 6.969/81, que possibilitava a usucapião especial rural em terras devolutas, simplesmente deixou de existir no ordenamento jurídico nacional. Não se trata de inconstitucionalidade, porque esta só ocorre com leis posteriores contrárias à Constituição vigente.

12.4. O devido processo legal da usucapião especial rural

Embora a Lei nº 6.969/81 tenha deixado de existir naquilo que conceitua materialmente os requisitos da usucapião especial rural, todavia ainda vige plenamente quanto às normas de processo que instituiu.

Proibindo a Constituição Federal a possibilidade de usucapião sobre bens imóveis públicos, nisso se incluindo as terras devolutas da União e do Estado, restaram sem nenhuma aplicabilidade os dispositivos da Lei nº 6.969/81 que previam a usucapião especial rural por via administrativa.

Quanto ao processo judicial para sua declaração, é de se aplicar o seguinte:

Requisitos da inicial – O autor da ação de usucapião especial rural, respeitando os elementos formais do art. 282 do C.P.C., deverá fundamentar seu pedido com a sustentação de que a) não é proprietário de imóvel rural ou urbano; b) a posse é quinquenária, ininterrupta e sem oposição, o imóvel se situado em zona rural, c) a área não é superior a 50 ha (cinquenta hectares), d) foi tornado produtivo com seu trabalho ou de sua família, e) nele tem sua morada e f) não é imóvel público.

Além disso, é questão de importância para inicial a individualização completa do imóvel usucapiendo de forma a permitir sua transcrição no Registro de Imóveis. É que, dispensando a juntada da planta do imóvel, que é exigência necessária para a ação de usucapião comum – art. 942 do C.P.C., o fornecimento de todos os elementos identificadores do imóvel se torna ponto essencial para a perfeição do pedido.

Como requisitos complementares, a inicial deverá requerer a citação pessoal daquele em cujo nome esteja transcrito o imóvel, bem assim dos confinantes e, por edital, dos réus ausentes, incertos e desconhecidos. Serão ainda cientificados por carta os representantes da Fazenda

Pública da União, do Estado e do Município, no prazo de 45 (quarenta e cinco) dias.

A inicial poderá ainda pedir o benefício da assistência judiciária gratuita.

12.5. A justificação de posse

Dúvida ainda não afastada é aquela que diz respeito com a necessidade ou não de se justificar a posse na ação de usucapião especial rural.

A Lei nº 6.969/81, imitando o Código de Processo Civil quando trata da ação de usucapião comum – art. 942, inciso I –, também se refere à possibilidade de se justificar a posse na ação de usucapião especial rural.

Ocorre que aquele dispositivo da lei geral foi revogado pela Lei nº 8.951, de 13.12.94, que expressamente lhe deu nova redação, omitindo exatamente a parte que se refere à audiência de justificação de posse.

Tenho que a ideia de reforma produzida pelo legislador processual civil foi no sentido de agilizar o procedimento e concomitantemente outorgar ao autor do pedido de usucapião comum a presunção de veracidade de suas alegações.

Ora, como a Lei nº 6.969/81, embora especial quanto às regras de processo que dispôs, buscou exatamente beneficiar o autor do pedido de usucapião especial rural, como é a eliminação da juntada da planta do imóvel, que por sua dificuldade técnica é um dos pontos que mais pesa no custo da ação de usucapião regida pelo Código de Processo Civil, e ainda lhe outorgando o rito sumário, tenho que a modificação imposta pela Lei nº 8.891/94, embora de cunho geral, é de ser aplicada a esse tipo de ação de usucapião, em decorrência da maior economicidade que ela impôs ao processo. A nova regra geral das ações de usucapião prima por mais brevidade do que a regra especial anterior. Logo, na lógica da interpretação das regras processuais, é de se aplicar os princípios gerais quando estes são mais benefícios à parte do que os especiais.

Portanto, a ação de usucapião especial rural não necessita de justificativa de posse. As declarações da inicial passam a ter força de sinceridade e, não havendo contestação por ocasião da audiência designada pelo juiz do feito, eis que o rito a ser aplicado é o sumário dos arts. 275 e seguintes do Código de Processo Civil, serão elas elevadas à categoria de verdades por força do princípio da revelia e consequente confissão.

12.6. O rito da ação de usucapião especial rural

O rito da ação de usucapião especial rural é o sumário – arts. 275 e seguintes do Código de Processo Civil. Portanto, estando a inicial formalmente apta com a exposição fundamentada dos requisitos do art. 191 da Constituição Federal e requerimento de citação pessoal daquele em cujo nome esteja transcrito o imóvel e, por edital, dos ausentes, incertos e desconhecidos, bem como o pedido de cientificação por carta com A.R., da Fazenda Pública da União, do Estado e do Município e de justiça gratuita, se for o caso, o juiz designará data para audiência, como é regra no processo sumário. Em decorrência da citação editalícia e o aguardo do prazo para possíveis respostas das Fazendas Públicas, essa designação nunca poderá ser inferior a 45 (quarenta e cinco) dias, que é o que a lei prevê para tais respostas – art. 5º, § 3º, da Lei nº 6.969/81.

O Ministério Público é parte obrigatória no processo. Daí por que deverá ser intimado com antecedência razoável da audiência.

Não havendo resposta, o feito será julgado antecipadamente.

Havendo respostas, de qualquer das partes, deverão elas ser produzidas oralmente naquele ato judicial coletivo, que é a audiência previamente designada. Todavia, nada impede que a resposta produzida se dê de forma escrita ou antecipadamente, quando será juntada aos autos.

O pedido de produção de prova, se formulado pelo réu ou interessados, este sim, deverá necessariamente ser apresentado com antecedência mínima de 10 (dez) dias, que é o prazo para que a diligência seja cumprida.

Como a Lei nº 8.951/94 eliminou a justificação de posse na ação de usucapião comum – que é aquela regida pelos arts. 941 a 945 do Código de Processo Civil, e que, por via de interpretação lógica, deverá ser aplicada à ação de usucapião especial rural por mais benéfica e célere – ato judicial esse que era necessário para a demonstração prévia da posse do autor da ação, essa mudança significou a presunção de sinceridade dos fatos alegados na inicial. Por conseguinte, somente surgirá para o autor da ação de usucapião especial rural o dever de provar os requisitos de sua posse, se eles forem contestados. Não se pode entender que a prova seja dos contestantes, já é princípio geral que o ônus de provar pertence a quem alega, e nenhuma inversão a este princípio foi imposta.

Instruído o processo, com manifestação, em princípio oral de todos os presentes, mas que pode ser substituída por alegações escritas, o juiz sentenciará, declarando preenchidos os requisitos constitucionais e a propriedade da área rural em nome do autor.

A apelação tem efeito suspensivo e devolutivo, o que significa que a sentença proferida ainda não pode ser executada. Confirmada em grau recursal, será expedido mandado de transcrição do imóvel rural em nome do autor.

12.7. Peculiaridades da usucapião especial rural

A Lei nº 6.969/81, que rege o procedimento para a ação de usucapião especial rural, tem peculiaridades próprias, demonstrando a preocupação do legislador em tornar mais célere e protetiva essa forma de aquisição da propriedade imóvel pelo possuidor rural.

Uma delas é que a existência da ação de usucapião especial rural dá a seu autor proteção possessória integral. Assim, qualquer ameaça ou esbulho, mesmo praticada pelo proprietário, será reparada nos próprios autos, independentemente do ajuizamento de cautelar incidental ou interdito possessório. Basta que o autor comunique a prática de atos atentatórios à sua posse. Essa proteção vai de mera proibição até o uso da força policial.

Isso é o que se retira da interpretação do art. 9º da Lei nº 6.969/81:

> Art. 9º o Juiz da causa, a requerimento do autor da ação de usucapião especial, determinará que a autoridade policial garanta a permanência no imóvel e a integridade física de seus ocupantes, sempre que necessário.

Outra circunstância peculiar é a possibilidade de invocação da usucapião especial rural como matéria de defesa, e aqui a grande novidade: se houver reconhecimento na sentença de que o réu preencheu os requisitos do art. 191 da Constituição Federal, trânsita ela em julgado, constituirá título para transcrição no Registro de Imóveis. Aqui há uma verdadeira reconvenção por força legal, o que independe de apresentação formal, nos termos do art. 315 do Código de Processo Civil. Exemplifico: ajuizando o proprietário ação reivindicatória, ou até mesmo possessória, na busca de uma difícil reintegratória liminar, e contestando o réu, com a alegação de preencherem sua posse os requisitos do art. 191 da Constituição Federal, ficando isso caracterizado na prova, a sentença será evidentemente improcedente. No entanto, como essa improcedência teve como fundamento a posse aquisitiva da usucapião especial rural, passando em julgado a sentença, independentemente de manifestação judicial, será ela título hábil para ser levado a registro no Cartório de Registro de Imóveis.

A base desse peculiaridade é o art. 7º da Lei nº 6.969/81, redigido nestes termos:

> Art. 7º A usucapião especial poderá ser invocada como matéria de defesa, valendo a sentença que a reconhecer como título para transcrição no Registro de Imóveis.

13. A estrutura do crédito rural[29]

13.1. Conceito

Seguindo a sistemática de proteção ao homem do campo, estrutura própria de um direito social, como é o direito agrário, o legislador não se descurou de também estabelecer regras que permitissem o alocamento de recursos, seu gerenciamento e a forma de sua distribuição, visando, com isso, a desenvolver oficialmente as atividades inerentes à produção rural. Para tudo isso, denominou crédito rural.

O próprio legislador buscou resumir os fundamentos de sua ideia, quando expressamente conceituou o instituto que criava, através da Lei nº 4.829, de 05.11.65, art. 2º:

> Considera-se crédito rural o suprimento de recursos financeiros por entidades públicas e estabelecimentos de crédito particulares a produtores rurais ou a suas cooperativas para aplicação exclusiva em atividade que se enquadrem nos objetivos indicados na legislação em vigor.

O Decreto nº 58.380, de 10.05.66, que regulamentou esta lei, reproduziu este conceito no seu art. 2º.

Do conceito legal, evidencia-se que crédito rural é a destinação de recursos financeiros, quer sejam eles da União, por intermédio de seus vários órgãos, quer das instituições bancárias particulares concessionárias desse serviço público, com a finalidade específica de desenvolvimento da produção rural. É, em outras palavras, dinheiro oficial, ou particular especialmente vinculado, que o governo destina de forma subsidiada ao produtor rural ou às suas cooperativas.

13.2. Fundamento legal

Como o crédito rural é uma forma de intervenção do Estado numa atividade historicamente privada, o comércio de dinheiro, suas regras

---

[29] Para melhor compreensão da matéria, ver nosso *O Contrato e os Títulos de Crédito Rural*, Livraria do Advogado Editora, 2000, no qual procuro, de forma sistemática e abrangente, estruturar a matéria aqui esboçada.

evidentemente que são estratificadas em leis, que são os comandos estatais.

De outro lado, elas demonstram a plena autonomia de um instituto típico de direito agrário, cujos princípios protetivos sempre devem ser aplicados, pois ele tem como meta a justiça social. Logo, apenas subsidiariamente e desde que não conflitante, devem-se aplicar os princípios do direito civil.

O crédito rural encontra o seu fundamento legal para existir, essencialmente, no art. 187, inciso I, da Constituição Federal, que diz:

> A política agrícola será planejada e executada na forma da lei, com a participação efetiva do setor de produção, envolvendo produtores e trabalhadores rurais, bem como dos setores de comercialização, de armazenamento e de transporte, levando em conta, especialmente:
>
> I – os instrumentos creditícios e fiscais
>
> ...

A Lei nº 4.829/65, recepcionada pela Constituição Federal, é onde está institucionalizado; e ainda no Decreto nº 58.380/66, que regulamentou a Lei nº 4.829/65; no Decreto-Lei nº 167, de 14.02.67, que criou os títulos de crédito rural; no Decreto nº 6.214, de 18.01.68, que disciplina as garantias dos títulos de crédito rural; na Lei nº 8.171, de 17.01.91, que estabelece regras de política agrária, e na Lei nº 8.929, de 22.08.94, que criou um novo título de crédito chamado Cédula de Produto Rural.

13.3. Objetivos do crédito rural

O art. 3º da Lei nº 4.828/65 foi o dispositivo legal que primeiramente especificou os objetivos do crédito rural, definindo o seu alcance.

Hoje, com pequenas alterações, estes princípios estão enumerados no art. 48 da Lei nº 8.171/91, nos seguintes termos:

> Art. 48. O crédito rural, instrumento de financiamento da atividade rural, será suprido por todos os agentes financeiros sem discriminação entre eles, mediante aplicação compulsória, recursos próprios livres, dotações das operações oficiais de crédito, fundos e quaisquer outros recursos, com os seguintes objetivos:
>
> I – estimular os investimentos rurais para produção, extrativismo não predatório, armazenamento, beneficiamento e instalação de agroindústria, sendo esta, quando realizada por produtor rural ou suas formas associativas;
>
> II – favorecer o custeio oportuno e adequado da produção, do extrativismo não predatório e da comercialização de produtos agropecuários;
>
> III – incentivar a introdução de métodos racionais no sistema de produção, visando ao aumento da produtividade, à melhoria do padrão de vida das populações rurais e à adequada conservação do solo e preservação do meio ambiente;
>
> IV – vetado

V – propiciar, através de modalidade de crédito fundiário, a aquisição e regularização de terras pelos pequenos produtores, posseiros e arrendatários e trabalhadores rurais;
VI – desenvolver atividades florestais e pesqueiras.

Pela enumeração dos objetivos do crédito rural elencada na lei, já se pode observar a larga intenção do legislador de abarcar com suprimentos financeiros os vários setores vinculados à produção rural, inclusive nele agrupando atividade que diretamente nada tem de rural, como é o caso da atividade pesqueira.

É de se evidenciar que, em todos os incisos do art. 48 da Lei nº 8.171/91, acima transcrito, como já ocorria no art. 3º da Lei nº 4.829/65, o legislador deixou clara sua ideia de proteção ao produtor rural ao utilizar termos como estimular, favorecer, incentivar, propiciar e desenvolver, todos eles característicos de quem intervém com a finalidade de ajudar, circunstância inerente à aplicação de uma justiça social para o crédito rural. Insisto nesse ponto, porque ele deve ser a tônica a ser observada pelos órgãos estatais que dirigem a estrutura creditícia rural, que, ao emanarem ordens delegadas na concretização do instituto, não podem fugir da sistemática originalmente imposta. Esse desvio de comportamento, como por exemplo na expedição de ordens de serviços ou portaria, agride o sistema que o legislador buscou proteger e se constitui em ato administrativo viciado por desvio ou até mesmo abuso de poder. Quem detém poder delegado de regulamentar preceitos legais não pode se desviar da estrutura delineada pelo poder delegante. E se o ato é praticado por órgãos do Executivo, esse excesso é uma agressão ao Poder Legislativo que criou a lei protetiva.

13.4. Órgãos integrantes do crédito rural

O crédito rural tem uma estrutura legislativa forte, como se pôde observar em item anterior.

No exercício do poder de dizer sobre crédito rural, o legislador expressamente nominou quais os órgãos com competência para disciplinar e integrar esse sistema.

E outorgou poderes ao Conselho Monetário Nacional, colegiado criado por lei com atribuições para sistematizar a ordem monetária nacional, para fixar as diretrizes do crédito agrário, especialmente na avaliação, origem e dotação dos recursos a serem aplicados; na expedição de diretrizes e instruções; critérios seletivos e de prioridade e fixação e ampliação dos programas.

Estabeleceu ainda que a execução das deliberações do Conselho Monetário Nacional ficaria a cargo do Banco Central, que sistematizaria a ação de todos os demais órgãos financiadores do crédito rural, elaborando planos globais de ação para a implementação dos financiamentos, inclusive na forma de distribuição e incentivo da produção rural.

E modificando a posição inicial de especificar alguns agentes financeiros como integrantes do sistema nacional de crédito rural, como se observava no art. 7º da Lei nº 4.829/65 e no art. 8º do Decreto nº 58.380/66, o legislador, através do art. 48 da Lei nº 8.171/91, revogou a nominata dos integrantes do sistema para afirmar que "todos os agentes financeiros sem discriminação entre eles" comporiam o sistema de financiamento à produção rural.

13.5. Tipos de crédito rural

O crédito rural é classificado em 4 (quatro) tipos diferentes de acordo com sua finalidade: custeio, investimento, comercialização e industrialização.

Custeio – é o crédito rural destinado a cobrir despesas normais, ou os custos, de um ou mais períodos da produção agrícola, pecuárias. É crédito rural de custeio o empréstimo ao produtor rural para cobrir as despesas de uma plantação de soja, milho, arroz, etc., desde o preparo da terra até a colheita.

Investimento – é o crédito rural que se destina à formação de capital fixo ou semifixo em bens ou serviços, cuja utilização se realize no curso de várias safras. Pode-se ter como exemplo desse tipo de crédito rural o empréstimo para que o produtor rural adquira a máquina colheitadeira ou para construção de silo.

Comercialização – é o crédito rural destinado a cobrir despesas posteriores à colheita, permitindo ao produtor rural manter-se sem a necessidade da venda de sua produção por preço baixo. Ela pode ser concedida isoladamente ou em conjunto com o custeio.

Industrialização – é o crédito rural destinado à transformação da matéria-prima diretamente pelo produtor rural. Por exemplo, é considerado crédito rural para a industrialização a destinação de recursos para o beneficiamento do arroz, formação de sementes etc.

13.6. Exigências para sua concessão

Não basta ser produtor rural para que imediatamente alguém se invista na condição de beneficiário do crédito rural.

Algumas exigências básicas deverão ser respeitadas pelo pretendente e pelo financiador – art. 50 da Lei nº 8.171/91 –, como ser o tomador idôneo, submeter-se ele à fiscalização da entidade financiadora, liberação do recurso diretamente ao interessado ou às suas associações, liberação de acordo com o ciclo da atividade e da capacidade de ampliação do financiamento, ajustamento de prazos e épocas de reembolso de acordo com a natureza da operação, capacidade de pagamento e épocas de comercialização.

O requisito de idoneidade é aferível diretamente pelo estabelecimento de crédito financiador e será tomado pelo que constar no seu registro cadastral, de existência obrigatória. Dívidas anteriores, por exemplo, poderão ensejar a classificação de inidôneo do produtor rural e inviabilizar o empréstimo. Com respeito ao emprestador, a inidoneidade do tomador pode se constituir responsabilidade exclusiva, no caso de pretender cobrar o crédito de terceiro que assumiu como corresponsável.

A apresentação de orçamento de aplicação nas atividades específicas era uma das exigências legais para a concessão do crédito rural e consistia no levantamento prévio e completo do que pretendia fazer o produtor rural e como iria destinar o dinheiro a ser tomado. Eram razões prévias e fundamentadas de um compromisso futuro. Através desse orçamento que o produtor rural dizia o que pretendia mais também se vincula ao que nele fosse dito. Essa exigência deixou de ser obrigatória pela Lei nº 8.171/91, art. 50, revogando, portanto, o art. 10 da Lei nº 4.829/65.

A exigência de submissão à fiscalização do banco financiador é outro requisito para a concessão do crédito rural. Portanto, tomar dinheiro por intermédio do crédito rural é manter o tomador uma estreita vinculação com a entidade emprestadora. Como se trata de dinheiro subsidiado, onde os juros remuneratórios são sempre mais baixos daqueles de mercado, a fiscalização é explicável. Ela não é uma faculdade do estabelecimento de crédito, mas uma obrigação. Logo, se há desvio de finalidade do crédito rural por ineficiência ou mesmo ausência de fiscalização, não pode aquele que financiou e não fiscalizou devidamente buscar rescindir o contrato de crédito rural. Há nessa omissão, pelo menos, concorrência de culpa.

Liberação do crédito diretamente ao agricultor ou por intermédio de suas associações é uma exigência nova criada pela Lei nº 8.171/91 e veio tentar conter o desvio do crédito rural.

Liberação do crédito em função do ciclo da produção e da capacidade de ampliação do financiamento é a quarta exigência básica imposta pelo legislador na concessão do empréstimo rural. Com essa exigência restou proibida a liberação de crédito rural fora do ciclo de produção objeto do contrato e para projetos sem capacidade de ampliação. Assim, empréstimos para pagar dívidas anteriores ou comprar maquinário de utilização excedente ao tipo de financiamento ficaram vedados por análise inversa da permissão legal.

Por fim, o reembolso do crédito rural deverá obedecer a prazo e épocas próprias ao objeto do contrato e à capacidade de pagamento do tomador, sempre considerando neste caso as épocas normais de comercialização da produção. Dessa forma, conclui-se que, como nos contratos agrários, os contratos de crédito rural deverão ter prazos de pagamento de acordo com o tipo de exploração rural objeto do financiamento e a época normal de sua comercialização. A inserção de cláusulas que imponha ao tomador do empréstimo prazos e épocas diferentes não o constituirá em mora.

13.7. Origens dos recursos

O crédito rural é instituto jurídico de direito agrário destinado a financiar a atividade rural. Não é um simples empréstimo de dinheiro entre o banco e o tomador. É muito mais.

Sendo uma preocupação do Estado para desenvolvimento do campo, o crédito agrário precisa estar fundado em recursos, para que sua implementação seja efetiva.

Por conseguinte, ou ele consta diretamente no orçamento da União, e aí são os chamados recursos diretos, ou esta determina, através dos órgãos diretivos do crédito rural, que os agentes financeiros aloquem recursos para esta finalidade, mediante aplicação compulsória, recursos próprios livres, fundos ou de quaisquer outros recursos disponíveis.

13.8. A exegese do crédito rural

Uma das questões ainda não bem consolidada na doutrina e na jurisprudência é a utilização com mais profundidade de princípios criados pela hermenêutica jurídica, ciência propedêutica de grande valia para a melhor compreensão do direito. Isto tudo porque se fixou como quase natural a ideia de satisfação absoluta da lei. Por conseguinte, poder perquirir-se outras formas de aplicação do direito foi deixado quase na inércia. Partiu-se, assim, para a máxima um tanto corrosiva de limitação da liberdade jurídica sob o manto de que *legislar é sempre preciso*. O doutrinador ou o Juiz, por esse prisma, passaram de intérpretes do direito, que sempre foram, para seres meramente autômatos, pois decodificar leis se tornou seus limites.

Todavia, como vejo o direito na ótica de um mundo dentro de um macrocosmo social, onde a lei é tão somente um seu satélite, e não o próprio mundo, tenho que a ciência da hermenêutica jurídica é de ser utilizada para uma boa compreensão do direito positivo nesta ótica maior. Assim, esta ciência estabelece que além dos métodos de interpretação conhecidos (gramatical, teleológico, histórico e dogmático), é possível utilizar-se, mesmo no Brasil que, por razões políticas, prima pelo legalismo ou o dogma de que somente o Legislativo pode dizer o direito, do método sociológico de interpretação. Ou, em outras palavras, o método que busca adequar o direito legislado a uma carência ou necessidade social, quer através de leis criadas exatamente com este rumo, quer através de uma exegese mais aberta. Tanto é verdade que quando se afirma, sem a devida profundidade dos antecedentes doutrinários, que o direito é um fato social, evidentemente se está buscando o elemento sociológico para interpretar a norma positivada sem se saber. O direito como meio de previsão e resolução de conflitos é um produto social. Nasce e tem vida no querer social. Não existe direito numa sociedade democrática que não conflitue, mesmo porque não existe sociedade sem conflito, pois este representa o jogo de interesse. Ou o que se vê não é direito. É um não direito.

Feita esta introdução, no sentido de se estabelecer que é possível a utilização da interpretação sociológica mesmo que tenha o legislador buscado a titulação absoluta do direito no país, passo a analisar o contexto em que se situa a temática de crédito rural.

Quem observa o direito de fora dele sabe que qualquer dos seus ramos não é uma ilha. Todos eles, com maior ou menor intensidade, se intercomunicam. No entanto, este ou aquele ramo têm suas características próprias que os tornam, por isso mesmo, independentes ou autônomos. Coloco como exemplos o direito civil e o direito do trabalho. A sistemática do primeiro é da autonomia de vontade. A vontade humana com seus direitos e deveres é que dá ao direito civil aquela característica que o torna diferente e independente. A liberdade individual é o centro a proteger. Tanto é verdade que ele se insere no rol dos direitos privados. No que pertine aos contratos, essa vontade é tão vinculante que só excepcionalmente é admitida a ruptura. O que o homem contrata é lei, porque está em jogo sua vontade, que junto à vontade de alguém, cria uma corrente difícil de ser rompida. Já o direito do trabalho tem característica completamente diferenciada. Assim, embora tenha como relevância também o trato interpessoal, especificamente nas relações contratuais, o faz diferente, e aí se tem o quase total dirigismo estatal de seus preceitos. Melhor dizendo, o predomínio da vontade das partes do direito civil cede diante da tutela do Estado. Aqui elas não se estabelecem condições, nem se impõem leis pessoais. Estas são ditadas de forma imperativa e cogencial pelo estado legislador, uma vez que o sistema de proteção é o social. Isto faz surgir um fator de importância transcendental para a boa interpretação destes dois direitos, pois o conflito que daí surge pode merecer uma ou outra ótica de conclusão exegética. Dessa forma, se o contrato foi feito sob a égide do direito civil, tem-se que a exegese deve pender pela autonomia de vontade ou no sentido de que as partes são plenamente livres para pactuarem o que não for ilícito; portanto, o que fizeram, deve ser respeitado. Mas, se foi ele elaborado sob o mando do Direito do Trabalho, a vontade das partes deve ficar subsumida na vontade do Estado, pois para tal ramo do Direito predomina o dirigismo estatal, que se tem como superior em nome da proteção social. Explicando: as partes não podem se estabelecer condições contratuais. Estas são preestabelecidas pelo Estado, pois em tal sistema entende ele ser necessário para estabilizar tal tipo de relações. A premissa básica aí residente é de que o trabalho não tem força para se opor ao capital, estando no campo das relações humanas sempre subjugado. Portanto, a presença do Estado com suas leis mais cogentes e de proteção ao trabalho se constituiria no contrapeso para o atingimento de uma verdadeira justiça social. É a teoria da igualdade já exaltada por Rui Barbosa no início do século: a de se aquinhoar desigualmente os desiguais na medida em que se desigualam. É o que também se chama de justiça social.

Se não se faz esta separação de sistemas, confusão pode vir a existir quando se tentar impor regras de um no outro, pois isto cria um hibridismo de difícil conciliação, uma vez que eles protegem planos jurídicos diametralmente opostos. Um, o indivíduo; o outro, o grupo social mais fraco.

Ocorre que o sistema de proteção social predominante no direito do trabalho é o mesmo do direito agrário. Ambos buscam justiça social.

Pois crédito rural, ou seja, dinheiro que o governo determina seja emprestado pelos estabelecimentos bancários de forma subsidiada para sustentar a atividade agrária, *é um instituto de direito agrário*, de autonomia plenamente admitida pela Constituição Federal, art. 22, inciso I; portanto, tem ele toda a conotação de proteção social. Como a atividade bancária é considerada atividade de interesse público, é ela tutelada pelo Estado, de onde sofrem os bancos eterna intervenção. Ora, como crédito rural é preocupação estatal, estão os bancos necessariamente submetidos ao dirigismo do Estado, que por sua vez na busca de uma justiça social. Como este tema, alinham-se outros como função social da propriedade, reforma agrária, desapropriação por interesse social, contratos de arrendamento e parcerias, usucapião especial, títulos de crédito rural, dentre tantos que povoam o Direito Agrário. Repetindo: as regras de autonomia de vontade no crédito rural são afastadas para dar lugar a ditames oficiais onde deve sempre predominar a proteção ao mais fraco. Assim, na interpretação de qualquer conflito envolvendo cédula rural, na qual a cédula rural pignoratícia é uma espécie, que é matéria de crédito rural, portanto de Direito Agrário, se deve ter presente a supremacia da interpretação social.

Assim, dentro do conceito de que crédito rural é instituto que tem como égide sistemática de proteção social, a interpretação que deve emanar das leis que o regulam é nesse sentido. Introduzir preceitos regulamentares, como por exemplo, resoluções do Banco Central, ou se tentar dar exegese diferenciada é conflitar o sistema, que sabidamente foi criado para proteger.

Para finalizar esta fundamentação, resumo que crédito rural tem um sistema de nítida proteção social e que, portanto, nele não se podem introduzir regras que primem pela autonomia de vontade ou ainda se procurem introduzir regulamentos que contrariem o sistema.

13.9. A inconstitucionalidade no crédito rural

Diz a Constituição Federal, no seu art. 187, que instrumentos de crédito rural é matéria de política agrícola, que deve ser planejada e executada na forma da lei, mas, e aqui a importância, com a participação efetiva do setor de produção. Ora, isso significa dizer que qualquer emanação legislativa do Estado, quer seja por lei ou por resolução, precisa antes ter sofrido prévia discussão entre os interessados diretos, os produtores. Dessa forma, a estipulação feita pelo Conselho Monetário Nacional, pelo Banco Central ou até mesmo pelo banco emprestador, só tem validade se passar pelo crivo da prévia participação da parte interessada.

Se não há, as regras emanadas sofrem vício de origem, o que as torna sem legitimidade de obediência. Mais uma vez fica demonstrado que o dirigismo estatal, antes de se traduzir em linguagem jurídica, é ato político a necessitar de prévia conversação. Logo, nos termos da Constituição Federal, não existe o *jus imperii*.

13.10. Encargos do crédito rural

Juros – A remuneração do dinheiro emprestado é matéria de crédito rural, portanto, dentro do conceito legal do instituto que busca estimular, favorecer, incentivar, propiciar e desenvolver a atividade rural, nos termos do art. 48 da Lei nº 8.171/91.

O ponto forte da questão está no limite de remuneração desse dinheiro tomado.

É bom que se repita que o crédito rural não é contrato de predomínio da manifestação de vontade, como ocorre nos contratos elaborados sob a égide do Direito Civil. Neles, o que existe é um forte dirigismo estatal impondo comandos legais e relativando vontades. Por essa ótica, nem mesmo as orientações daqueles órgãos que a lei determinou como gerentes dessa forma de empréstimo de dinheiro ao campo são livres. Elas deverão se pautar tendo sempre como norte a própria ideia de criação da lei, que é de estímulo, favorecimento, incentivo e desenvolvimento do setor de produção rural. Resolução ou ordem de serviços que fixem normas de remuneração do crédito rural são estruturalmente ilegais.

Logo, os juros remuneratórios não pdem ficar ao arbítrio do agente emprestador. Afastada a limitação constitucional de 12%, deverão eles corresponder ao que for fixado pelo Banco Central.

Por outro lado, a fixação de índice de juros superiores ao limite legal, através de resolução ou ordem de serviço do Conselho Monetário Nacional ou do Banco Central, padece de vício de inconstitucional de origem, pois não sofreu a prévia participação dos produtores interessados, e a matéria se insere no campo da política agrícola, nos exatos termos do art. 187 da Constituição Federal.

A capitalização dos juros é semestral, porque esta é a forma que melhor se adequa à sistemática protetiva do crédito rural que o legislador buscou conceituar. Ademais, a capitalização mensal ou anatocismo é cláusula proibida em lei, eis que proporciona um enriquecimento indevido numa atividade que o Estado sempre buscou proteger.

Aplica-se aos juros moratórios a mesma sustentação feita para os juros remuneratórios. Todavia, aqui há uma circunstância a merecer ponderação.

A incidência dos juros moratórios decorre do não pagamento do crédito rural no prazo fixado no contrato e externado no título de crédito rural. Por conseguinte, sua cominação apenas se impõe na ausência de justa causa que impossibilite o devedor de pagar sua dívida rural. Exigir cláusulas contrárias à própria essência do crédito rural, com juros acima dos fixados pelo Banco Central, como juros e correção monetária superior ao menor índice oficial, por exemplo, caracteriza pretensão injustificada do emprestador e, por outro lado, recusa justificada do tomador, elidindo a pretensão do encargo de juros moratórios.

O percentual, por força de dispositivo legal, é de 1% (um por cento) ao ano, nos termos do parágrafo único do art. 5º do Decreto-Lei nº 167/67. Aqui, mais uma demonstração da ideia de benefício imposta pelo legislador, porquanto a periodicidade de incidência dos juros moratórios no Código Civil é mensal.

Correção monetária – Por uma pequena fração de tempo, chegou-se a pensar que a correção monetária não deveria incidir sobre o crédito rural. A sustentação desse ponto de vista tinha como fundamento a ausência de dispositivo legal regrando a matéria, enquanto os empréstimos para a atividade comercial e industrial traziam determinação legal expressa nesse sentido.

A questão já foi largamente superada, sob o entendimento de que correção monetária não é uma cláusula que se deva introduzir nos empréstimos agrários, mas uma consequência natural e ínsita a toda dívida de dinheiro. É certo que a sistemática do crédito rural é de proteção ao produtor rural. Todavia, essa proteção não significa doação ou mesmo mútuo, pois manter-se aquilo que a própria estrutura jurídica define como contrato oneroso, sem a incidência de correção dos valores emprestados, numa espiral inflacionária que muitas vezes em apenas um mês chega a corroer 50% (cinquenta por cento) do valor original, é doar essa importância ou mesmo emprestá-la gratuitamente. E isso nunca foi ideia do legislador.

A correção monetária, logo, é devida nesse tipo especial de contrato de empréstimo de dinheiro. As discussões que pairam agora é sobre o fator de correção a incidir sobre o valor tomado.

Pessoalmente, tenho entendido que, sendo o crédito rural um instituto criado pelo legislador com a intenção clara de regrar protetivamente o dinheiro emprestado ao produtor rural, inserindo-se essa proteção em toda sistemática do direito agrário, que é de cunho social, a correção monetária a incidir sobre o valor desse contrato é aquela de menor incidência dentre as oficialmente criadas. Essa exegese é consequência dos objetivos pretendidos buscar pelo legislador com a institucionalização do crédito rural quando, no art. 48 da Lei nº 8.171/91, expressamente antecedeu a enumeração daqueles objetivos com formas verbais inequívocas de estimular, favorecer, incentivar, propiciar e desenvolver, que são expressões claras de proteção. Ora, e em se tratando de um contrato onde o objeto é emprestar dinheiro, só se estimula, favorece, incentiva ou propicia, fazendo incidir na devolução desse dinheiro cláusulas mais amenas do que aquelas usualmente encontradas nesse campo da atividade econômica. De outro lado, não haveria razão alguma para a tutela forte que o Estado legislador exerce nessa forma de contrato. Bastaria que o emprestador e o tomador do dinheiro diretamente pactuassem as cláusulas de correção.

Dessa forma, a correção do crédito rural fixada pelos índices da ANBID (Associação Nacional dos Bancos de Investimento e Desenvolvimento), TR (Taxa de Referência), caderneta de poupança, preço/produto, ou qualquer outra desse estilo, só deverá ser admitida se representar o menor índice oficialmente declarado.

A inclusão de qualquer uma dessas formas de correção monetária no contrato de crédito rural, instrumentalizada através de seus títulos de crédito, será passível de revisão diretamente pelas partes, ou através do Poder Judiciário. Não fora isso, se tal cláusula for inserida no contrato por determinação de qualquer órgão dirigente do crédito rural, como Conselho Monetário Nacional ou Banco Central, sem a prévia participação do setor de produção rural, sofre vício de inconstitucionalidade, pois, sendo matéria de política agrícola, a ouvida prévia dos diretamente envolvidos é condição de procedibilidade e, por consequência, de validade e eficácia dessa cláusula. O poder dos órgãos dirigentes do crédito rural não é absoluto e está condicionado ao mandamento do art. 187, inciso I, da Constituição Federal.

Multa – A multa é penalização pelo não pagamento do crédito rural. Evidentemente que sua incidência decorre da ausência de justa causa do tomador do dinheiro. Logo, se o agente emprestador vem a praticar ações atentatórias à estrutura do crédito rural, como correção monetária indevida, juros acima do limite legal, não pode ser beneficiado com a cobrança de multa, pois o não pagamento tem justificativa.

Sendo devida a multa, seu limite é de 2%, conforme previsão legal.

Comissão de permanência – A remuneração incidente sobre o crédito rural após o seu vencimento é eufemisticamente chamada de comissão de permanência. Todavia, ela nada mais é do que a continuação dos juros remuneratórios. Logo, a comissão de permanência a ser cobrada não poderá exceder aos juros remuneratórios.

O que não pode haver é a cumulação de juros remuneratórios e comissão de permanência, pois, aí, existiria duplicidade de cobrança de encargos sobre um mesmo fato.

Comissão de fiscalização – O agente emprestador do crédito rural pode cobrar do tomador do dinheiro as despesas efetivamente realizadas a título de fiscalização do empreendimento objeto do contrato. Naturalmente, que essas despesas só se tornam exigíveis se realizadas, o que impõe ao órgão emprestador o dever de comprová-las. A comissão de fiscalização pode ser fixada em índice percentual sobre o valor do empréstimo.

Despesas cartorárias – O crédito rural é instrumentalizado através dos títulos de crédito rural. Esses títulos possuem peculiaridades próprias, como o de consubstanciar em si mesmo as garantias do empréstimo. Como consequência, esses títulos necessitam de inscrição e averbação no Cartório do Registro de Imóveis para que seus efeitos atinjam terceiros. As despesas cartorárias resultantes dessas operações são de responsabilidade do tomador do empréstimo. O agente emprestador apenas as antecipa ao oficial do Registro de Imóveis e as debita na conta do tomador. No entanto, assume a responsabilidade de demonstrar que elas foram realizadas.

Outras despesas bancárias – O agente emprestador do dinheiro pode cobrar-se de toda e qualquer despesa efetuada na execução do crédito rural, quer de cunho administrativo, quer judicial.

PROAGRO – O Programa de Garantia de Atividade Agropecuária – é uma espécie de seguro oficial criado pelo Governo Federal com o objetivo de exonerar o produtor rural das obrigações financeiras líquidas relativas ao crédito rural, cujo pagamento seja dificultado pela ocorrência de fenômenos naturais, pragas e doenças que atinjam bens, rebanhos e plantações. As obrigações financeiras líquidas resultam do valor emprestado menos os encargos financeiros, comissão de fiscalização, despesas cartorárias, ou qualquer outra despesa praticada para a efetivação do crédito rural.

O PROAGRO, dessa forma, é um contrato acessório de seguro ao crédito rural, em que o Governo Federal é o próprio segurador, e o agente emprestador, o corretor desse seguro.

O "prêmio" desse seguro especial, em geral de 1% (um por cento) do valor tomado mais encargos, é devido pelo tomador do empréstimo rural, cobrado pelo agente emprestador, que atua na condição de corretor e o repassa ao Banco Central. A indenização nunca é superior a 80% (oitenta por cento) do total devido.

É de se deixar claro que, como o contrato acessório do PROAGRO é feito diretamente com o Governo Federal, o produtor rural que quiser reivindicá-lo deverá se dirigir ao Segurador, administrativa ou judicialmente. Por conseguinte, não há possibilidade de compensação entre a dívida do crédito rural e a indenização do PROAGRO, até mesmo porque a execução dessa dívida ocorre na Justiça Comum, e a indenização do seguro, na Justiça Federal, pela categoria do réu envolvido.

13.11. As garantias do crédito rural

O crédito rural é um contrato que tem como objeto empréstimo de dinheiro para o desenvolvimento do campo. Como tal, ele se insere na categoria de contrato oneroso e quase absolutamente vem protegido com garantias reais ou pessoais.

O art. 25 da Lei nº 4.829/65 e o art. 30 do Decreto nº 58.380/66, que a regulamenta, enumeram essas garantias, mas de forma meramente exemplificativa. São elas: o penhor, em qualquer de suas formas agrícola, pecuária, mercantil ou industrial; hipoteca, bilhete de mercadoria, *warrants*, conhecimento de depósito, caução e fidejussória.

A garantia mais utilizada no crédito rural é o penhor. De conceito civilístico e precipuamente criado para abranger bens móveis de corpo determinado, essa forma de garantia teve destinação ampliada por força da legislação agrária para, inclusive, abranger os gêneros oriundos da produção agrícola, extrativa ou pastoril, ainda que destinados a beneficiamento ou transformação.

A ideia do legislador de elastificar a abrangência do instituto do penhor no direito agrário foi, de tal forma, que chegou mesmo a possibilitar que a garantia pudesse incidir sobre a produção futura, agrícola ou pecuária, ou sobre o bem que viesse a ser adquirido com o dinheiro do crédito rural, consoante o disposto no art. 29 da Lei nº 4.829/65, art. 34 do Decreto nº 58.380/66 e art. 55 do Decreto-Lei nº 167/67.

A lei ainda expressamente configurou como bens objetos de penhor – art. 56 do Decreto-Lei citado:

I – caminhões, camionetas de carga, furgões, jipes e quaisquer veículos automotores ou de tração mecânica;

II – carretas, carroças, carros, carroções e quaisquer veículos não automotores;

III – canoas, barcas, balsas e embarcações fluviais, com ou sem motores;

IV – máquinas e utensílios destinados ao preparo de rações ou ao beneficiamento, armazenagem, industrialização, frigorificação, conservação, acondicionamento e transporte de produtos e subprodutos agropecuários ou extrativos, ou utilizados nas atividades rurais, bem como bombas, motores, canos e demais pertences de irrigação;

V – incubadoras, chocadeiras, criadeiras, pinteiros e galinheiros desmontáveis ou móveis, gaiolas, bebedouros, campânulas e quaisquer máquinas e utensílios usados nas explorações avícolas e agropastoris.

Uma das peculiaridades da garantia através do penhor ou da hipoteca no crédito rural é sua inserção no próprio instrumento que constituir a dívida, formando um título de crédito rural com identidade específica e denominação de acordo com a garantia nele embutida. Daí a cédula rural pignoratícia, cédula rural hipotecária e cédula rural pignoratícia e hipotecária. Essa matéria será enfrentada em item próprio.

O penhor não precisa de registro para que se tenha validade entre as partes diretamente envolvidas, mas sua eficácia perante terceiro necessita da prévia inscrição no Cartório de Registro de Imóveis. Os bens apenhados continuarão na posse direta do tomador do dinheiro até a liquidação da dívida, que assume a responsabilidade de depositário fiel com todas as suas consequências, não podendo o agente financiador, por qualquer motivo, pretender unilateralmente retirá-los. Impaga a dívida, agora surge a oportunidade de remoção que, no caso de resistência, dependerá do devido processo legal cautelar ou como mero incidente do processo de execução. Como não existe prisão civil por dívida no Brasil, salvo a decorrente de pensão alimentar, o devedor do crédito rural não poderá sofrer qualquer coação restritiva de liberdade.

Nem mesmo a prisão por depositário infiel é mais possível, consoante o enunciado da Súmula Vinculante do STF nº 25 que diz: *É ilícita a prisão civil de depositário infiel, qualquer que seja a modalidade do depósito*.

No entanto, ficando demonstrado que o produto agrícola foi desviado ou alienado sem o consentimento do credor, esse fato pode caracterizar crime de estelionato, como já decidiu o TRF4 – Apelação Criminal, ACR 8509 RS 2001.04.01.008509-2:

> Penal. Apelação Criminal. Estelionato do depositário infiel. Sacas de arroz desviadas. Sentença absolutória reformada. Condenação. Substituição da pena privativa de liberdade. Recurso provido.
>
> A garantia hipotecária no crédito rural, como já foi dito, é constituível no próprio contrato, que nada mais é do que a cédula rural. Isso significa que não há necessidade de escritura pública para sua configuração. No entanto, sua validade perante as próprias partes e terceiros depende de prévia inscrição no Cartório do Registro de Imóveis. No mais, as regras são as mesmas que a lei civil exige para a perfeição da hipoteca como garantia real.

As garantias tipicamente comerciais como o bilhete de mercadoria, *warrants* e conhecimento de depósito são admissíveis no crédito rural, embora na prática elas sejam de pouco uso. Elas poderão ser transcritas no título consubstanciador da dívida rural e depositadas em mãos de seus emitentes ou terceiros indicados pelas partes.

A caução em dinheiro, papéis de crédito, como nota promissória e letra de câmbio, títulos públicos de qualquer ordem, pedras, metais preciosos, por exemplo, são também garantias possíveis no crédito rural, sejam elas concedidas pelo tomador do empréstimo ou por terceiro. Estas garantias serão expressas no título de crédito rural e, no caso de caução em dinheiro, poderá ser depositada no próprio agente financeiro em conta especial. As demais poderão ficar na posse do tomador, do terceiro garantidor ou de outra pessoa que passará à condição de depositária de tais bens.

O aval, instituto típico de direito comercial, e a fiança, com seus contornos de direito civil, são garantias possíveis no empréstimo de dinheiro ao campo, mantendo as suas características básicas, mas se adaptando, no que for possível, à conveniência estrutural do próprio título de crédito rural. Caracterizando-se este por uma formalidade mitigada, diferente daquele rígida dos títulos de crédito cambial, pois admite aditamento, ratificação, retificação, amortizações periódicas, prorrogações de vencimentos, inclusão ou exclusão de cláusulas, tudo isso pactuado pelas partes ou ditados diretamente pelo Governo Federal, através do Conselho Monetário Nacional ou Banco Central, o aval e a fiança deverão ser adaptados a essas modificações ou interpretados com as consequências delas advindas.

Nada impede a cumulação de garantias, desde que o crédito rural a comporte. Mas o agente emprestador não pode exigir garantias que extrapolem a razoabilidade do empréstimo a ser concedido, pois poderá incidir excesso de garantia ou em verdadeiro abuso de poder.

A nominata de garantias possíveis no crédito rural oferecidas pelo legislador nos dispositivos analisados é apenas exemplificativa, porquanto expressamente ele delegou competência ao Conselho Monetário Nacional de poder admitir outras formas juridicamente viáveis.

13.12. Ponto de vista sobre o crédito rural

A necessidade do crédito rural como instituto de proteção e desenvolvimento da atividade do campo não é ponto de vista calcado especificamente na compreensão dos meandros do direito agrário longamente externado em aulas ou em julgados. Essa visão de importância também se baseia no conhecimento da vida do campo.

Em artigo publicado no Jornal Zero Hora, datado de 29.07.95, sob o título *Crédito rural, questão de estado,* assim me expressei:

> Certa feita ouvi uma frase jocosa e crua de um homem do campo que me deixou pensativo: cirurgião plástico morre pobre se esperar para tirar as rugas de pescoço de agricultor. Curioso, quis saber a razão. A resposta veio imediata: de tanto olhar o tempo, o pescoço do agricultor está sempre liso.
>
> Essa parábola campeira tem um alto fundo de verdade e bem pode demonstrar como a atividade rural sofre influência de fatores que independem do homem que nela trabalha. Para quem conhece essa realidade, mesmo com toda evolução técnica que acompanha o setor, sabe que a área que a envolve não tem comparação com qualquer outra produção econômica. Assim, na agricultura, é duro ver a soja, o arroz, o feijão, o trigo, por exemplo, plantados, não nascerem; nascidos, não crescerem e crescidos, prematuramente morrerem por vontade intutelável do senhor tempo. Já na pecuária, é também duro ver o boi, no pasto sem pasto, lentamente definhar.
>
> Não bastassem esses fatores sazonais e constantes para tornar a atividade rural de alto risco, o homem do campo ainda tem contra si a instabilidade da política exclusivamente econômica do governo. E numa metáfora poderia muito bem concluir: não basta vencer o tempo e seus humores. Como lidador de uma atividade primária não suficientemente conhecida e valorizada por quem governa, ainda tenho que superar também o humor desses homens, pois ele se lastra unicamente em dados de teoria econômica. Não fora isso suficiente, ainda tenho que lutar contra o estigma generalizado por alguma mídia de que, como produtor rural, sou devedor contumaz e perdulário do dinheiro público. Estou sendo muito estóico. Só não sei até quando.
>
> O Estado brasileiro se diminui a cada dispositivo constitucional que é aprovado pelo Congresso Nacional e, assim, tenta acompanhar as metamorfoses políticas neoliberais que varrem o mundo. As economias de mercado, portanto, ressurgem com força extraordinária, deixando sem sustentação dialética padrões de economias estatalmente tuteladas. No entanto, apesar de todas essas resistências a dificultar ou a minar a fímbria do produtor rural não se pode esquecer que, do outro lado do campo, aqui na cidade, é dessa atividade fortemente aleatória e cheia de percalços que dependemos, muito ou pouco, para nos satisfazermos com o "pão nosso" de todo dia.
>
> Por consequência, as coisas do campo não podem ser classificadas como meras atividades econômicas, pois dependem delas uma forte carga de sobrevivência social. Não é sem razão, portanto, que essas relações foram inseridas como princípios de proteção constitucional.

Crédito rural, como dinheiro que o Governo empresta de forma subsidiada ao homem do campo ou determina que os bancos particulares emprestem como concessionários de uma atividade sua, não é benesse governamental. É imposição ditada pelo binômio risco da produção e necessidade social de alimentar.

O acordo realizado há pouco tempo pelo Governo Federal com os representantes da classe ruralista, resultando daí a edição de uma Medida Provisória equacionando parcialmente a questão do crédito rural, pela primeira vez nos últimos tempos, fez cumprir a Constituição Federal. Ocorre que no seu art. 187, diz essa Carta Maior, que instrumentalizar com crédito o setor de produção rural é questão de política agrícola a ser planejada e executada com a participação efetiva dos envolvidos. Logo, padece de inconstitucionalidade toda e qualquer resolução emanada do Conselho Monetário Nacional ou do Banco Central, ou mesmo dos agentes emprestadores do dinheiro referente a crédito rural, que não passar pelo crivo da prévia discussão.

Tem-se, assim, que dinheiro para o campo não é tão-só atividade econômica. É, antes de tudo, atividade social e política. É o que se chama uma verdadeira questão de estado.

Quando integrante do Segundo Grupo Cível do Tribunal de Alçada do Rio Grande do Sul, na condição de relator dos Embargos Infringentes nº 195.050.174, de Criciumal-RS, em que era embargante o Banco do Brasil S/A e embargado Nelson Lompa, prolatei o seguinte voto, que foi acompanhado por unanimidade:

CRÉDITO RURAL – INSTRUMENTO DE POLÍTICA AGRÍCOLA A EXIGIR PRÉVIA DISCUSSÉO COM O SETOR DE PRODUÇÃO. ART. 187, I, DA CONSTITUIÇÃO FEDERAL. RESOLUÇÕES DO BACEN OU INSERÇÃO DE CLÁUSULAS CONTRATUAIS PELO BANCO EMPRESTADOR, SEM ESSA PRÉVIA DISCUSSÉO PADECE DO VÍCIO DE ORIGEM. A Constituição Federal, no seu art. 187, inciso I, estabelece que se inserem na política agrícola os instrumentos de crédito a ela repassados e que por isso necessita de prévia discussão com o setor de produção. Portanto, as resoluções do Banco Central ou mesmo a inclusão de cláusulas contratuais pelo Banco Emprestador que não respeitar essa norma padece de vício de origem, possibilitando a revisão do que foi estabelecido.

CRÉDITO RURAL – INSTITUTO DE DIREITO AGRÁRIO QUE BUSCA PROTEÇÃO SOCIAL AO HOMEM DO CAMPO. NELE PREDOMINA O DIRIGISMO ESTATAL EM SUBSTITUIÇÃO À AUTONOMIA DE VONTADE. Crédito rural é instituto de direito agrário que, como outros, busca proteger o homem do campo. Seu sistema legal é sempre social, de onde emerge a necessidade do dirigismo estatal protetivo em detrimento da autonomia de vontade, que é liberdade de contratar. Isto significa dizer que a interpretação que deve de correr do sistema é a que melhor se adeque ao homem do campo.

CRÉDITO RURAL – CORREÇÃO PELO PREÇO/PRODUTO – REVISÉO DE CLÁUSULA QUE SE COADUNA COM A INTERPRETAÇÃO DE SE APLICAR A JUSTIÇA SOCIAL NO CAMPO. A correção monetária do crédito rural pelo preço do produto é a que melhor se adequa à interpretação de justiça social ao homem do campo, exegese inerente ao sistema legal que protege o instituto.

EMBARGOS INFRINGENTES Nº 195050174
SEGUNDO GRUPO CÍVEL
EMBARGANTE: BANCO DO BRASIL S/A.
EMBARGADO: NELSON LOMPA

Acórdão

Acordam, os Juízes do Segundo Grupo Cível do Tribunal de Alçada do Estado, por unanimidade, em desacolher os embargos.

Custas na forma da Lei.

1- Trata-se de embargos infringentes interpostos pelo BANCO DO BRASIL S/A ao acórdão de fls. 157/164, objetivando a prevalência do voto vencido do Dr. Leo Lima, que entendia ser aplicável, como índice para correção do débito, a taxa referencial, visto que a TR, pelos termos da Lei nº 8.117/91, passou a ser o índice de atualização dos contratos em geral, como também, das cadernetas de poupança, inexistindo restrição legal à aplicação dessa taxa aos créditos rurais, em julgamento promovido pela Egrégia Terceira Câmara Cível desta Corte, referente aos embargos opostos à execução que o Banco move a Nelson Lompa.

A inconformidade do embargante (fls. 171/176), em suma, reside em fazer prevalecer o voto minoritário, considerado válida a TR como fator de correção monetária, determinada na sentença e mantida pelo voto vencido, até mesmo porque, o reajuste é o mesmo incidente na caderneta de poupança rural ("verde"), criada para financiar recursos à agricultura.

Recebidos os embargos (fl. 181), preparados e sem resposta, vieram conclusos para o julgamento.

2- A questão embargada, embora de ampla discussão no campo político, econômico e jurisprudencial, sofre de insuficiência de aprofundamento doutrinário. Assim, com a devida vênia e sem nenhuma outra pretensão, senão a de trazer análise já feita neste campo e que estou publicando em Curso de Direito Agrário e Legislação Complementar, 1996, Edição Livraria do Advogado Editora, é que se adicionam os seguintes argumentos aos expendidos pela douta maioria.

A EXEGESE DO CRÉDITO RURAL – Uma das questões ainda não bem consolidada na jurisprudência é a utilização com mais profundidade de princípios criados pela hermenêutica jurídica, ciência propedêutica de grande valia para a melhor compreensão do direito. Isto tudo por que se fixou como quase natural a idéia de satisfação absolvida da lei. Por conseguinte, poder perquirir-se outras formas de aplicação do direito foi deixado quase na inércia. Partiu-se, assim, para a máxima um tanto corrosiva de limitação da liberdade jurídica sob o manto de que legislar é sempre preciso. O Juiz, por esse prisma, passou de um intérprete do direito, que sempre foi, para um ser meramente autômato, pois decodificar leis se tornou seu limite.

Todavia, como vejo o direito na ótica de um mundo dentro de um macrocosmo social, onde a lei é tão-somente um seu satélite, e não o próprio mundo, tenho que a ciência da hermenêutica jurídica é de ser utilizada para uma boa compreensão do direito positivo nesta ótica maior. Assim, esta ciência estabelece que além dos métodos de interpretação conhecidos (gramatical, teleológico, histórico e dogmático), é possível utilizar-se, mesmo no Brasil que por razões políticas prima pelo legalismo ou o dogma de que somente o Legislativo pode dizer o direito, do método sociológico de interpretação. Ou em outras palavras, o método que busca adequar o direito legislativo a uma carência ou necessidade social, quer através de leis criadas exatamente com este rumo, quer através de uma exegese mais aberta. Tanto é verdade que quando se afirma, sem a devida profundidade dos antecedentes doutrinários, que *o direito é um fato socia*, evidentemente se está buscando o elemento sociólogo para interpretar a norma positivada sem se saber. O direito como meio de previsão e resolução de conflitos é um produto social. Nasce e tem vida no querer social. Não existe direito numa sociedade democrática que não conflitue, mesmo porque não existe sociedade sem conflito, pois este representa o jogo de interesse. Ou o que se vê não é direito. É um não--direito.

Feita esta introdução, no sentido de se estabelecer que é possível a utilização da interpretação sociológica mesmo que tenha o legislador buscado a titulação absoluta do direito no país, passo a analisar o contexto em que se situa a temática de crédito rural.

Quem observa o direito de fora dele sabe que qualquer dos seus ramos não é uma ilha. Todos eles, com maior ou menor intensidade, se intercomunicam. No entanto, este ou aquele ramo tem suas características próprias que os tornam, por isso mesmo, independentes ou autônomos. Coloco como exemplo o direito civil e o direito do trabalho. A sistemática do primeiro é da autonomia de vontade. A vontade humana com seus direitos e deveres é que dá ao direito civil aquela característica que o torna diferente e independente. A liberdade individual é o centro a proteger. Tanto é verdade que ele se insere no rol dos direitos privados. No que pertine aos contratos, essa vontade é tão vinculante que só excepcionalmente é admitida a ruptura. O que o homem contrata é lei, porque está em jogo sua vontade, que junto à vontade de alguém, cria uma corrente difícil de ser rompida. Já o direito do trabalho tem característica completamente diferenciada. Assim, embora tenha como relevância também o trato interpessoal, especificamente nas relações contratuais, o faz diferente, e aí se tem o quase total dirigismo estatal de seus preceitos. Melhor dizendo, o predomínio da vontade das partes do direito civil cede diante da tutela do Estado. Aqui elas não se estabelecem condições, nem se impõem leis pessoais. Estas são ditadas de forma imperativa e cogencial pelo estado legislador, uma vez que o sistema de proteção é o social. Isto faz surgir um fator de importância transcendental para a boa interpretação destes dois direitos, pois o conflito que daí surge pode merecer uma ou outra ótica de conclusão exegética. Dessa forma, se o contrato foi feito sob a égide do direito civil, tem-se que a exegese deve pender pela autonomia de vontade ou no sentido de que as partes são plenamente livres para pactuarem o que não for ilícito, portanto, o que fizeram deve ser respeitado. Mas, se foi ele elaborado sob o mando do direito do trabalho, a vontade das partes deve ficar subsumida na vontade do Estado, pois para tal ramo do Direito predomina o dirigismo estatal, que se tem como superior em nome da proteção social. Explicando: às partes não podem se estabelecer condições contratuais. Estas são preestabelecidas pelo Estado, pois em tal sistema entende ele ser necessário para estabilizar tal tipo de relações. A premissa básica aí residente é de que o trabalho não tem força para se opor ao capital, estando no campo das relações humanas sempre subjugado. Portanto, a presença do Estado com suas leis mais cogentes e de proteção ao trabalho se construiria no contrapeso para o atingimento de uma verdadeira justiça social. É a teoria da igualdade, já exaltada por RUI BARBOSA no início do século: a de se aquinhoar desigualmente os desiguais na medida em que se desigualam. É o que também se chama de justiça social.

Se não se faz esta separação de sistemas, confusão pode vir a existir quando se tentar impor regras de um no outro, pois isto cria um hibridismo de difícil conciliação, uma vez que eles protegem planos jurídicos diametralmente opostos. Um, o indivíduo; o outro, o grupo social mais fraco.

Ocorre que o sistema de proteção social predominante no direito do trabalho é o mesmo do direito agrário. Ambos buscam justiça social.

Pois crédito rural, ou seja, dinheiro que o Governo determina seja emprestado pelos estabelecimentos bancários de forma subsidiada para sustentar a atividade agrária, é um instituto de direito agrário, de autonomia plenamente admitida pela Constituição Federal, art. 22, inciso I, portanto, tem ele toda a conotação de proteção social. Como a atividade bancária é considerada atividade de interesse público é ela tutelada pelo Estado, de onde sofrem os bancos eterna intervenção. Ora, como crédito rural é preocupação estatal, estão os bancos necessariamente submetidos ao dirigismo do Estado, que por sua vez age na busca de uma justiça social. Como este tema, se alinham outros como função social da propriedade, reforma agrária, desapropriação por interesse social, contratados de arrendamento e parcerias, usucapião especial, títulos de crédito rural, dentre tantos que povoam o direito agrário. Repetindo: as regras de autonomia de vontade no crédito rural são afastadas para dar lugar a ditames oficiais onde deve sempre predominar a proteção ao mais fraco. Assim, na interpretação de qualquer conflito envolvendo cédula rural, na qual a cédula rural pignoratícia é uma espécie, que é matéria de crédito rural, portanto de direito agrário, deve-se ter presente a supremacia da interpretação social.

Assim, dentro do conceito que crédito rural é instituto que tem como égide sistemática de proteção social, a interpretação que deve emanar das leis que o regulam é nesse sentido. Introduzir preceitos regulamentares, como por exemplo, resoluções do Banco Central, ou se tentar dar exegese diferenciada é conflituar o sistema, que sabidamente foi criado para proteger.

Para finalizar esta fundamentação, resumo que crédito rural tem um sistema de nítida proteção social e que, portanto, nele não se podem introduzir regras que primem pela autonomia de vontade ou ainda se procurem introduzir regulamentos que contrariem o sistema.

CRÉDITO RURAL COMO INSTRUMENTO DE POLÍTICA AGRÍCOLA A EXIGIR PRÉVIA DISCUSSÃO COM O SETOR DE PRODUÇÃO. Não fora essa análise sistemática de onde se situam as coisas do crédito rural, tenho ainda que uma circunstância importante merece também análise. Diz a Constituição Federal no seu artigo 187 que instrumentos de crédito rural é matéria de política agrícola, que deve ser planejada e executada na forma da lei, mas, e aqui a importância, com a participação efetiva do setor de produção. Ora, isso significa dizer que qualquer emanação legislativa do Estado, quer seja por lei ou por resolução, precisa antes ter sofrido prévia discussão entre os interessados diretos, os produtores. Dessa forma, a estipulação feita pelo Conselho Monetário Nacional, pelo Banco Central ou até mesmo pelo banco emprestador só tem validade se passar pelo crivo da prévia participação da parte interessada.

Se não há, as regras emanadas sofrem vício de origem, o que as torna sem legitimidade de obediência. Mais uma vez fica demonstrado que o dirigismo estatal antes de se traduzir em linguagem jurídica é ato político a necessitar de prévia conversação. Logo, nos termos da Constituição Federal não existe o *juris imperii*.

Dessa forma, por enquadrar a revisão proposta pela douta maioria, de corrigir o crédito pelo preço do produto, plenamente convergente com todo o sistema de proteção social ao homem do campo, é que rejeitam-se os embargos.

Participaram do julgamento, além do signatário, os eminentes Juízes de Alçada Antônio Janyr Dall'Agnol Júnior, Presidente, Márcio Oliveira Puggina, Leo Lima, Aldo Ayres Torres, Gaspar Marques Batista e CEzar Tasso Gomes.

Porto Alegre, 15 de março de 1996.

Wellington Pacheco Barros, Relator.

14. Títulos de crédito rural e sua execução[30]

14.1. Generalidades

Antes da assunção de responsabilidade pelo Estado para as coisas do campo, embrionada a partir de 1964, com a Emenda Constitucional nº 10, que possibilitou a edição do Estatuto da Terra, as relações jurídicas até então praticadas tinham revestimentos do Código Civil. Este, como se sabe, prima pela autonomia de vontade, calcado que é no sistema político e econômico chamado de neoliberalismo. Por ele, o exercício do direito de propriedade é máximo, permitindo que o homem proprietário rural use, goze e disponha de sua terra da forma que lhe for mais conveniente, pois esse é o conceito de ser dono de imóvel rural que o seu sistema incute.

Com a vigência do novo sistema, que retirou direitos do proprietário rural para lhe outorgar deveres, sob a égide da conceituação de que a terra tem uma função social, logo, por si só, tem deveres, especificamente no crédito rural, criou títulos com características nitidamente diferenciadas para servir de instrumento formal de empréstimos de dinheiro ao campo.

É diante desse fundo histórico-jurídico que se precisa entender a existência dos títulos de crédito rural e se permitir uma pertinente exegese.

14.2. Espécies de títulos de crédito rural

Os títulos de crédito rural podem ser agrupados em duas classes:
- títulos de crédito rural propriamente ditos e
- títulos de crédito rural assemelhados.

Os títulos de crédito rural propriamente ditos são aqueles que representam uma promessa de pagamento em dinheiro, com ou sem garantia real, e se originam diretamente do crédito rural, que é dinheiro oficialmente emprestado ao campo. Estes títulos de crédito são:
- cédula rural pignoratícia;
- cédula rural hipotecária;

---

[30] Para melhor aprofundamento sugiro a leitura do meu livro *Estudos Avançados sobre a Cédula de Produto Rural – CPR*. Campo Grande: Editora Contemplar, 2013.

- cédula rural pignoratícia e hipotecária e
- nota de crédito rural.

Os títulos de crédito rural assemelhados são aqueles que, embora não representem empréstimo de dinheiro oficial, servem para facilitar as relações lineares de crédito entre os produtores rurais, ou entre eles e suas cooperativas e terceiros. Estes títulos de créditos são:
- nota promissória rural;
- duplicata rural e
- cédula de produto rural.

14.3. Títulos de crédito rural propriamente ditos

Os títulos de crédito rural propriamente ditos têm características civil (não necessitam de protesto para constituição em mora, mas tampouco possibilitam pedido de falência), de liquidez (não ensejam dúvida quanto aos valores neles constantes, quer se constituam eles do valor líquido do empréstimo ou deste acrescido de correção monetária, juros remuneratórios, comissão de fiscalização e demais despesas), de certeza (representam a verdade de um negócio firmado entre as partes) e de exigibilidade (prescindem de qualquer condição para exigir o pronto pagamento).

Os títulos de crédito rural propriamente ditos possuem vários requisitos comuns:
- Denominação;
- Data e condições de pagamento; havendo prestações periódicas ou prorrogações de vencimentos, o acréscimo de nos termos da cláusula Forma de Pagamento abaixo, ou nos termos da cláusula Ajuste de Prorrogação abaixo;
- Nome do credor e cláusula à ordem;
- Valor do crédito deferido, lançado em algarismo e por extenso com indicação da finalidade ruralista a que se destina o financiamento concedido e a forma de sua utilização;
- Taxa dos juros a pagar, e da comissão de fiscalização, se houver, e tempo de seu pagamento;
- Praça de pagamento;
- Data e lugar da emissão;
- Assinatura do próprio punho do emitente ou de representante com poderes especiais.

O requisito denominação nos títulos de crédito propriamente ditos serve para demonstrar, já no primeiro momento, se o crédito rural foi lastreado ou não de garantia real. Assim, a denominação cédula rural pignoratícia demonstra que o empréstimo rural teve como garantia bens móveis passíveis de penhor, ou aqueles para os quais a lei estendeu essa conceituação; cédula rural hipotecária, que a garantia se constituiu de bens imóveis; cédula rural pignoratícia ou hipotecária, que a garantia é cumulada pelo penhor e hipoteca, e nota de crédito rural, que não existe qualquer garantia real cedularmente constituída.

O requisito data e condições de pagamento serve para fixar o momento normal que o título se torna exigível e a forma como poderá ser pago, se não houver vencimento antecipado por inadimplência de qualquer obrigação convencional ou legal praticada pelo emitente, ou pelo terceiro que prestou a garantia real. Possuindo os títulos de crédito uma formalidade mitigada, diferente da rigidez dos títulos de crédito de natureza cambial, permitem eles a inserção de formas parceladas de pagamento ou posterior aditamento, fixando agora pagamento em parcelas de uma dívida anteriormente unitária ou ainda prorrogações de vencimento estabelecidas diretamente entre o agente financiador e devedor, ou através de intervenções governamentais geradas pelo Conselho Monetário Nacional ou Banco Central, já que crédito rural é instituto de política agrária, que é ciência de inconstância. É de se deixar claro que os aditamentos aos títulos de crédito rural resultantes das intervenções governamentais só são admissíveis se forem expedidos em benefício do tomador do dinheiro. Modificações geradoras de mais obrigações atentam contra o princípio do direito adquirido.

Os acréscimos nos termos da cláusula Forma de Pagamento abaixo ou nos termos da cláusula Ajuste de Prorrogação abaixo servem exatamente para caracterizar as mudanças verificadas posteriormente nos títulos de crédito.

O requisito nome do credor e cláusula à ordem identifica o beneficiário da dívida; é a pessoa a quem obrigatoriamente deverá se dirigir o emitente do título na data do pagamento. Em geral, o credor é o agente financeiro emprestador do dinheiro. No entanto, nada impede que pela força da cláusula à ordem, ou endosso, o credor seja pessoa diferente daquela que emprestou o dinheiro, ou até mesmo indeterminado, no caso do título ter se tornado ao portador. Na hipótese, a dívida só poderá ser paga com a apresentação do título.

Quanto ao requisito valor do crédito deferido, lançado em algarismo e por extenso, com indicação da finalidade ruralista a que se destina o financiamento concedido e a forma de sua utilização, observa-se que o legislador procurou, no primeiro momento, fixar o *quantum* de dinheiro emprestado, prevalecendo o valor escrito ao valor numérico, no caso de dúvida. A lei não estabelece que o valor seja fixado exclusivamente em dinheiro, o que permite sua transformação em UFIRs, por exemplo, que é uma forma de manutenção corrigida do dinheiro.

Importância fundamental desse requisito é a indicação da finalidade para que se destina o financiamento e a forma de sua utilização. Vencendo o crédito rural encargos bem aquém dos geralmente fixados pelo mercado, dirigismo governamental a que estão vinculados os agentes financeiros, a) porque lidam com dinheiro oficial, ou b) porque são assim obrigados a agir quanto a dinheiro seu por imposição de uma concessão pública que exercem, naturalmente que a destinação desse dinheiro deveria também ser regrada. Por essa lógica, o empréstimo é feito para alguma atividade rural, circunstância que afasta a disponibilidade do tomador. O compromisso que o devedor assume com essa cláusula vincula o emprego do dinheiro a uma destinação específica. Seu desvio pode caracterizar inadimplência de obrigação convencional e ensejar a antecipação do vencimento do título. E o legislador foi mais além ao exigir a descrição completa da forma de como ele será utilizado.

Outro requisito comum aos títulos de crédito rural propriamente ditos é a fixação da taxa de juros a pagar, e da comissão de fiscalização, se houver, e o tempo de seu pagamento. Aqui, uma das questões mais discutidas na jurisprudência e na doutrina.

Com a devida vênia, e em repetição ao que já se disse em vários pontos desse curso, penso que há um claro desvio de interpretação ao se pretender como predominante a autonomia de vontade, resultante de uma liberdade contratual na fixação dos juros remuneratórios no crédito rural. Isso não existe! Toda a sistemática desse instituto, como de regra de todo direito agrário, é na busca de justiça social, que representa proteção de uma classe social em detrimento de outra. É a busca da igualdade pela desigualdade. Por conseguinte, o suprimento interpretativo, na ausência de regras expressas declarativas dessa proteção, deve ter essa tônica, e nunca enveredar para um sistema diametralmente oposto, que é a do direito civil. A mens legis não pode ser modificada. A dificuldade que uma inversão de tal jaez poderia oportunizar é a mesma de se tentar aplicar regras civilistas nas relações de trabalho.

Se o sistema social do direito agrário não se adequa a uma realidade neoliberal, que se revogue a lei. Nunca por via indireta de resoluções, ordens de serviços ou portaria, porque estas interpretações são derivadas, e como tais devem obedecer ao legislador que as criou. Mudar o Poder Executivo o sistema de proteção criado pelo Poder Legislativo é praticar desvio de poder e oportunizar o controle do ato administrativo assim emanado pelo Poder Judiciário.

A taxa de juros remuneratórios não poderá ser superior a 12% (doze por cento). Seu critério de pagamento é semestral, sob pena de *anatocismo*.

Quanto à comissão de fiscalização, não basta ser pactuada, há necessidade de que efetivamente seja realizada, o que obriga o agente financeiro a demonstrá-la. Pactuada e não realizada, é cláusula indevida a permitir sua oposição de pagamento.

O requisito praça de pagamento fixa o lugar que o devedor deverá pagar a dívida, desobrigando-o de qualquer outro.

A data, o lugar da emissão e assinatura do título são requisitos comuns que complementam a perfeição formal do crédito rural. A data e o lugar de emissão projetam para o futuro o momento exato e local de criação do contrato de empréstimo de dinheiro rural. Já a assinatura pessoal ou por representante com poderes especiais o torna plenamente válido.

Além dos requisitos comuns acima analisados, existem requisitos específicos a cada um dos títulos de crédito rural propriamente ditos.

A cédula rural pignoratícia, por exemplo, deve conter a descrição dos bens vinculados em penhor, que se indicarão pela espécie, qualidade, quantidade, marca ou período de produção, se for o caso, além do local ou depósito em que os mesmos bens se encontrarem. Como uma das características dos títulos de crédito rural é a inserção direta da garantia dada ao empréstimo tomado, nada mais lógico que os bens que a constituem sejam discriminados com a maior abrangência possível, a fim de não deixar qualquer dúvida na sua individualização. Como garantes e depositados em mãos do próprio devedor ou do terceiro prestante da garantia real, eles precisam de completa identificação. Assim, por exemplo, se o penhor incidir sobre uma máquina colheitadeira, a descrição desse bem abrangerá tipo, ano de fabricação, número de chassi, motor, pintura, estado de conservação, capacidade da caçamba, tipos de pneus, e tudo o mais necessário para sua perfeita identidade.

Na cédula rural hipotecária, é o imóvel que deve ser descrito com indicação do nome, se houver, dimensões, confrontações, benfeitorias, títulos e data de aquisição e anotações (número, livro e folha) do registro imobiliário. Por conveniência das partes, esta descrição poderá ser substituída pela anexação do título de propriedade, referindo-se na cédula rural a este fato. Circunstância interessante é que os bens móveis adquiridos com o crédito rural incorporar-se-ão à garantia hipotecária, bem assim toda e qualquer benfeitoria realizada no imóvel.

Para a validade da garantia hipotecária, há necessidade do consentimento do outro cônjuge e de registro do Cartório de Registro de Imóveis, nos termos que a lei dos Registros Públicos dispuser, ficando revogadas as disposições dos arts. 30 a 41 do Decreto-Lei nº 167/67 a esse respeito. Porém, sua ausência invalida apenas a garantia, e não o contrato de empréstimo. Pode ser objeto de garantia qualquer imóvel, rural ou urbano.

A cédula rural pignoratícia e hipotecária conjuga a necessidade de descrição completa dos bens móveis passíveis de penhor, como na cédula rural pignoratícia exclusiva, com descrição do imóvel oferecido em hipoteca, como ocorre na cédula rural hipotecária. Pela prevalência desta última garantia, haverá necessidade de consentimento do outro cônjuge e registro no R.I.

A nota de crédito rural, por se destinar a empréstimos de pequena monta, não necessita de garantia real. Nada impede, contudo, que o agente emprestador se garanta com aval ou fiança e, neste caso, também com o consentimento do cônjuge do fiador.

14.4. Títulos de crédito rural assemelhados

Os títulos de crédito rural assemelhados, como já se disse anteriormente, são a nota promissória rural, a duplicata rural e, de criação mais recente – Lei nº 8.929, de 22.08.94 –, a cédula de produto rural.

São considerados assemelhados, porque não representam empréstimo de dinheiro oficial, que é a atividade fundamental do crédito rural, mas, por força de lei, servem para embasar relações jurídicas entre produtores rurais, entre estes e suas cooperativas ou, ainda, com terceiros.

Como títulos de crédito que são, estes títulos assemelhados possuem características comuns, inclusive, aos próprios títulos de crédito propriamente ditos. Assim, possuem denominação, data de pagamento, data e lugar da emissão e assinatura do emitente.

A nota promissória rural tem seu âmbito de aplicação definida na própria lei (art. 42 do Decreto-Lei nº 167/67), que diz:

> Nas vendas a prazo de bens de natureza agrícola, extrativas a favor de seus cooperados, ao receberem produtos entregues rurais ou por suas cooperativas; nos recebimentos, pelas cooperativas, de produtos da mesma natureza entregues pelos seus cooperados, e nas entregas de bens de produção ou consumo, feitas pelas cooperativas aos seus associados poderá ser utilizada, como título de crédito, a nota promissória, nos termos deste Decreto-Lei.

A nota promissória rural, pelo que se pode observar da disposição legal, é o título de crédito representativo de venda a prazo e de emissão entre as cooperativas e seus associados, tendo uns e outros como emitentes. As cooperativas, quando da aquisição a prazo dos produtos rurais de seus associais e, aos associados, quando na aquisição também a prazo de produtos de consumo das cooperativas.

Portanto, esse título de crédito tem campo de ação restrito entre os produtores rurais e seus associados. As compras ou vendas a prazo feitas diretamente entre produtores rurais não são abrangidas por essa espécie de título, sendo de aplicação a nota promissória comum, de características cambiais.

Como promessa de pagamento de emissão imediata, na nota promissória rural deve constar o nome da pessoa ou entidade que vende ou entrega os bens e a qual deve ser paga, seguido da cláusula à ordem. A pessoa que vende ou entrega os bens, cooperativa ou associado, é, basicamente, o credor do título emitido. Todavia, poderá ele determinar outrem para receber o crédito por sua ordem.

É ainda requisito formal da nota promissória rural: a especificação da soma a pagar em dinheiro, lançada em algarismo e por extenso, que corresponderá ao preço dos produtos adquiridos ou recebidos, ou no adiantamento por conta do preço dos produtos recebidos para venda. Deve ser observado que a lei fala em dinheiro, o que proíbe sua emissão especificamente em UFIR, por exemplo. Todavia, nada impede que o valor expresso em dinheiro seja transformado nesse tipo de moeda de correção contínua.

Situação importante nesse requisito é a vinculação expressa que o legislador fez entre a soma a pagar e o preço dos produtos a ele correspondente. Isso significa que não se pode agregar diretamente ao valor em dinheiro a pagar do título qualquer encargo. É de se entender que, representativa de relação jurídica entre a cooperativa e seus associados, a nota promissória rural teria sido criada como uma mera representação documental de uma compra ou venda a prazo entre iguais, e nunca como expressão de ganhos entre essas partes, uma vez que o associado é também dono da cooperativa, cuja estrutura jurídica é de proteção a seus integrantes. Essa é uma diferença fundamental que distingue a nota promissória rural da nota promissória comum de origem cambial, já que nessa última é possível se embutir no valor devido os juros remuneratórios, correção monetária e outros encargos. Tenho, todavia, que os custos eventuais resultantes da própria operação de crédito possam ser motivo de acordo entre as partes, acrescentando-se, até no próprio título, o valor correspondente. Tratando-se de título de crédito rural, de requisito formal mitigado, a inserção dessa cláusula acessória não agride o sistema. Ao contrário, o auxilia.

O último requisito da nota promissória rural é a indicação dos produtos objeto da compra e venda ou da entrega. Essa exigência legal demonstra a característica confirmatória de que efetivamente houve uma relação jurídica de compra e venda ou de entrega de produtos entre a cooperativa e seu associado. Por conseguinte, afasta a possibilidade de emissão do título como representativo de outras atividades. A assunção de responsabilidade diretamente pela cooperativa, dentro da permissão estatutária, de dívidas pessoais do associado, por exemplo, não enseja a emissão da nota promissória rural, mas, sim, de título de crédito de efeitos cambiais. No caso de que tenha sido emitido, não terá ele eficácia executiva.

O segundo título de crédito rural assemelhado é a duplicata rural. Como a nota promissória rural, ela também é representativa de uma venda a prazo de quaisquer bens de natureza agrícola, extrativa ou pastoril e pode ser emitida pelos produtores rurais contra suas cooperativas, e vice-versa.

Todavia, a diferença fundamental entre esses títulos é que a duplicata rural pode também ser emitida diretamente pelo produtor, pessoa física ou jurídica, para outro produtor, ou mesmo para terceiro, desde que o objeto seja a venda a prazo de produto de natureza agrícola, extrativa ou pastoril. No mesmo diapasão, as vendas a prazo realizadas pelas cooperativas. Trata-se, portanto, de um tipo especial de duplicata e que, apenas subsidiariamente, lhe são aplicadas as disposições da sua espécie de direito comercial.

O seu fundamento legal está no art. 46 do Decreto-Lei nº 167/67, redigido nestes termos:

Nas vendas a prazo de quaisquer bens de natureza agrícola, extrativa ou pastorial, quando efetuadas diretamente por produtores rurais ou por suas cooperativas, poderá ser utilizada também, como título de crédito, a duplicata rural, nos termos deste Decreto-Lei.

É requisito específico da duplicata rural a possibilidade de se poder nela declarar, como data de pagamento, a sua ocorrência a tantos dias da data da apresentação, ou ainda de ser vista. Trata-se de uma verdadeira condição na data de pagamento da duplicata rural, porquanto esse título só se tornará exigível decorrida a sua apresentação formal ao devedor. O vencimento, nesse caso, ou se verificará neste momento, quando se tem a duplicata para pagamento à vista, ou no decurso dos dias fixados.

Ainda como a nota promissória rural, a duplicata rural deverá conter como requisito a soma a pagar em dinheiro, lançada em algarismo e por extenso, que corresponderá ao preço dos produtos adquiridos e a indicação dos produtos objeto da compra e venda.

O terceiro título de crédito rural assemelhado é a cédula de produto rural, criada pela Lei nº 8.862, de 22.08.94.

Pela sua relevância como forma de fomento de crédito particular ao campo, ela será tratada em capítulo próprio a seguir.

14.5. A execução judicial dos títulos de crédito rural

A ação típica para cobrança dos títulos de crédito rural é o processo de execução. De quantia certa, quanto aos títulos que consignarem o pagamento em dinheiro, e de entrega de coisa certa, na execução da cédula de produto rural, eis que seu objeto é a entrega de produto rural.

Como independem de protesto para constituição em mora, esses títulos se tornam exigíveis após o vencimento, ou antecipadamente, pelo inadimplemento de condição legal ou contratual do devedor ou do terceiro garante.

De força executiva, o título de crédito rural propriamente dito (cédula rural pignoratícia, cédula rural hipotecária, cédula rural pignoratícia e hipotecária e a nota de crédito rural) necessita de liquidez, quanto aos valores pretendidos, e de certeza, quanto aos encargos acessórios que acompanham o próprio empréstimo de dinheiro. E condição de liquidez não se verifica pela tão só anexação de extrato bancário onde se discriminem apenas os valores devidos e as datas de seus lançamentos. Há necessidade de que a discriminação de cada parcela cobrada seja completa, com a menção, por exemplo, do índice de correção monetária aplicado, o percentual de juros remuneratórios, moratórios ou de multa incidente sobre a dívida. Por outro lado, o requisito de certeza, quanto à cobrança da comissão de fiscalização, por exemplo, se consolida com a apresentação dos demonstrativos que provem a efetividade da fiscalização na atividade rural objeto do empréstimo de dinheiro ao campo. No caso de outras despesas, com os documentos que as demonstrem.

A necessidade de descrição completa dos elementos que incidiram sobre as parcelas líquidas cobradas, e prova das despesas realizadas, se impõe em cumprimento aos princípios constitucionais que asseguram, mesmo ao devedor, o respeito ao devido processo legal e ao direito de ampla defesa. Assim, não fornecendo o credor todos os dados de como chegou ao montante pretendido, a via processual é indevida e ilegal, e o devedor teve obstruído, logo no início, seu direito de defesa.

Como a força coativa da penhora sobre os bens do devedor decorre da estrutura formalmente perfeita do crédito, que por isso mesmo é protegido pelo Estado-Judiciário, é salutar que o juiz, ao receber uma inicial de processo de execução, examine a existência da efetiva liquidez da dívida em execução, e a certeza, através de outros documentos, das despesas pretendidas pelo credor. A providência é salutar, pois o Poder Judiciário colocará toda a sua força de mando em proteção do crédito que, por óbvio, precisará estar bem constituído, ou a coação pela penhora se transformará em ato ilegal. A providência judicial a ser determinada poderá se constituir na apresentação pelo credor dos dados necessários para permitir de forma matemática a perfeição dos valores cobrados. Ou no caso de despesas, a juntada de documentos que provem a sua realização.

O não atendimento da diligência judicial pelo credor poderá ensejar a extinção do processo de execução.

Estando em condições a inicial de execução do título de crédito propriamente dito, a penhora deverá recair sobre bens que lhe serviram de garantia através do penhor ou da hipoteca, eis que a finalidade executiva da existência desses garantes é exatamente essa. A penhora imotivada sobre outros bens, de forma cumulativa ou mesmo isolada, pode caracterizar excesso de penhora passível de reparo oficial pelo juiz, ou por provocação do devedor, antes mesmo da fluição do prazo de defesa. Sua alegação deve sr considerada um mero incidente na execução.

Questão interessante pode ocorrer na existência de cumulação de garantias reais e pessoais, como por exemplo, no caso da execução da cédula rural pignoratícia também garantida por aval. Embora essa última garantia tenha contornos e autonomia própria, todavia ela deve ser analisada dentro do contexto do crédito rural. Portanto, a existência do penhor e a sua condição natural de já servir de garante impõe a preferência da penhora. Caso contrário, se os bens do avalista fossem os penhorados, incidiria sobre uma mesma dívida uma duplicidade de garantia e poderia se constituir num verdadeiro abuso de direito. Ademais, o devedor continuaria indevidamente na condição de depositário fiel, sem qualquer razão jurídica para tanto, uma vez que esse compromisso acessório não é indefinido, pois seu limite é o pagamento da dívida. A lógica indica que, neste caso, a solidariedade do aval é meramente sucessiva. O avalista pode, nessa circunstância, intervir no processo, antes mesmo do prazo de embargos, para pedir a preferência da penhora nos bens do devedor apenhados.

Se os bens dados em garantia não forem encontrados pelo oficial de justiça, e o devedor não apresentar razoável justificação para essa ausência, em 5 (cinco) dias, não podendo mais o juiz decretar a prisão por depositário infiel por força da Súmula Vinculante do nº 25 do STF, no entanto, havendo indícios de crime de estelionato poderá encaminhar cópia do processo à autoridade policial ao Ministério Público para instauração do devido processo criminal.

Na execução da cédula rural hipotecária ou pignoratícia e hipotecária, é obrigatória a intimação da esposa do proprietário do bem imóvel dado em garantia, que pode ser a esposa do devedor ou do terceiro, eis que é possível a garantia hipotecária cedular de bens de pessoas estranhas ao crédito rural.

Nos embargos, o devedor poderá apresentar defesa de cunho processual, como a inconstitucionalidade da dívida por vício de origem ou descumprimento do art. 187 da C.F.; a ausência de documentos essenciais à execução; nulidade ou irregularidade na citação ou intimação; vícios ou excessos de penhora, carência de ação de execução por iliquidez e incerteza da dívida etc., ou toda aquela defesa que disser respeito ao aspecto formal do título ou do processo.

A defesa de mérito poderá abranger a cobrança de juros ilegais, índices de correção monetária indevidos, juros de mora e multa sem causa ou acima dos percentuais regulares; despesas não demonstradas e, enfim, qualquer matéria que lhe garanta o exercício de seu direito de ampla defesa.

O processo de execução tramitará na Justiça Estadual Comum, como regra, e com recurso para o Tribunal de Justiça, no caso do Rio Grande do Sul, ou, se de valor inferior a quarenta salários mínimos, nos Juizados Especiais Cíveis, por opção, conforme previsão da Lei nº 9.099, de 26.09.95, com recurso próprio.

Aos títulos de crédito rural assemelhados são aplicáveis as regras processuais acima analisadas, desde que pertinentes. Apenas a cédula de produto rural tem execução diferenciada, pois seu objeto é o compromisso de entrega de produto rural.

14.6. Mudanças inconstitucionais

Situação preocupante vem ocorrendo com o crédito rural. Trata-se da permissão de cessão dos créditos rurais à União pela Medida Provisória nº 2.196/3, permitindo a inscrição dos créditos rurais como dívidas ativas da União.

Penso que a Medida Provisória sofre de inconstitucionalidade por ferimento ao art. 187, inciso I, da Constituição Federal, já que sendo ele instrumento de política agrícola deveria ter sido planejada por lei, é verdade, mas cujo projeto tenha sido discutido com o setor de produção, aqui com a participação dos produtores e trabalhadores rurais, bem como os setores de comercialização, de armazenamento e de transporte. Dessa forma, a Medida Provisória, editada sem estas discussões, é inconstitucional.

Não fora isso, embora seja permitida a cessão dos créditos rurais para a União, isso não descaracteriza a sua natureza jurídica prevista na Lei nº 4.829, de 05/11/65 nem outorga ao crédito agora federal estrutura fiscal. Assim, a inscrição dos créditos em dívidas ativas da União e a consequente cobrança através de executivo fiscal fere o princípio do devido processo legal, já que a cobrança judicial do crédito rural tem previsão no Decreto-Lei nº 167/67 e deverá ser processada na Justiça Estadual, e não na Federal.

15. Cédula de Produto Rural

15.1. Da estrutura jurídica da CPR[31]

15.1.1. Da evolução histórica da CPR

A *Cédula de Produto Rural* ou, como é usualmente chamada, a CPR é um título de crédito que se caracteriza como um exemplo típico daquilo que na teoria geral do direito se traduz como *fato tornado norma*.[32]

Isso porque, quem conhece a realidade do campo sabe que a venda de produtos agrícolas para entrega futura, ou simplesmente o *troca-troca* ou o contrato de soja verde[33], sempre foi uma tradição costumeira de longa data no País desenvolvida à margem de uma tutela legislativa específica do Estado ou quando muito formatada por instrumentos jurídicos gerais moldados à imagem de um contrato a termo ou contrato futuro. Assim, o produtor rural, pelas mais variadas razões, sempre conseguiu fomento financeiro nos particulares para alavancar seu negócio rural ou até para prover o seu sustento familiar.

---

[31] A Lei nº 8.929/94 teve a primazia de juridicizar de forma sistematizada aquilo que já era conhecido na realidade negocial do campo, como o *troca-troca*, porém instrumentalizado de forma empírica através de contratos genéricos. No entanto, graças à sua inclusão no direito positivo brasileiro dando feições de título de crédito a estes negócios outros títulos surgiram. Assim, na sua esteira veio a Lei nº 11.076/2004 que criou títulos assemelhados à CPR, mas de circulação restrita.

[32] O *fato tornado norma* significa a lei que tem como base uma realidade vida. Em outra perspectiva é a transformação de um acontecimento em regra de direito positivo. O direito como regra de comportamento não teve na sua origem esse contexto. No seu berço o direito era costumeiro e sua tradição era oral. Com o passar do tempo, e para que o costume fosse perenizado, é que foi escrito. No entanto, o direito escrito como produto do Estado é coisa moderna, que, inclusive, pode criá-lo buscando impor um novo comportamento social e não perenizando o comportamento já existente. O fato tornado norma, assim, remonta à clássica origem do direito. Por desgarrar da realidade é que o direito criado pelo Estado sem substrato social de apoio "não pega", ou seja, embora existente e de cumprimento obrigatório ele não é aceito pelos usuários e, não raramente, até mesmo o Estado que o criou não o cumpre. Como eficácia do direito isso é um grande problema. Um exemplo clássico disso é o jogo do bicho que embora proibido pelo Estado e pelo direito é largamente praticado no País todos os dias. Nessa secular prática social há uma máxima jocosa que diz, sonhou com juiz, jogue no burro.

[33] O *troca-troca* é o escambo na sua forma mais natural e se caracteriza pela troca de um produto por outro.

Só depois de 1964, com a vigência do *Estatuto da Terra* (Lei nº 4.505, de 30.11.1964) quando então o Estado entendeu-se como elemento propulsor fundamental para o campo, especialmente quanto à assistência financeira e creditícia (art. 73, inciso VI, do Estatuto da Terra) intervindo fortemente na cena agrária através de uma legislação forte e de recursos econômicos fartos, porém dirigidos à utilização na exploração rural[34], é que ele buscou não se afastar dos empréstimos particulares com roupagem disfarçada, mas conjugar esse suporte representado por crédito rural oficial com o que vinha praticando há muito tempo. E as vendas antecipadas de produtos rurais ou a troca de insumos por produtos rurais, como instrumento representativo de tais empréstimos, continuaram a existir porque, embora o crédito rural oficial tenha sido criado para substituir o fomento particular, o produtor rural logo descobriu que o dinheiro público para a atividade rural, inicialmente farto, mas com o passar do temo nem sempre era suficiente para atingir todas as carências de sua atividade primária.

Dessa forma, o que deveria ser uma salvaguarda para o campo e que tinha como base uma política de proteção social demonstrou que, na sua execução, a concessão de crédito rural pelo sistema financeiro oficial sofria constantemente limitações quer como resultado do próprio contingenciamento inerente às diversidades das políticas públicas quer, por sua vez, porque eram pautadas por orçamentos que exigia procedência de disponibilização financeira que resistiam a implementação do novo pensamento.

Por conseguinte, o que deveria servir como contribuição para o homem rural pela circunstância economicamente atrativa de que o dinheiro oficial tinha baixa remuneração, em verdade, gerou sérias dificuldades. Por causa disso, até como decorrência natural, tornou sua procura fortemente disputada pelos pretensos beneficiários, já que a remuneração incidente sobre a importância emprestada era fortemente subsidiada pelo Governo, no primeiro momento, através de não remuneração do empréstimo, como agora, na fixação taxas de juros mínimos que, na atualidade de inflação baixa, não ultrapassa os 8,75% ao ano, enquanto os juros no mercado ultrapassam esta taxa apenas em um mês. O certo é que o crédito oficial não substituiu o crédito particular. Ao contrário. Culminando com a escassez de crédito oficial e com a sua vinculação absoluta a uma exploração rural específica, o crédito particular continuou a existir não mais como forma de financiamento absoluto, mas como suplemento ao crédito estatal.

---

[34] O crédito rural é regrado pela Lei nº 4.829/65, e os títulos de créditos, pelo Decreto-Lei nº 167/67, como já visto no capítulo anterior.

Diante dessa realidade é que, não tendo como suprir a demanda sempre crescente de crédito oficial e constatando que o crédito privado continuava existindo livremente na lacuna que deixava, é que o Estado, impotente para resolver economicamente o problema, buscou ao menos regrá-lo criando a Cédula de Crédito Rural.

Portanto, embora no contexto maior a CPR esteja também vinculada a um crédito rural no seu aspecto básico, a grande diferença é que, nela, não se questionam as razões que levaram o produtor rural a emiti-la, podendo servir tanto para o custeio, o investimento, a comercialização ou industrialização de produtos rurais, como os títulos de crédito rural ou simplesmente como forma de alavancar dinheiro para a implementação de atividades do produtor rural não vinculadas à sua atividade rural.[35]

Dessa forma é possível afirmar-se que a Cédula de Produto Rural foi criada como fonte alternativa de financiamento ao produtor rural ou de suplemento de crédito devido à escassez de recursos para aplicação no crédito rural oficial.

Por último, conquanto seu nascimento tivesse como objetivo a circunstância de poder se inverter a lógica comercial de que primeiro é preciso plantar para somente depois vender, os fatos da vida demonstraram que a CPR se constitui em um poderoso instrumento de captação de recursos para canalizá-los, direta ou indiretamente, ao financiamento para o homem do campo já que adquiriu versatilidade de circulação tanto no mercado financeiro como no mercado de capitais.

15.1.2. Da base constitucional

Atualmente, o Brasil é um celeiro de alimentos para todo o mundo com perspectivas de se tornar o maior produtor primário graças à grande quantidade de terras férteis ainda não agricultadas. E é fato inconteste que suas fronteiras agrícolas ano a ano são aumentadas, e a produção alcança recordes expressivos.

---

[35] A doutrina sobre a Cédula de Produto Rural é bem vasta no campo da economia, especialmente por sua característica de verdadeira moeda circulante, através de publicações eletrônicas, porém, ela é escassa no campo do direito e muito menos através de publicações de livros. Além disso, mesmo quando analisada pelos juristas e quando o tema enviesa sobre a obrigação antecedente que leva o produtor rural a emiti-la há um eco uníssono no sentido de que a importância recebida seria para fomento da produção rural. Isso é um equivoco talvez gerado pela ideia inicial de sua criação pelo Banco do Brasil. O que se observa é que a realidade atual desgarrou-se do pensamento inicial. Assim, como será analisada em tópicos próprios, não havendo qualquer vinculação legal, como ocorre com a cédula rural representativa do crédito rural oficial, pode o produtor rural se comprometer a entregar produtos rurais para saldar qualquer negócio jurídico anterior, desde que não seja ilícito. Aplica-se aqui a doutrina de que, não havendo vinculação legal típica do *dirigismo contratual*, surge com toda força o princípio da *autonomia de vontade*, segundo o qual a pessoa capaz é livre para criar, modificar ou extinguir qualquer relação jurídica.

No entanto, isso não aconteceu como resultado de puro empreendimento privado. Diferentemente do que ocorreu em alguns países em que o desenvolvimento rural atingiu sua plenitude graças ao empreendedorismo particular, no Brasil foi preciso um choque estatal forte, e que teve como base uma ruptura institucional que levou o País a um típico estado de exceção com a suspensão por alguns anos de instrumentos de plenitude de um estado democrático de direito. Esse marco foi 1964.

Apesar dos desvios que surgiram com essa intervenção do estado na atividade rural através dos famigerados soja-papel, trigo-papel, adubo papel, em que o crédito rural era fornecido, mas o dinheiro não chegava ao campo, e que ainda gerou uma máxima cruel de privatização do lucro e socialização do prejuízo, o certo é que, embora ainda exista essa cultura de lavar vantagem em tudo, frase de uma propaganda feita para uma marca de cigarro, mas que grudou e execrou o grande jogador Gerson que a propagou, grandes grupos econômicos têm investido fortemente no campo com pouca ou nenhuma participação creditícia estatal.

Assim, aquilo que foi idealizado em 1964 através do Estatuto da Terra para reestruturar e desenvolver o campo e que criou uma casta de produtores dependentes do crédito oficial, a verdade é que a presença do estado se tornou imprescindível gerando a necessidade de que isso deveria se transformar em princípio constitucional.

Portanto, entre tantos instrumentos criados pelo constituinte em 1.988 é possível afirmar que a CPR é um desses instrumentos e, dessa forma, sua existência tem base constitucional.

Essa afirmação decorre do art. 187, inciso I, da Constituição Federal que, ao dizer que a política agrícola deverá ser planejada na forma da lei, com o envolvimento de todos os interessados, elencou, dentre outros requisitos, a criação de *instrumentos de crédito*.

Dessa forma, o surgimento da CPR através da Lei nº 8.929/94 o foi em respeito ao mandamento constitucional, constituindo-se um dos requisitos para a implementação da política agrícola visualizada pelo constituinte.

15.1.3. Da CPR como instrumento de política agrícola

No tópico anterior, afirmou-se que a CPR tem base constitucional e aqui se completa que essa base constitucional reside por se constituir em instrumento de política agrícola.

O art. 187, inciso I, da Constituição Federal[36] diz o seguinte:

---

[36] A política agrícola descrita no art. 187 da CF nada mais é do que a reprodução com roupagem atualizada do art. 73 do Estatuto da Terra.

Art. 187. A política agrícola será planejada e executada na forma da lei, com a participação efetiva do setor de produção, envolvendo produtores e trabalhadores rurais, bem como dos setores de comercialização, de armazenamento e de transporte, levando em conta, especialmente:

I – os instrumentos creditícios e fiscais;

Assim, ao dispor sobre a CPR através da Lei nº 8.929/94, fixando regras para sua circulação como título de crédito, o legislador nada mais fez do que criar um instrumento de política agrícola.

Segundo Lutero de Paiva Pereira,[37] a criação da CPR se justificou por duas razões:

a) facilitou a comercialização do produto rural, processo até então desenvolvido por contratos, de juridicidade complexa; e,

b) e veio suprir a carência de recursos financeiros para custear seus empreendimentos, já que o Governo Federal, através de uma política agrícola restritiva, progressivamente tornava o financiamento rural menos disponível e menos atraente

Embora os dispositivos constitucionais sejam claros quanto à necessidade de se alinhar uma série de instrumentos para tornar factível aquilo que foi delineado como de política agrícola, a realidade é que, na execução, essa política importante apresenta acentuada redução no volume de crédito institucional ao segmento agrícola para atendimentos de outras políticas públicas, como é exemplo mais evidente a bolsa família. Dessa forma, pode ser observada uma oscilante intenção governamental, ora de redução de sua participação na atividade agrícola, deixando de ser o maior financiador, regulador de mercado e controlador de estoques físicos do produto, ora para ser mero estimulador de práticas que entende mais modernas de financiamento e comercialização, como é o caso da criação da CPR.[38]

15.1.4. Das facilidades econômicas criadas pela CPR

A CPR é uma criação jurídica por excelência, como já se observou. No entanto, essa criação tem fortes pendores econômicos demonstrando que o direito não é uma ilha e que muitas vezes na sua roupagem de ciência autônoma reside um substrato econômico.

Como se verá mais adiante em descrição mais completa, qualquer produto agropecuário *in natura*, beneficiado ou industrializado, que tenha sido produzido por produtores rurais, suas associações ou coope-

---

[37] PEREIRA, Lutero de Paiva. Comentários à Lei da Cédula de Produto Rural, Juruá Editora, Curitiba, Paraná, Volume I, 3ª edição, 2005, pág. 9.

[38] Essa afirmação decorre da constatação de que o volume de recursos oficiais para as atividades agropecuárias caiu, o que possibilitou o favorecimento de mecanismos alternativos de financiamento, baseados nos agentes de mercado, particularmente nos segmentos mais modernos e competitivos da agricultura brasileira.

rativas, pode se transformar em uma CPR. É com essa visão que surgiu a Cédula do Produto Rural – CPR –, modalidade física, regulamentada pela Lei nº 8.929, de agosto de 1994. Em fevereiro de 2001, a Lei nº 10.200 regularizou a CPR-Financeira. E depois veio a CPR-Exportação. Assim, a CPR é um título declaratório, emitido pelo produtor rural, no qual ele se compromete de entregar o produto, especificando quantidade, qualidade e preço ou o correspondente em dinheiro.

Vê-se, dessa forma, que a CPR é um instrumento econômico interessante para o produtor rural que emite o título, já que está negociando uma mercadoria hoje para entregá-la ou fazer a sua liquidação financeira na safra seguinte. Mas para o credor também existe vantagem.Tome-se o exemplo de um credor que seja uma indústria esmagadora de grãos: adquire o produto hoje, com deságio e *spread* vantajosos, tendo a garantia de que receberá o produto na próxima safra. Dessa forma a indústria pode fazer uma melhor programação sobre a transformação do produto e como comercializá-lo e o produtor tem a oportunidade de antecipar a venda, saber o quanto vendeu e poder adquirir fertilizantes, insumos agrícolas, ou mesmo resolver pendências tipicamente privadas, sem comprometimento de seu patrimônio.

Embora de forma não exaustiva, é possível enumerar algumas facilidades econômicas criadas com a emissão de CPR que transcenderam à sua ideia original de criação:

1 – Possibilita a inserção de recursos privados para financiamento das atividades do produtor rural;

2 – Possibilita a securitização dos títulos;

3 – Facilita a aplicação de recursos de investidores externos quando o produto rural integra as *commodities* agropecuárias;

4 – Possibilita para o credor uma rentabilidade superior em relação a outras aplicações;

5 – Torna viável a programação de demanda *just in time* por exportadores, indústrias, importadores;

6 – Possibilita a criação de mercado de futuro e de opções, oferecendo aos participantes a proteção (*hedge*) contra variações de preços, assumindo posições inversas;

7 – Impõe a equivalência-produto, no caso de CPR Física e CPR Exportação;

8 – Evita o descasamento de indexadores, no caso de CPR Financeira;

9 – Possibilita a transferência por endosso, facilitando a sua circulação nos mercados de bolsas e de balcão;

10 – Estimula a melhoria na qualidade dos armazéns;

11 – Gera interesse do mercado segurador no desenvolvimento de seguros agropecuários;
12 – Reduz a inadimplência;
13 – Aumenta o volume de aplicações do setor financeiro na agropecuária, por meio da CPR Financeira.

Abstraindo-se a questão de política agrícola, o certo é que a CPR, como se pode observar do elenco acima, não altera a renda do produtor, como ocorre com o subsídio indireto fornecido pelas cédulas de crédito rural através dos juros baixos, mas eleva o nível de facilidades financeiras disponíveis, além de protegê-lo da probabilidade da ocorrência de um evento indesejado, com prejuízo na sua atividade.

Portanto, não resta qualquer dúvida de que a criação da CPR possibilitou para o produtor rural o surgimento de mais uma alternativa de amparo, suprindo a lacuna deixada pelo Estado quanto ao fomento creditício ao campo, possibilitando por sua própria estrutura formal a inserção de até então terceiros na atividade primária como no caso das seguradoras privadas.

Também é inegável que a CPR produziu efeitos benéficos para o Governo já que sua circulação permite-lhe ter um controle mais eficaz sobre os tributos, reduzindo a sonegação fiscal; complementar a política de abastecimento e regulagem de preços; formar estoques reguladores sem o estoque físico, diminuindo as despesas com armazenagem e conservação do produto, e desonerar os cofres públicos com o ingresso de recursos privados para o financiamento da agropecuária.

Waldirio Burgarelli[39] ainda alinha o seguinte:

> A abrangência da CPR [...] é realmente significativa, pelo aspecto jurídico, na medida em que alcançam a disciplina legal de vários institutos afins ou anexos, como (1) o penhor rural e o penhor mercantil; (2) o direito cambial; (3) os valores mobiliários; (4) as obrigações em geral previstas, principalmente, no Código Civil; (5) as normas sobre execução específica reguladas pelo Código de Processo Civil. Este conjunto de normas aplicáveis decorrentes da natureza e da finalidade da CPR está confirmado pelas referências expressas da Lei que a criou, e, certamente, obrigará o operador do direito a exercícios de interpretação para a aplicação harmônica das várias normas mencionadas.

15.1.5. Da base infraconstitucional

Como já se disse, a CPR é o costume tornado lei ou em termos doutrinários é o fato tornado norma.

Assim, a CPR tem base em lei infraconstitucional. Como título de crédito rural sua existência é pautada pela lei, aplicando-se apenas de forma subsidiária a teoria geral dos contratos.

---

[39] BULGARELLI, Waldirio. *Títulos de Crédito*. 17.ed. São Paulo: Atlas, 2001, p. 583.

E esta base é a Lei n° 8.929/94, sancionada pelo Presidente Itamar Franco e publicada no D.O. de 23/08/1994, que de forma expressa instituiu a Cédula de Produto Rural, sendo depois alterada pela Lei n° 10.200/01, que acresceu o art. 4° – A e alterou o art. 12 e a pela Lei n° 11.076/04, que também acresceu os §§ 3° e 4°, art. 19.

15.1.6. Da CPR como instituto de direito agrário

A CPR tem estrutura de direito agrário que, no cenário de autonomia dos ramos no País, tem especificidade diferenciada e que por isso mesmo precisa ser destacada, daí aplicável a doutrina explicitada no início deste livro.

15.1.7. Dos outros institutos de aplicação subsidiária no estudo da CPR

Apesar de a CPR ser instituto típico de direito agrário, ela invoca a aplicação de institutos de direito comercial, de direito civil e de direito processual civil.

15.1.8. Da discussão se a CPR é um contrato ou um título de crédito

Embora minoritária, é encontrada na doutrina a discussão se a CPR é um contrato ou um título de crédito, ante a sua peculiar característica de adotar requisitos típicos de um título de crédito cambial imbricados com institutos próprios de um contrato.

No primeiro momento é bom que se diga que já vai longe a sustentação doutrinária de que o título de crédito formalmente perfeito adquire autonomia absoluta passando a existir sem qualquer vinculação com o negócio jurídico que teria levado a sua criação. Isso porque a verdade formal representada no título muitas vezes se chocava com a verdade real do negócio subjacente. Tome-se como um exemplo absurdo, mas que serve para demonstrar o extremo a que se poderia levar o caráter formal absoluto do título de crédito, que é uma nota promissória representativa de uma encomenda de assassinato. O endossatário de boa-fé teria em mãos um título de crédito perfeito? Ao se admitir a força da cartularidade dir-se-ia que sim. Mas isso é razoável, ou seja, essa interpretação jurídica não fere a lógica de que o direito deve pautar as relações jurídicas legítimas? O aparente conflito entre o princípio da boa-fé e o da razoabilidade seria dirimido em prol de qual princípio?

De outro lado existem contratos no direito brasileiro que circulam como verdadeiros títulos de créditos porque adotam preceitos típicos de verdadeiros contratos. Isso caracteriza a evolução dos institutos jurídicos que precisam se adequar as sempre renováveis variações dos negócios jurídicos modernos.

Diante disso, é possível se afirmar que a CPR é um título de crédito rural com características típicas.

A denominação *Cédula*, no conceito jurídico, significa exatamente um documento particular escrito em que alguém reconhece uma promessa de pagamento ou assume uma dívida com outrem. Essa assunção de compromisso, no entanto, por força de lei (Lei nº 8.929 de 1994) é que consubstancia a natureza cambial da CPR como título agrário.

É verdade que o título de crédito vale precisamente pelo direito que representa. Retirando-se as características da cartularidade e da literalidade da CPR muda-se o seu conteúdo teleológico que foi criado pela Lei no sentido de, além de permitir um aumento de fomento para o campo, o de também possibilitar que o credor tivesse condições de poder fazer o título circular de forma ampla.

Por isso mesmo, alegar que a Cédula de Produto Rural possui natureza de contrato civil em virtude da forma recomendada pelo legislador para dar corpo ao título de crédito significa não apenas a desconfiguração do espírito que norteou a lei, mas, principalmente, um atraso na evolução do agronegócio, já que a CPR veio exatamente para substituir o tradicional contrato de compra e venda de produto agrícola, como são exemplos o troca-troca e o contrato de soja verde.

Portanto, para corrente doutrinária que afirma ser a Cédula de Produto Rural um contrato civil falta explicação para sustentar a possibilidade de poder ela ser negociada via balcão ou nas bolsas de valores, circunstância inadmissível nos contratos.

Por fim, é possível se evocar o princípio propedêutico muito próprio da ciência jurídica sistematizada na forma de lei de que é direito aquilo que o legislador disser que é. E, no caso da CPR, o legislador a denominou de título de crédito. Se assim foi chamada, apesar de possuir características que seriam próprias de um contrato, outra não será a interpretação.

15.1.9. Da CPR e do princípio da autonomia de vontade

A Lei nº 8.929/94 estruturou formalmente a CPR, mas, diferentemente de outras leis que criaram outros títulos de crédito, ela foi contida dizendo apenas o essencial sem a especificidade de uma cédula de crédito rural ou mesmo de um cheque, por exemplo.

Essa dicção restritiva do legislador implica na possibilidade do emitente e do credor poderem estabelecer obrigações recíprocas livremente desde que pertinentes ao negócio acordado. Como a obrigação do emitente é o de entregar produto rural específico pode ficar estabelecido que tipo de produto, como, onde e de que forma que ele será entregue. De outro lado, como essa entrega envolve uma contraprestação anterior, ela pode se constituir na mais variada forma possível e assim envolver a compra pura e simples de um produto rural, a compra de insumos ou implementos agrícolas ou mesmo, como venho sustentando, o pagamento de uma dívida, a compra de um carro ou qualquer outro negócio jurídico lícito, inclusive uma doação.

A ausência de vinculação legal obrigatória, típica do dirigismo do Estado nos negócios privados tão ao gosto de um intervencionismo estatal absoluto criado por ideologias socialistas ultrapassadas, faz surgir o princípio da autonomia de vontade permitindo que as partes vinculadas à CPR possam completar da forma mais ampla possível aquilo que a lei não exigiu. Ao contrário do que tem sido afirmado, isso não retira a natureza jurídica de caracterizar a CPR como um título de crédito. Essa possibilidade apenas fez surgir um título de crédito onde é possível a acomodação das vontades privadas das partes. É um título diferente do modelo clássico.

A autonomia de vontade presente na CPR permite, por exemplo, que o emitente e o credor estabeleçam livremente os encargos como taxa de juros, despesas de aval bancário, despesas cartorárias, de vistorias, de fiscalização, de transporte e de prêmio de seguro, resultando que a assunção do compromisso de entregar o produto já embuta todos estes encargos.

Não havendo parâmetro legal na fixação dos encargos não se pode aplicar o princípio do dirigismo contratual porque este teria sido suplantado pelo princípio da autonomia de vontade tornando-se difícil ou mesmo quase impossível a alegação de abusividade de cláusula.

É de se salientar que não tem aplicação à CPR a Lei 8.078/90 (Código de Defesa do Consumidor) já que a relação convolada entre as partes não envolve consumo, que se conceitua como a aquisição, ou utilização de produtos, serviços ou quaisquer outros bens ou informação, mas sim típico agronegócio.

15.1.10. Da CPR como moeda de circulação plena

Além de se caracterizar como uma forma de implementação da política agrícola idealizada pela Constituição Federal, a CPR possibilitou o aumento de moeda no País, já que sua circulação é plena.

As negociações da CPR em bolsa permitem a ampliação de operações, através da circulação da cédula em sucessivas transações eletrônicas ou escriturais até o seu vencimento (mercado secundário), e cria novas perspectivas na formação dos mercados de futuros e de opções.

Diante disso é que os estudos sobre a CPR são mais aprofundados no campo da economia do que no direito.

15.1.11. Do conceito

Diante do que foi analisado, é possível definir-se a Cédula de Produto Rural como um título de crédito agrário de estrutura abstrata representativo de um compromisso de entrega de produto rural assumido por produtor rural em favor de terceiro.

Como a CPR-Financeira não modifica o compromisso de entrega de produto, apenas permite que no momento de sua liquidação seja convertido em dinheiro, o conceito não se modifica.

15.1.12. Da natureza jurídica da CPR

Por força legal, a CPR tem a natureza jurídica de promessa de entrega de produto rural ou de pagar quantia certa em dinheiro, dependendo se a CPR é física ou financeira.

No âmbito das obrigações, *promessa* vem do latim *promissa* que é o ato ou efeito de prometer ou também o compromisso oral ou escrito assumido por alguém de realizar um ato ou de contrair uma obrigação em tempo futuro. Na entrega de produto rural, trata-se de típica obrigação de dar coisa incerta, embora a doutrina e a jurisprudência admitam ser possível na CPR a entrega de coisa certa se o produto for plenamente identificável.

Embora o art. 11 da Lei nº 8.929/94 afirme que o emitente da CPR responde pela evicção e que não pode invocar em seu benefício o caso fortuito ou de força maior, afastando com isso alegações passíveis de serem formuladas pelo devedor de uma clássica obrigação de dar, no entanto, criou uma variante similar consistente na possibilidade de liquidação financeira do título através do acréscimo do art. 4º-A ao permitir que a obrigação de dar coisa incerta se transforme em obrigação de pagar quantia certa

É bem conhecida a doutrina de que os títulos de crédito podem ser classificados em *abstratos* e *causais*. Naqueles, não há qualquer menção à origem do título, enquanto nos causais sua emissão está vinculada a uma causa específica.

Assim, a promessa de entrega de produto rural constante na cédula por não se vincula a uma causa anterior, o que torna a CPR um título abstrato, no qual não há exigência que o negocio do qual se originou seja demonstrado para que adquira validade formal. Sendo um título abstrato, não se pode discutir sequer judicialmente o eventual negócio a ela subjacente, o que significa, portanto, que a CPR pode servir para formalizar qualquer tipo de obrigação juridicamente válida, como já afirmei anteriormente.

O que se deve ter presente, no entanto, é que a cédula consubstancie a preexistência de um negócio jurídico, e ouso afirmar, qualquer que seja ele e não somente o que represente fomento para atividade rural. Isso porque, constituindo-se em promessa de entrega de produto ou de pagar quantia certa, a regra obrigacional daí advinda é a de que o credor dessa promessa já adimpliu a sua parte. Mas nada obsta que a CPR represente uma pura e simples doação sem encargos.

Por tudo isso, a amplitude da natureza jurídica da CPR, decorrência de sua abstração, é que a torna bem diferente da cédula rural representativa de um crédito rural. Aqui, a existência de um empréstimo bancário com a finalidade de aplicação em uma exploração rural é condição de validade e de existência desse título de crédito.

15.1.13. Das características da CPR

A evolução histórica da CPR demonstra que sua instituição legal buscou positivar o que já era uma prática tradicional, que é o acesso do produtor rural a créditos particulares. Isso porque com o advento da Cédula de Produto Rural ficou agora legalmente permitido que outros financiadores além do Governo Federal também interagissem na concessão de crédito para produtores, o que levou a sua utilização pelas *tradings*, indústrias e pelas empresas de insumos em substituição aos contratos de soja verde e escambo.

De outro lado, a Cédula de Produto Rural possibilitou, também, a utilização em ofertas diretas, por produtores, cooperativas, investidores, indústria e exportadores nos mercados de bolsas e de balcão organizado, mostrando-se um título de crédito singular e de grandes perspectivas no cenário jurídico.

Representando, como regra, um recebimento à vista, com entrega futura; ter liquidez garantida, podendo ser transferida (total ou parcialmente), por endosso; poder ser negociada em bolsa ou balcão; facultar a realização de seguros; ser de emissão possível em qualquer fase do empreendimento; ser preferencial em processo de execução e permitir ajuste de garantias entre as partes, no ato da emissão; além de poder ser ratificada ou retificada, por meio de aditivos, tudo isso possibilitou que os produtores rurais e as empresas fomentadoras da atividade agrícola fizessem uma larga utilização da CPR, mostrando-se como alternativa factível de capitalização das atividades da produção agropecuária através da atração de capitais privados e como isso fomentando o agronegócio, pois além de garantia de comercialização, ela antecipa ao produtor os recursos necessários ao desenvolvimento de sua lavoura ou criação.

Partindo-se do princípio de que a principal função da CPR é propiciar o acesso do produtor rural aos recursos de mercado a menor custo pode-se destacar suas principais características:

a) trata-se de título cambial que permite a transferência para outro comprador, por endosso;

b) permite ao emitente alavancar recursos para atender suas necessidades no processo produtivo;

c) pode ser emitida em qualquer fase do empreendimento, desde a época de planejamento até o produto colhido e armazenado.

Além disso, a emissão da CPR pode contar com a figura da garantia cedularmente constituída, circunstância típica dos títulos de crédito rural e, se tal garantia for estabelecida, a Lei possibilita a instituição de hipoteca, penhor, alienação fiduciária e aval como institutos garantidos do pagamento da obrigação lançada no próprio título.

Como se analisará em momento próprio, caso ocorra inadimplemento das obrigações do emitente da Cédula de Produto Rural, cumpre ao credor o ajuizamento da ação de execução para entrega de coisa incerta ou ação de execução por quantia certa contra o emitente do título para a satisfação de seu crédito. Mesmo havendo o arresto ou busca e apreensão do produto, o credor não fica desobrigado a ajuizar posteriormente a ação de execução, conforme disposto no art. 16 da Lei 8.929/94.

Em resumo, a Cédula de Produto Rural é um título de crédito rural pelo qual o emitente; produtor rural, suas associações ou cooperativa de produção; em tese, vendem previamente certa quantidade de produtos recebendo-o por eles o valor pactuado ou mesmo determinada quantia de insumos no ato da venda, tendo em contrapartida que se empenhar a entregar estes, na qualidade, no local acordado e em data futura ou a reaver pecuniariamente a empresa fornecedora de insumos ou a pagar o valor destes produtos.

15.1.14. Dos produtos rurais objetos de CPR

Como a lei não faz restrições, qualquer tipo de produto rural pode ser objeto de uma CPR, basta apenas que constem do título as devidas indicações e especificações de qualidade e quantidade, conforme for o caso (art. 3º, inciso IV, da Lei nº 8.929/94).

Existe uma parábola célebre no agronegócio cunhada pelos professores Davis e Goldman, da Universidade de Harvard, em 1957, para explicar de forma didática o que se poderia entender como agronegócio ou, como traduzo, para dimensionar este tópico, o alcance do que seria um produto rural.

Assim, seriam produtos rurais os:

a) *antes da porteira*, que são aqueles envolvendo a produção de insumos, máquinas e equipamentos;

b) *dentro da porteira*, que é o resultado da produção agropecuária propriamente dita;

c) *depois da porteira*, que são os produtos resultantes da agroindústria e dos setores de distribuição, além dos serviços de apoio.

Mas, na visão clássica, os produtos rurais podem ser divididos em três grandes grupos:

1- Produtos de origem vegetal –
   1.1 – hortícolos e forrageiras:
- cereais (feijão, soja, arroz, milho, trigo etc)
- hortaliças (verduras, tomate, pimentão etc);
- tubérculos (batata, cenoura, mandioca etc);
- bulbos (cebola, alho etc);
- plantas oleaginosas (mamona, amendoin, girassol, menta etc);
- fibras (algodão, linho etc);
- especiarias (cravo, pimenta etc);
- floricultura, forragem e plantas industriais.

   1.2 – arbóreos:
- florestas (eucalipto, pinho etc)
- pomares (maçã, laranja, manga etc)
- vinhedos, olivais, seringais etc.

2 – Produtos de origem animal – todos os originários da
- apicultura (criação de abelhas);
- avicultura (criação de aves);
- sericultura (criação do bicho-da-seda);
- cunicultura (criação de coelhos);
- ranicultura (criação de rãs);
- psicultura (criação de peixes);
- pecuária (criação de gado);
- outros pequenos animais

3 – Produtos agroindustriais – os resultantes de:
- beneficiamento de produtos agrícolas (arroz, café, milho, conservas etc)
- transformação de produtos agrícolas (cana-de-açúcar em álcool e aguardente, oleicultura, vinicultura, moagem de trigo e milho),
- transformação de produtos zootécnicos (mel, laticínios, casulos de seda, adubos orgânicos).

Importante salientar que estes produtos devem ter sido produzidos por produtores rurais ou suas associações ou cooperativas.

Em outra perspectiva, pode-se concluir também que produto rural é todo resultado da atuação humana sobre a natureza com participação funcional do processo produtivo e tem três aspectos fundamentais, que são:

1 – *Explorações rurais típicas*: que compreendem a lavoura (lavoura temporária: arroz, feijão e milho e lavoura permanente: café, cacau, laranja etc.), o extrativismo animal e vegetal, a pecuária de pequeno, médio e grande porte e a hortigranjeira (hortaliças, ovos etc.);

2 – *Exploração rural atípica ou beneficiamento ou transformação dos produtos rústicos (matéria-prima)*: que compreende a agroindústria, como os processos industrializantes desenvolvidos no limite territorial da produção (produção de farinha, beneficiamento de arroz etc.);

3 – *Atividade complementar da exploração agrícola, ou seja, a atividade final do processo produtivo*: que compreende o transporte e a comercialização dos produtos.

A necessidade de se especificar o que seja produto rural é importante porque a dicção legal é clara: só pode tipificar a CPR aquilo que seja classificado como produto rural e não qualquer outro bem. A situação aqui é bem diferente daquela que ocorre, por exemplo, com a cédula de crédito rural onde o objeto é o empréstimo de dinheiro.

Portanto, não ficando caracterizado que o objeto da CPR seja um produto rural tem-se que o título de crédito por defeito absoluto – objeto ilícito – é inválido, ensejando essa arguição através de ação de nulidade autônoma, através de embargos à execução ou até mesmo, se estes já foram ajuizados, como mero incidente processual deste processo porque sendo a CPR nula por força de lei há carência de ação por falta de interesse de agir, matéria processual de ordem pública, que pode ser conhecida em qualquer grau de jurisdição.

Mesmo a CPR-Financeira carrega esta obrigação, tanto que a própria lei de forma pragmática permitiu apenas que o título pudesse ser liquidado financeiramente através de cálculo que especificou, como se observa do art. 4º-A e seus incisos da Lei nº 8.929/94.

15.1.15. Do emitente da CPR ou do conceito de produtor rural, associação rural e cooperativa rural

Conforme disposto no art. 2º da Lei nº 8.929 de 1994, são legitimados para a emissão da CPR os produtores rurais e suas associações e cooperativas.

Dessa forma, não é apenas aquele que explore uma atividade rural e que tenha como resultado produtos rurais que pode ser o emitente da CPR, mesmo na acepção larga de tal conceito como se viu no tópico anterior.

O legislador foi mais abrangente e legitimou como autorizado a emitir uma CPR, além do produtor rural, suas associações e cooperativas, portanto, pessoas jurídicas certas.

Toda pessoa natural maior de 18 (anos) que tenha capacidade física e mental para todos os atos da vida civil e que explore uma atividade cujo resultado se enquadre no conceito de produto rural é produtor rural e, dessa forma, tem legitimidade para emitir uma CPR. A pessoa natural é também conhecida como pessoa física.

Quantos às pessoas jurídicas, inicialmente é preciso dizer que elas se classificam em pessoa jurídicas de direito público e de direito privado. As pessoas jurídicas de direito público são a União, os Estados, o Distrito Federal, os Municípios, as autarquias e todas as entidades de caráter público criadas por lei, conforme o disposto no art. 41 do Código Civil. Embora seja difícil que tais pessoas explorem uma atividade rural de forma direta, isso não é impossível. A questão reside quanto à possibilidade de emitirem uma CPR. Penso que, se houver lei, portanto, autorização legislativa expressa (princípio da legalidade – art. 37, *caput*, da Constituição Federal), no sentido de que uma pessoa jurídica que explore uma atividade rural possa se comprometer a entregar em data certa produtos rurais, não vejo óbice quanto à possibilidade de emissão de CPR por pessoa jurídica de direito público.

O mais viável no enfoque anterior é que as pessoas jurídicas de direito público, com exceção das autarquias que tem finalidade pública por excelência, criem empresas públicas e sociedades de economias mistas, mediante autorização legislativa[40], com o objetivo de exploração de atividade rural. No entanto, tais pessoas, embora mantenham vinculação com a atividade pública, são classificadas como pessoas jurídicas de direito privado.

A pessoa jurídica de direito privado classificada como produtor rural para efeitos de emissão de CPR, consoante definição doutrinária, pode ser:

a) o não agroindustrial;

b) o agroindustrial propriamente dito;

c) prestador de serviços agroindustrial.

A *pessoa jurídica de direito privado não agroindustrial* é aquela que tem como finalidade a exploração direta de uma atividade de produção de produtos rurais ou sua comercialização.

---

[40] As fundações, embora possam ter caráter publico, no entanto só poderão ser constituídas para fins religiosos, morais, culturais e de assistência, conforme dicção do art. 52, parágrafo único, do Código Civil, o que obviamente as afasta da atividade produtiva rural.

Já a pessoa jurídica agroindustrial é aquela que industrializa a produção própria ou a de terceiro.

Por fim, o produtor rural pessoa jurídica prestadora de serviço agroindustrial é aquela, como o próprio nome indica, que de alguma forma, presta serviços à primeira e à segunda.

É de se observar que o conceito de produtor rural é tópico e não se pode tomar como parâmetro a legislação do imposto de renda (artigos 58 a 71 do RIR/99) que define produtor rural apenas como a pessoa física ou natural que explore atividades agrícolas e pecuárias; a extração e a exploração vegetal e animal; a exploração da apicultura; da avicultura; da suinocultura, da sericicultura, da piscicultura (pesca artesanal de captura do pescado *in natura*) e outras criações de pequenos animais ou a transformação de produtos agrícolas ou pecuários, sem que sejam alteradas a composição e as características do produto *in natura*.

Além disso, sendo a CPR um título de crédito de natureza agrária a interpretação que se deve dar no caso de dúvida é sempre ampliativa e em prol do homem do campo. Não fosse essa circunstância, a própria interpretação histórica revelaria que a criação da CPR veio como fator de ampliação do crédito rural ao produtor rural. Limitar-se o conceito de produtor rural à pessoa física é atentar para estes postulados.

É bom deixar claro que, não ficando caracterizado que o emitente da CPR seja um produtor rural pessoa física ou jurídica, tem-se que o título de crédito por defeito absoluto – objeto ilícito – é inválido, ensejando essa arguição através de ação de nulidade autônoma, através de embargos à execução ou até mesmo, se estes já foram ajuizados, como mero incidente processual deste processo porque sendo a CPR nula por força de lei há carência de ação por falta de interesse de agir, matéria processual de ordem pública, que pode ser conhecida em qualquer grau de jurisdição

A lei ainda legitimou a associação rural como emitente de CPR.

A associação em geral tem matriz constitucional, consoante se observa do art. 5º, incisos XVIII, XIV, XX e XXI, da Constituição Federal, que expressamente diz:

Art. 5º...

XVIII – a criação de associações e, na forma da lei, a de cooperativas independem de autorização, sendo vedada a interferência estatal em seu funcionamento;

XIX – as associações só poderão ser compulsoriamente dissolvidas ou ter suas atividades suspensas por decisão judicial, exigindo-se, no primeiro caso, o trânsito em julgado;

XX – ninguém poderá ser compelido a associar-se ou a permanecer associado;

XXI – as entidades associativas, quando expressamente autorizadas, têm legitimidade para representar seus filiados judicial ou extrajudicialmente;

E a sua regulamentação como pessoa jurídica de direito privado está no Código Civil, Capítulo II, do Título II, Das pessoas jurídicas.

A grande dúvida que surge quanto à associação rural assumir a legitimidade de poder emitir uma CPR, conforme autoriza o art. 2º da Lei nº 8.929/94, é que, por força do art. 53 do Código Civil, sua instituição somente é possível para fins não econômicos.

Como a associação rural, por força de lei, foi equiparada ao conceito de produtor rural, embora sua razão existencial seja de fins não econômicos, é possível admitir-se excepcionalmente que possa ela emitir uma CPR desde que o título evidencie o compromisso de entrega de um produto rural e não tenha propósito de lucro.

Tome-se como exemplo uma associação rural que tenha como objeto adquirir terras para redistribuí-las em parcelas aos seus associados. Como seu objetivo não é o lucro, esse repasse será a preço de custo. E desde que o estatuto permita ou a assembleia geral venha a autorizar, pode ficar estabelecido que o pagamento das parcelas pelos associados se realize através de entrega ou do compromisso de entrega futura de produtos rurais. Portanto, nesta situação é plenamente legítimo que a associação rural posse emitir CPR.

Mas é sempre bom salientar que, não ficando caracterizado que a associação rural tenha essa atribuição no estatuto ou que tenha havido autorização por assembleia geral, ou ainda a CPR não envolve produto rural, tem-se que o título de crédito por defeito absoluto – objeto ilícito – é inválido, ensejando essa arguição através de ação de nulidade autônoma, através de embargos à execução ou até mesmo, se estes já foram ajuizados, como mero incidente processual deste processo porque sendo a CPR nula por força de lei há carência de ação por falta de interesse de agir, matéria processual de ordem pública, que pode ser conhecida em qualquer grau de jurisdição.

Além da pessoa física e jurídica e da associação rural como emitentes da CPR, como já foi analisado, a lei também legitimou as cooperativas rurais como emitentes de CPR.

A estrutura de regulação da cooperativa não está no Código Civil, mas na Lei nº 5.764/71 que definiu a Política Nacional de Cooperativismo e instituiu o regime jurídico das cooperativas.

As cooperativas, em geral, e nisso também as cooperativas rurais, são sociedades de pessoas de natureza civil, com forma jurídica própria, não sujeitas à falência, constituídas para prestar serviços aos associados e que se distinguem das demais sociedades pelas seguintes características, como se observa no art. 4º da Lei nº 5.764/71:

1. Adesão voluntária, com número ilimitado de associados, salvo impossibilidade técnica de prestação de serviços;
2. Variabilidade do capital social, representado por cotas-partes;
3. Limitação do número de cotas-partes para cada associado, facultado, porém, o estabelecimento de critérios de proporcionalidade;
4. Inacessibilidade das quotas partes do capital à terceiros, estranhos à sociedade;
5. Retorno das sobras liquidas do exercício, proporcionalmente às operações realizadas pelo associado, salvo deliberação em contrário da assembléia geral;
6. Quorum para o funcionamento e deliberação da assembléia geral baseado no número de associados e não no capital;
7. Indivisibilidade do fundos de reserva e de assistência técnica educacional e social;
8. Neutralidade política e indiscriminação religiosa, racial e social;
9. Prestação de assistência aos associados, e, quando previsto nos estatutos, ao empregados da cooperativa;
10. Área de admissão de associados limitada às possibilidades de reunião, controle, operações e prestação de serviços.

Da mesma forma que ocorre com a pessoa física ou jurídica ou com a associação, não ficando caracterizado que o emitente da CPR seja um produto rural na classificação de uma cooperativa rural ou que o objeto seja um produto rural, tem-se que o título de crédito por defeito absoluto – objeto ilícito – é inválido, ensejando essa arguição através de ação de nulidade autônoma, através de embargos à execução ou até mesmo, se estes já foram ajuizados, como mero incidente processual deste processo porque sendo a CPR nula por força de lei há carência de ação por falta de interesse de agir, matéria processual de ordem pública, que pode ser conhecida em qualquer grau de jurisdição

15.1.16. Do credor e dos demais interessados na CPR

Apesar de a legitimidade para emissão da CPR estar atrelada aos produtores rurais, suas associações e cooperativas, o credor da cédula não precisa, necessariamente, ter como atividade a compra e venda de produtos rurais. Diante disso, a CPR pode ser emitida em favor de bancos, investidores, fornecedores de insumos, entre outros.

Aliás, delimitar que o credor da CPR tenha vinculação com a atividade da produção rural é descaracterizar o título, retirando-lhe a possibilidade de circulação ampla.

Portanto, além do credor propriamente dito, com a CPR é possível também se negociar com terceiros o frete antecipado dos produtos comercializados, a serem transportados na época da colheita.

Também são terceiros envolvidos com a CPR, por exemplo, as instituições financeiras e os fundos de investimentos e de pensões que podem prestar diversos serviços aos intervenientes (aval, formalização, fiscalização, custódia etc.), arregimentar investidores potenciais, financiar compradores, ampliando os limites de crédito com menor risco, lastreados pela caução da cédula, além de possibilitar o investimento de capitais, sem o recebimento de produto, no caso da CPR Financeira.

A cédula também pode envolver as seguradoras, aumentando as possibilidades negociais no segmento agropecuário, mediante a realização de seguro contra frustrações, seguro rural, seguro-garantia, de desempenho etc.

Os vendedores de insumos, máquinas e implementos, exportadores e indústrias, importadores e rede de armazéns também são terceiros intervenientes na CPR já que o titulo possibilita condições de melhor se organizar, com planejamento para suas demandas.

As negociações na Bolsa Brasileira de Mercadorias deram oportunidade a outros bancos de serem avalistas das CPRs, que, como custodiantes, são terceiros no título. Assim, a Bolsa, como uma instituição que organiza o mercado, e no caso da CPR, possibilita que os títulos sejam registrados eliminando o risco de duplicidade, oferecendo mais segurança e transparência, caracteriza um terceiro de grande relevância na circulação do título de crédito rural, já que as negociações em bolsa permitem a ampliação de operações, através da circulação da cédula em sucessivas transações até o seu vencimento (mercado secundário), e cria novas perspectivas na formação dos mercados de futuros e de opções.

15.1.17. Da CPR oficial e a de gaveta

Sabe-se que a CPR foi idealizada pelo Banco do Brasil, o maior agente financeiro do crédito rural no País. Embora as razões apresentadas pelo banco tivessem como base a efetiva carência de crédito rural oficial, no entanto, não se pode deixar de admitir que, por traz dessa ideia maior, existia toda uma estratégia bancária não só para trazer para o banco uma gama de clientes que dificilmente ali estariam, como ainda a de cobrar pelos encargos de intermediação ou mesmo pela dação de aval.[41]

Diante disso passou-se a se conceituar que aquela CPR que tivesse a participação do Banco do Brasil seria oficial e aquela feita diretamente entre o produtor e o credor sem qualquer intervenção bancária seria de gaveta ou de risco.

---

[41] O conflito existencial do Banco do Brasil como entidade da administração pública federal destinada a implementar uma política rural e a sua atividade econômica chegou ao clímax quando o Presidente Luis Inácio Lula da Silva, em abril de 2009, determinou a mudança da presidência do banco por ela se recusar a baixar os juros cobrados.

A realidade diz, no entanto, que considerável parte da emissão da CPR passa ao largo da participação de bancos. Assim, o *troca-troca* ou o *contrato de soja verde* continuam a existir não mais através de um título de circulação restrita, mas através de um título que tem ampla aceitação e que, por sua liquidez e cartularidade adquire maior credibilidade do que a de um simples contrato.

A ausência de qualquer banco na emissão ou circulação da CPR ou até mesmo o seu registro na bolsa não descaracteriza nem diminui a legitimidade do título. Isso porque, se não se outorgar sua característica de título líquido e certo, não fica vedado o retorno aos contratos de venda de produto futuro ou mesmo de troca-troca.

15.1.18. Do desvio de finalidade

Como já foi dito, a criação da CPR surgiu como alternativa privada de financiamento à produção rural diante da insuficiência do crédito rural oficial. Com este propósito o título de crédito rural deveria se prestar para a dinamização do crédito agrícola e dele não poderia se distanciar, como, por exemplo, na inclusão de bens de natureza diversa da estabelecida na lei como integrante do conceito de produto rural, embora esse conceito por si só já seja de dimensão muito larga. Ainda no mesmo diapasão, a CPR buscou proteger apenas o produtor rural e suas associações e cooperativas. Por conseguinte, passou a constituir-se desvio de finalidade a emissão de CPR que não envolvesse a promessa de entrega de produto rural e também por quem não fosse produtor rural.

No entanto, os fatos da vida rural impuseram uma interpretação mais larga do que aquela visualizada pelo mentor do título ou pelo legislador, pois a Cédula de Produto Rural também passou a ser emitida para pagamento de dívidas do produtor rural sem qualquer vinculação direta com sua atividade de produtor rural, deixando mesmo de ter qualquer paralelo com o crédito rural de comercialização, que é empréstimo oficial para aguardo do momento propício para a comercialização da safra.

Portanto, a emissão de uma CPR por produtor rural para pagamento de apartamento ou mesmo de um carro, objetos que não estão vinculados à atividade de produção rural, não desvirtua a finalidade do título. São negócios jurídicos plenamente válidos. Assim, embora a origem da cédula tenha sido vinculada ao fomento de crédito à exploração de uma atividade rural, ela desbordou dessa origem, e aumentando seu leque de aplicações, passou a ser uma forma de suprimento de recursos ao produtor rural independente de aplicar ele ou não na atividade de produção rural

Mas, se a CPR adquiriu essa largueza na emissão, no entanto, não se pode admitir é a sua emissão para lastrar um negócio ilícito. Isso representaria uma simulação passível de responsabilização criminal e faria incidir sobre o título a pecha de nulidade absoluta.

15.1.19. Da CPR como negócio jurídico subsequente

A CPR tem como natureza jurídica a promessa de entrega de produto agrícola, podendo, na modalidade financeira, essa promessa vir a ser substituída pelo simples pagamento em dinheiro do título. No entanto, consubstanciada ela pela emissão pode servir de objeto para outras negociações até o seu vencimento assumindo com isso a natureza diversa daquela para a qual foi emitida.

Como ativo financeiro ela pode servir de objeto dos mais variados tipos de contratos de câmbio ou mesmo garantir dívidas agrícolas ou não.

Dessa forma, é possível que o negócio subsequente possa vir a ser motivo de discussão sem que isso envolva a CPR.

No entanto, a recíproca não é verdadeira. Discutindo-se o negócio que gerou a CPR toda sua cadeia negocial será afetada pelo evidente interesse que isso despertará para aqueles que a tomaram como um negócio válido e perfeito.

15.1.20. Do negócio jurídico subjacente à CPR

A Cédula de Produto Rural instrumentaliza um compromisso de entrega futura de produtos rurais, permitida a sua liquidação financeira. De qualquer forma, numa ou noutra situação, o emitente assume uma obrigação unilateral. Isso porque, é de se reconhecer, que a Lei nº 8.929/94, em nenhum de seus artigos, condiciona que esta entrega seja a contraprestação de uma venda anterior, como equivocadamente se tem sustentado. Talvez fundada na origem do título, que foi o de suprimento de mais crédito para o produtor rural, a verdade é que o título suplantou essa ideia originária. A sustentação de vinculação a uma venda pretérita manifestada pela doutrina, especialmente a econômica, não tem lastro de juridicidade. Assim é bom que se afirme de forma enfática: *não existe qualquer vinculação específica – venda de produtos rurais – da CPR com um negócio jurídico anterior*. O objeto criado se desgarrou da ideia de seu criador.

Afinal de contas a interpretação de desvinculação do compromisso de entrega de produto rural a um contrato de venda de produto rural feito anteriormente é factível juridicamente já que beneficia o emitente, um produtor rural, que, afinal de contas, foi a preocupação maior de criação do título. Ao se interpretar a lei de forma extensiva e levando-se em consideração que a CPR é um título abstrato, pode-se concluir que ela tem papel relevante nas simples operações de troca ou até mesmo para a garantia de dívidas. Até porque os produtores rurais não conseguem obter os recursos necessários para o desenvolvimento de suas atividades apenas com os escassos financiamentos do setor público ou linhas subsidiárias de crédito e, por isso, a iniciativa privada passou a contribuir decisivamente com isso.

Aliás, não entendo como Lutero de Paiva Pereira[42] quando disse:

> Sob o enfoque da analogia, poderíamos até mesmo dizer que a Cédula de Produto Rural, quando inexistente a causa lícita de sua emissão, ou seja, a venda e compra efetiva de produto rural, caracterizar-se-á como um título simulado – CPR fria – da mesma forma e com a mesma sorte reservada à duplicata, que sacada sem lastro em venda real, padece de juridicidade.

De forma exemplificativa, o negócio subjacente que pode levar a emissão da CPR pode se constituir de:

1. Venda pura e simples de produto rural;
2. Pagamento de dívidas preexistentes;
3. Pagamento de dívida de terceiro;
4. Novação ou mata-mata;
5. Aquisição de insumos agrícolas;
6. Doação pura e simples
7. Qualquer outro negócio jurídico que envolva uma obrigação de dar coisa incerta ou de pagar

Esse, aliás, é o entendimento do Tribunal de Justiça de Mato Grosso:

> RECURSO DE APELAÇÃO CÍVEL – AÇÃO DE DESCONSTITUIÇÃO DE TÍTULO DE CRÉDITO – CPR EMITIDA SEM CONTRAPRESTAÇÃO EM DINHEIRO – AQUISIÇÃO DE INSUMOS PARA O PLANTIO – POSSIBILIDADE – RECURSO IMPROVIDO.
> A CPR é cártula representativa de promessa de entrega de produtos rurais, emitida unilateralmente, sendo ato jurídico perfeito, insuscetível de desconstituição, se estiverem atendidos os requisitos legais. O fato de ser emitida para pagamento de insumos utilizados na atividade produtiva, portanto, sem contraprestação, em dinheiro, não configura desvio de finalidade e não descaracteriza o título. (TJMT 3ª C.Cível. RAC 26959/2002 Alto Araguaia, j. 27.08.2003, v.u.).

O negócio subjacente básico em decorrência do qual a CPR é emitida é a venda pura e simples de um produto rural. Diante disso ela se caracteriza como um título representativo de uma obrigação com promessa de entrega de produtos rurais pelo produtor rural e suas associações (inclusive cooperativas) em favor de terceiros. Neste caso, a CPR equivale a uma venda a termo, onde o produtor emite um título para comercializar seus produtos, recebendo o valor negociado de forma antecipada, possi-

---
[42] PEREIRA, Lutero de Paiva. op. cit. p. 14.

bilitando que uma instituição financeira avalize a operação e, posteriormente, comercialize o título com um investidor, como, por exemplo, os fundos de investimento.

No entanto, o dogma da cartularidade absoluta dos títulos de crédito sustentando o *princípio da verdade formal* neles consubstanciados tem sofrido sério questionamento por uma espécie de retorno à compreensão de que, em verdade, um título representa a forma documental de um negócio jurídico anterior e que por isso defeitos ou nulidades deste macula aquele. Aliás, essa forma de pensamento está sedimentada no *princípio da verdade real* que, derivações à parte, encontra eco no instituto da nulidade absoluta.

Aplicando-se este pensamento, com o qual comungo, se a venda não se consubstanciou, por exemplo, pelo não pagamento antecipado do produto rural, a obrigação assumida no título carece de juridicidade, o que pode levar o emitente à sua não entrega e, se apesar disso houver insistência do credor, poderá o emitente buscar qualquer forma jurídico-processual para proteger-se, como exceção de pré-executividade, ação cautelar ou mesmo ação ordinária.

Nesse mesmo diapasão estão o pagamento de dívidas preexistentes própria ou dívida de terceiro, novação ou mata-mata, aquisição de insumos agrícolas, doação pura e simples e qualquer outro negócio jurídico que envolva uma obrigação de dar coisa incerta ou de pagar.

15.1.21. Dos tipos de CPR

A maioria dos títulos de crédito mantém a postura clássica de imutabilidade formal e de somente serem exigíveis pela presença física. A nota promissória, a letra de câmbio, a duplicata, a cédula de crédito rural, comercial e industrial e o cheque, por exemplo, estão nesse rol.

A CPR, no entanto, é um dos títulos de crédito que vem assimilando as modernidades típicas do rumo que vem tomando o agronegócio.

Diante disso existem cinco tipos de CPRs:
1. Física;
2. Financeira;
3. Exportação;
4. Cartular e
5. Escritural ou eletrônica.

A CPR-Física é representativa do título de crédito clássico. Sua validade e exigibilidade jurídica exigem sua presença material. Sem isso, sua circulação através do endosso fica impedida prejudicando sua qualidade de ativo financeiro.

Por sua natureza palpável, a CPR-Física também pode ser comercializada nas bolsas de mercadorias, especialmente aquelas relacionadas com produtos de *commodities*, que são produtos primários de grande participação no comércio internacional, como, por exemplo, açúcar, café, algodão etc.

A CPR-Física impõe necessariamente ao emitente do título a obrigação de entregar o produto nele especificado e ao credor a obrigatoriedade de recebê-lo na data do pagamento. Não ocorrendo a entrega do produto surge para o credor o direito de exigir que tal ocorra, ajuizando a respectiva ação de execução para entrega de coisa incerta, conforme determinação expressa do art. 15 da Lei nº 8.929/94[43].

A CPR-Física ainda é documento essencial para o ajuizamento das ações de execução, não podendo ser substituída por cópia.

Mas a CPR-Financeira é uma mutação moderna da CPR-Física, já que foi criada pela Lei nº 10.200/01, que incluiu o art. 4º-A a Lei nº 8.929/94. Talvez pela dificuldade que o credor tem para receber o produto rural na CPR-Física, quando não há sua entrega pelo emitente na data aprazada, é que foi criada a CPR-Financeira, já que, em verdade, a execução para entrega de coisa incerta, se o produto não é depositado, será liquidada e, ao final, ter-se-á a execução de uma quantia certa.

Dessa forma, a CPR-Financeira possui as mesmas características da CPR-Física, porém, sua liquidação será em dinheiro, e não em produtos rurais. Tal título pode ser utilizado pelo produtor rural que não pretende entregar seu produto no vencimento do título, mas que precisa de financiamento para produzir.

Na data de liquidação, o credor receberá do produtor que emitiu a CPR, o valor do título na cotação do produto no dia do resgate, enquanto o produtor fica com a produção livre para comercializá-la como melhor lhe convier.

É bom deixar claro que a CPR-Financeira não é uma versão modificada de uma nota promissória, em que o devedor se compromete a pagar determinada importância em data certa, independentemente de qualquer outra vinculação.

Na CPR-Financeira embora o emitente assuma o compromisso de, na data fixada, poder pagar em dinheiro, essa obrigação exige prévia liquidação através da multiplicação da quantidade de produto rural especificado por índice de preços fornecido por de instituição idônea e de credibilidade indicada perante os envolvidos e que seja de divulgação pe-

---

[43] A ação de execução para entrega de quantia incerta está regulamentada nos arts. 629 e seguintes do Código de Processo Civil e será analisada na parte final deste capítulo.

riódica, preferencialmente diária, de ampla divulgação ou facilidade de acesso, de forma a estarem facilmente disponíveis para os contratantes.

Assim, assumindo as partes que a CPR é financeira, isso retira do emitente a obrigatoriedade de entregar, e consequentemente do credor de receber, produtos rurais.

A autonomia das partes quanto à criação da CPR-Financeira gera vinculação. Portanto, não é dado a qualquer delas transformar a CPR-Financeira em CPR-Física e, dessa forma, pretender por conveniência pessoal entregar produto rural em vez de efetuar o pagamento em dinheiro. Embora a CPR seja instituto de direito agrário que tem no produtor rural o cerne de proteção, todavia, isso só ocorre no silêncio das normas expressas. Sendo a cláusula que estabelece e transforma a CPR-Física em CPR-Financeira disposição legal de pura intervenção estatal, própria do dirigismo contratual, não é dado às partes não cumpri-la. A pretensão de entregar produto rural em vez de pagar em dinheiro não é justificativa para o emitente do título, e se o faz, o torna inadimplente, possibilitando que o credor ajuíze a respectiva ação de execução por quantia certa prevista no Código de Processo Civil. Mesmo porque, até para a entrega do produto antes da data prevista a CPR-Física é preciso a concordância do credor, conforme previsão expressa do art. 13 da Lei nº 8.929/94.

Diante disso, surge uma questão importante que é a que a CPR-Financeira mantém as mesmas qualidades da CPR-Física enquanto não vencida, permitindo sua circulação plena, inclusive com a novidade de poder ser registrada em sistema de registro e de liquidação financeira, administrado por entidade autorizada pelo Banco Central do Brasil e de se transformar em CPR escritural ou eletrônica enquanto permanecer registrada no sistema.

A lição de Luiz Umberto Terra também esclarece:[44]

> A CPRF é uma alternativa para financiamento da produção que deverá atrair capital, elevar as operações de derivativos agropecuários e contribuir para difundir o conceito de administração de riscos. O objetivo da Cédula de Produto Rural Financeira – CPRF foi ampliar o mercado de papéis com lastro em produtos, funcionando diferentemente da CPR com entrega física, já que vai ser utilizada pelo produtor que não pretende entregar seu produto no vencimento do papel, mas precisa do financiamento.

Quanto à CPR-Exportação, ela possui as mesmas características gerais das CPRs Física e Financeira. O elemento diferenciador é que nessa modalidade o produto rural deverá ser necessariamente exportado para compradores externos não residentes no País.

---

[44] TERRA. Luiz Umberto. *A Cédula de Produto Rural como alternativa de financiamento e hedgiing de preços para a cultura da soja.* Florianópolis 2002. p. 50. Conteúdo disponível em www.portalfadipa.com.br.

Nesse tipo de CPR, a operação é quase sempre avalizada por um banco, e a entrega do produto deve ser de acordo com as condições de venda internacionais descritas no título, na qualidade e quantidade estipuladas. Como obrigação de avalista o banco realiza a internalização dos recursos para o produtor.

Assim, o produto deverá ser entregue pelo produtor rural de acordo com um dos seguintes INCOTERMS (*International Commercial Terms – Termos de Comércio Internacional*) aprovados pela CCI – Câmara de Comércio Internacional:

1. EXW (*Ex Works*) – significa que a única responsabilidade do produtor rural é colocar a mercadoria à disposição do credor da CPR em prazo e local estipulados (armazém ou outro local que configure as instalações do produtor);

2. FCA (*Free Carrier* – Transportador Livre) – significa que a obrigação do produtor rural estará cumprida com a entrega da mercadoria desembaraçada para a exportação, à custódia do transportador, nomeado pelo credor da CPR;

3. FAS (*Free Alongside Ship* – Livre no Costado do Navio) – significa que a responsabilidade do produtor rural é a de colocar o produto rural, desembaraçado para exportação, no costado do navio e

4. FOB (*Free on Board* – Livre a Bordo) – significa que a obrigação do produtor rural até a de colocar o produto rural, desembaraçada para exportação, a bordo do navio.

Respeitando tais peculiaridades, a CPR-Exportação é título líquido e certo, transferível por endosso e exigível pela quantidade e qualidade do produto nele descritos e admite a vinculação de garantia cedular livremente ajustada entre as partes, como a hipoteca, o penhor, a alienação fiduciária e o aval, permitindo a inclusão de cláusulas livremente ajustadas entre as partes, no ato da emissão, além de aditivos posteriores, numa típica aplicação do princípio da autonomia de vontades.

De outro lado, como regra aplicável a todas as CPRs, o emitente não pode invocar em seu benefício o caso fortuito ou de força maior e enquanto vincenda. Ainda se constitui em ativo financeiro, podendo ser negociada em bolsas de mercadorias e de futuros ou em mercado organizado de balcão, autorizado pelo Banco Central do Brasil. É bom deixar claro que não se trata de um *certificado de mercadoria*, porquanto a transferência de propriedade do produto só se concretiza por ocasião do vencimento do título.

Além disso, admite a vinculação do título como caução de outras obrigações e pode ser emitida em qualquer fase do empreendimento: planejamento, desenvolvimento, pré-colheita, ou, até mesmo, com produto já colhido e, formalizado o negócio, o produtor rural receberá o valor da venda antecipada à vista.

Já a CPR-Cartular é a CPR no seu estado natural clássico. Em verdade é assim chamada para diferençá-la da CPR-Escritural ou Eletrônica, conforme preceituado no art. 19, § 3º, I, da Lei nº 8.929/94:

Art. 19...

§ 3º...

I – A CPR será cartular antes do seu registro e após a sua baixa e escritural ou eletrônica enquanto permanecer registrada em sistema de registro e de liquidação financeira.

Ou seja, enquanto a Cédula não for registrada no Banco Central do Brasil, ou se registrada, já estiver baixada, ela funciona como cártula, constituindo em si mesmo a prova da existência da obrigação e, dessa forma, é o documento necessário para o exercício do direito nele contido, onde não se admite cópia.

A CPR-Cartular tanto pode vir na modalidade física, financeira ou de exportação.

Como já se observou no tópico anterior, a CPR-Cartular, que tenha a modalidade física, financeira ou de exportação, existirá até o momento do registro em sistema de registro e de liquidação financeira de ativo financeiro autorizado pelo Banco Central do Brasil e após a sua baixa, como expressamente estabelece o art. 19, § 3º, I, da Lei nº 8.929/94.

No entanto, enquanto durar o registro, consoante dicção que também é fornecida pelo dispositivo legal citado, a CPR passa a existir de forma escritural ou eletrônica, significando dizer que sua circulação física é interrompida, passando o órgão responsável pelo registro e consequente posse a registrar os negócios que a envolverem até que venha a ser baixada, quando, então retornará à sua circulação normal. [45]

Por isso, enquanto a CPR tiver a forma escritural ou eletrônica, nenhum registro de negócios será transcrito no seu verso, mas a entidade registradora é responsável pela manutenção da cadeia de negócios que vierem a ocorrer enquanto o título estiver registrado.

O dispositivo legal que enseja este entendimento está assim redigido:

Art. 19...

§ 3º...

I – A CPR será cartular antes do seu registro e após a sua baixa e escritural ou eletrônica enquanto permanecer registrada em sistema de registro e de liquidação financeira.

II – os negócios ocorridos durante o período em que a CPR estiver registrada em sistema de registro e de liquidação financeira não serão transcritos no verso dos títulos; *(Incluído pela Lei nº 11.076, de 2004)*

III – a entidade registradora é responsável pela manutenção do registro da cadeia de negócios ocorridos no período em que os títulos estiverem registrados. *(Incluído pela Lei nº 11.076, de 200*

---

[45] Neste período a CPR funcionará como *moeda escritural*, denominação esta que se dá ao uso dos depósitos bancários utilizados como forma de pagamento. A moeda escritural cumpre satisfatoriamente o papel de meio de troca, diferenciando-se d o papel moeda apenas por não ter curso forçado, sendo, portanto, uma moeda fiduciária, pois seu valor é devido apenas à confiança depositada no seu banco emissor.

É de se observar que a transição da CPR-Física, Financeira ou de Exportação em CPR-Escritural ou Eletrônica prevista no art. 19, § 3º, da Lei nº 8.929/94 não retrata a situação prevista no art. 889, § 3º, do Código Civil. Aqui, o legislador permite que possa ser emitido título de crédito eletrônico. Lá, o título formal existe e, apenas por um período passa a circular de forma escritural ou eletrônica, voltando depois à sua característica natural.

O art. 889, § 3º, do Código Civil está assim expresso:

Art. 889.

§ 3º. O título poderá ser emitido a partir dos caracteres criados em computador ou meio técnico equivalente e que constem da escrituração do emitente, observados os requisitos mínimos previstos neste artigo.

Mas, o descumprimento de obrigações surgidas no período escritural ou eletrônico da CPR-Física, Financeira ou de Exportação não enseja ação de execução que, por sua própria natureza, exige o título, sob pena de ensejar carência de ação. A prova dos registros não tem rigor cambiário e servem tão somente como elementos comprobatórios para ações de cobranças ou mesmo monitórias [46]

No campo da responsabilidade, a entidade responsável pelo registro da CPR, na condição de agente público delegado, responde civilmente pelos atos jurídicos ilícitos que seus empregados causarem a terceiros, aplicando-se, dessa forma, o disposto no art. 37, § 6º, da Constituição Federal, que diz:

Art. 37...

§ 6º As pessoas jurídicas de direito público e as de direito privado prestadoras de serviços públicos responderão pelos danos que seus agentes, nessa qualidade, causarem a terceiros, assegurado o direito de regresso contra o responsável nos casos de dolo ou culpa.

15.1.22. Dos requisitos extrínsecos da CPR

A CPR para que adquira validade de um título de crédito deve obedecer a determinadas formalidades prevista na Lei nº 8.929/94 e o respeito a essas regras legais é típico do chamado rigor cambiário tão necessário à sua autonomia.

---

[46] Aliás, comenta-se em doutrina que o que se conhece por *duplicata-escritural* surgiu a partir da construção teórica de Newton de Lucca, na obra *A Cambial-extrato* (Revista dos Tribunais, São Paulo,1985) de inspiração no direito francês com a *Lettre de Change-Rélevé – bande magnétique, que*, no entanto, tem força legislativa. No Brasil, como a lei ainda não deu força executiva a esta forma de título de crédito, surge uma grande dificuldade quando o título não é pago, já que os bancos não possuem meios de comprovação adequados para que o boleto enviado aos sacados possa constituir-se numa apresentação legal do título a pagamento. Tanto que estados, como o Rio Grande do Sul tem recomendado, através de sua Corregedoria-Geral de Justiça, órgão do Poder Judiciário estadual, aos Oficiais de Protestos de Títulos que se abstenham *de* receber para apontamento duplicatas não aceitas, ou desacompanhadas da prova do vínculo contratual que autoriza, respectivamente, a entrega do bem ou a prestação dos serviços.

Pontes de Miranda diz que:[47]

> O direito cambiário chegou a tão grande harmonia de técnicas e a técnica tão longe levou o seu intuito de harmonizar interesses particulares e do público, que o sacrifício de qualquer elemento significa, sempre, erro de justiça.

Portanto para que este rigor cambiário se verifique na CPR é necessário que este título se revista de certos requisitos intrínsecos e extrínsecos.

Os requisitos intrínsecos constituem-se em elementos comuns a todas as obrigações, ou seja, no caso da CPR, significa capacidade do produtor rural para emiti-la; ter como objeto lícito um produto rural e que nessa transação tenha havido um consentimento plenamente válido, circunstâncias já analisadas nos tópicos anteriores.

Como requisitos extrínsecos, ou aqueles de natureza formal e através dos quais a CPR adquire força de título de crédito líquido e certo e, dessa forma, plena força executiva, é possível classificá-los em dois grupos que são os: a) Requisitos essenciais e b) Requisitos acidentais.

a) *Requisitos extrínsecos essenciais*

A CPR é um título que tem rigor cambial absolutamente regulado por lei, e por isso mesmo deve atender as especificações legais na sua formação, de modo que sua estrutura formal não é deixada às partes.

Estes requisitos são tão importantes que a lei, quanto a um deles – descrição dos bens cedularmente vinculados em garantia (art. 3º, inciso VI, da Lei nº 8.929/94) – atribui responsabilidade criminal, especificamente como crime de estelionato (art. 17 da referida lei), se ocorrer declaração falsa ou inexata a seu respeito, inclusive no caso de omissão de que tais bens já constituam outros ônus ou responsabilidades de qualquer espécie, até mesmo de natureza fiscal.

O artigo 3º da Lei nº 8.929/94, elenca os requisitos essenciais que devem ser lançados em seu contexto:

I – denominação Cédula de Produto rural;

II – data da entrega;

III – nome do credor e cláusula à ordem;

IV – promessa pura e simples de entregar o produto, sua indicação e as especificações de qualidade e quantidade;

V – local e condições da entrega;

VI – descrição dos bens cedularmente vinculados em garantia;

VII – data e lugar da emissão;

VIII – assinatura do emitente.

---

[47] MIRANDA, Pontes de. *Tratado de direito cambiário*. Rio de Janeiro: Max Limonad, 1954, p.11.

Cédula vem do latim *schedula* e significa documento escrito. No direito tem o significado de título de crédito representativo de uma promessa de pagamento emitida pelo devedor em razão de financiamento dado pelo credor

A cédula de produto rural regida pela Lei nº 8.929/94, portanto, é mais um tipo de cédula existente no direito brasileiro. O grande fator que a diferencia das demais é que, ao invés de configurar um compromisso de pagamento de dinheiro, representa uma entrega de produto rural, pelo menos na CPR-Física e de Exportação, que é a original, já que a CPR-Financeira se aproxima das demais cédulas de crédito.

Assim, o requisito *Cédula de Produto Rural* identifica a categoria de cédula de crédito que o título representa e a lei que a rege.

Resumindo: quando a CPR for denominada de CPR-Financeira está significando o tipo diferenciado que representa.

O segundo requisito extrínseco essencial é a *data de entrega do produto rural*, consoante se observa do art. 3º, II, da Lei nº 8.929/94.

É de se observar que o requisito data de entrega diz respeito à CPR-Física, porque, tratando-se da CPR-Financeira, o requisito será a data do vencimento, consoante conclusão a que se chega com a previsão do art. 4º, § 1º, da citada Lei nº 8.929/94, quando afirma esta CPR, constituindo-se um título líquido e certo, torna-se exigível na data de seu vencimento.

Em verdade, um ou outro requisito representa aquilo que em todos os títulos de crédito delimita o antes e o depois de sua exigibilidade. A CPR não foge à regra.

A não inclusão deste requisito na CPR não a torna formalmente nula. Penso que neste caso é possível se aplicar a norma costumeira de que, como o título envolve a entrega de produto ou seu vencimento normalmente se dá na pós-colheita, a exigibilidade da cártula se daria após o término da safra do produto objeto do título.

Como princípio geral de direito, recaindo a data de entrega do produto ou do vencimento do título em dia não útil, o prazo estaria prorrogado para o primeiro dia útil subsequente.

O requisito *nome do credor e cláusula à ordem* identifica o beneficiário da promessa; é a pessoa a quem obrigatoriamente o emitente da CPR deverá se dirigir para entregar o produto ou pagar a dívida.

Mas, havendo cláusula à ordem, ou endosso, o credor será aquele que o título expressar por último, já que a lei exige que este seja completo, conforme se observa no art. 10, inciso I, da Lei nº 8.929/94. O endosso completo é também chamado de *pleno* ou *em preto*.

A ausência do nome do credor ou do endossatário na CPR torna o título nulo por falta de requisito extrínseco essencial.

O inciso IV da Lei nº 8.929/94 especifica que a CPR deverá conter como requisito extrínseco essencial *a promessa pura e simples de entregar o produto, sua indicação e as especificações de qualidade e quantidade*. Este requisito é específico para a CPR-Física.

Quando a CPR é Financeira este requisito é alterado para a promessa de pagamento do valor correspondente ao produto identificado. Neste caso o requisito deverá ser modificado para que seja explicitado os referenciais necessários à clara identificação do preço ou do índice de preços a ser utilizado no resgate do título, a instituição responsável por sua apuração ou divulgação, a praça ou o mercado de formação do preço e o nome do índice, tudo isso apurado por instituição idônea e de credibilidade junto às partes contratantes, tenham divulgação periódica, preferencialmente diária, e ampla facilidade de acesso, de forma a estarem facilmente disponíveis para as partes, tudo conforme exigência expressa do art. 4-A, incisos I e II, da Lei nº 8.929/94.

A ausência deste requisito torna o título nulo por ausência de requisito extrínseco essencial, matéria que será analisada no Capítulo III deste Livro.

O inciso V do art. 3º da Lei nº 8.929/94 fixa como requisito extrínseco essencial da CPR o *local e condições* de entrega do produto rural. É de se deixar claro que este requisito diz respeito à CPR-Física.

Quando a CPR for Financeira, por óbvio, este requisito será substituído pela *praça de pagamento*.

No caso do *local* para a entrega do produto rural o título deverá explicitar de forma completa o endereço onde o emitente deverá entregar o produto rural. Naturalmente que designação do local é de inteira responsabilidade do credor. Somente ele sabe onde será mais conveniente para receber o produto rural.

O local não significa necessariamente que seja o endereço do credor, mas aquele onde ele próprio determinar no título, podendo ser sua cooperativa, seu armazém, armazém de terceiro ou qualquer outro local. É razoável entender-se que o local de entrega fique próximo àquele em que o produto deverá ser colhido. Assim, local distante que onere desproporcionalmente o emitente somente é viável se isso ficar considerado no próprio título. Não o fazendo, o local de entrega será o do domicílio do credor, por aplicação subsidiária do art. 20, § 1º, da Lei Cambial, e não do emitente, como prevê o art. 327 do Código Civil, já que, embora as normas sejam se aplicação derivada, a primeira tem mais vinculação com o tema porquanto a segunda trata das obrigações em geral. Apenas quando desconhecido ou se conhecido traduza onerosidade excessiva, a opção para a entrega do produto passa a ser do emitente do título, desde que, antes do prazo, tenha a cautela de notificar o credor para que indique um local para a entrega do produto. Não me parece que não sendo especificado o local de entrega do produto ou, se especificado, seja ele distante e oneroso para o emitente, tenha ele legitimidade para não entregar o produto, portanto, para não adimplir a CPR. A não entrega constituirá mora do emitente, sujeitando-o à execução forçada.

Quanto às *condições* ou de que forma o produto deverá ser entregue, o próprio título deverá especificar. Não o fazendo ou o fazendo de forma incompleta ou duvidosa, o produto rural a ser entregue deverá respeitar o costume vigente. Assim, se o produto rural é milho, soja, arroz, por exemplo, em que o produto é usualmente transportado a granel, esta será a condição de entrega do produto pelo emitente.

Local de pagamento, também conhecido como praça de pagamento, é o lugar em que as partes na CPR convencionam que o título deverá ser pago. Este requisito é típico da CPR-Financeira.

Não especificando o título o local do pagamento, como no caso da entrega do produto, aplica-se de forma subsidiária o art. 20, § 1º, da Lei Cambial, ou seja, o pagamento será no domicílio do credor.

O requisito do inciso VI, do art. 3º, da Lei nº 8.929/94 – *descrição dos bens cedularmente vinculados em garantia*, é comum tanto para a CPR-Física como para a CPR-Financeira.

A própria lei, no § 2º do artigo citado, diz que a discrição dos bens poderá ser feita em documento à parte, desde que assinado pelo emitente e, na cártula, seja feita menção a essa circunstância e ainda, no § 3º, que tal descrição seja de modo simplificado e, quando for ocaso, o bem será identificado por sua numeração própria e pelos números de registro ou matrícula no registro oficial competente, e também dispensada, no caso de imóveis, a indicação das respectivas confrontações.

A descrição da garantia no próprio título é uma tradição no direito brasileiro, como ocorre com as cédulas de crédito rural.

Como a CPR-Física e a CPR-Financeira têm garantias, o dispositivo é comum às duas.

O que é importante é que os dados sobre os bens oferecidos em garantia deverão ser fidedignos, verdadeiros, não podendo o emitente realizar declarações falsas ou inexatas, sob pena de pratica de crime de estelionato, consoante o disposto no art. 17 da Lei n. 8.929/94. A esse respeito, Sebastião José Roque assim se manifesta:[48].

> Pratica crime de estelionato aquele que fizer declarações falsas ou inexatas acerca dos bens oferecidos em garantia da CPR, inclusive omitir declaração de já estarem eles sujeitos a outros ônus ou responsabilidade de qualquer espécie, até mesmo de natureza fiscal. Só podem ser entregues em garantia bens livres e desembaraçados de gravames. Se o pres-

---

[48] ROQUE, Sebastião José. *Títulos de Credito*. 2. ed. São Paulo: Ícone, 1997, p. 206.

tador da garantia esconder possíveis ônus e gravames que pesavam sobre o bem alienado, terá agido dolosamente.

O inciso VII do art. 3º da Lei nº 8.929/41, trata da *data e do lugar da emissão*.

Estes requisitos são comuns a todos os títulos de crédito e, aliás, a todas obrigações que se fundamentem em documentos escritos.

A data representa o momento de surgimento do título e delimita suas consequências para o futuro.

O lugar, por sua vez, fixa a competência territorial sobre a qual girará qualquer discussão que venha a se projetar sobre a CPR.

Por fim, o inciso VIII do art. 3º da Lei nº 8.929/94 estabelece como requisito a *assinatura do emitente*.

É a assinatura do emitente na CPR que torna o título de crédito válido como obrigação. Através dela observar-se-á se a pessoa que a emitiu é capaz, condição fundamental para se adquirir direitos e obrigações e, também, se é produtor rural, porquanto a CPR tem esta legitimidade específica.

b) *Requisitos extrínsecos acidentais*

Além dos requisitos extrínsecos essenciais analisados no tópico anterior, a CPR poderá conter outros requisitos acidentais.

A possibilidade de inserção na CPR de outros requisitos além dos essenciais está no art. 3º, § 1º, da Lei nº 8.929/94, que estabelece:

Art. 3º...

§ 1º Sem caráter de requisito essencial, a CPR poderá conter outras cláusulas lançadas em seu contexto, as quais poderão constar de documento à parte, com a assinatura do emitente, fazendo-se, na cédula, menção a essa circunstância.

Como requisito acidental, é possível se exemplificar a fixação dos encargos decorrentes da mora no cumprimento da obrigação, entre tantas outras.

15.1.23. Do aditamento, ratificação e retificação da CPR

A CPR é um título de crédito rural assemelhado, e foi instituída pela Lei 8.929/94. É assemelhado porque apresenta algumas diferenças dos títulos de crédito propriamente ditos, tais como a possibilidade de ser aditada, ratificada ou retificada por aditivos que, datados e assinados pelo emitente e credor, passam a lhe integrar, bastando que tal circunstância seja mencionada na própria cédula.

Conforme preceitua o art. 9º da lei em comento:

Art. 9º A CPR poderá ser aditada, ratificada e retificada por aditivos, que a integram, datados e assinados pelo emitente e pelo credor, fazendo-se, na cédula, menção a essa circunstância.

Assim, o título poderá ser retificado e ratificado, no todo ou em parte, mediante acordo prévio das partes. Nas CPRs oficiais este aditivo é formalizado pelo banco.

Essa possibilidade de alteração na CPR é que tem levado alguns doutrinadores a sustentarem que não se trata de um título de crédito, e sim, de um contrato.

No entanto, a doutrina majoritária, na qual me incluo, entende que a flexibilização que o legislador deu às cédulas de crédito visa a unir o melhor dos dois mundos. No primeiro momento porque o título mantém as características cambiais de liquidez e certeza e, em segundo, porque o contrato nele representado tem uma circulação que, por si só, não teria.

A alteração na CPR somente será válida se atender as determinações legais. Portanto, alteração que não seja assinada pelo emitente e pelo credor ou que não seja mencionada no título é alteração nula.

15.1.24. Dos encargos da CPR

Pouco se diz na literatura sobre a existência de encargos da CPR. Mas quem conhece a realidade sobre a circulação desse título de crédito sabe muito bem que eles existem e são bem variados.

Assim, enquanto na cédula de crédito rural há a necessidade de que os encargos, especialmente os juros remuneratórios, sejam especificados e daí constarem do título por expressa determinação legal, na CPR eles são livremente pactuados e, muitas vezes, fixados *por dentro* e de forma verbal, sem que isso signifique impedimento que tais encargos venham explicitados na cédula. Dessa maneira, quanto o emitente assume a responsabilidade de entregar determinada quantidade de produto rural, nesse total pode ter sido computado, além do principal, os encargos incidentes sobre o negócio do qual a entrega do produto é a totalização da contraprestação.

Por isso é possível afirmar-se que o compromisso de entrega de produtos rurais em quantidade e data certas, natureza jurídica fundamental da CPR, salvo no caso de uma excepcional doação, envolve uma contraprestação onerosa anterior na qual foram acrescidos os respectivos encargos, situação típica de uma relação bilateral ou de um negócio jurídico em que apenas a contraprestação final é formalizada. Fica fora da razoabilidade das relações humanas que alguém assuma a condição de credor de uma CPR ou, de outro lado, que outrem se digne a emitir um título de crédito rural de forma gratuita.

Embora a presença de encargos na CPR seja uma realidade negocial corriqueira nas ralações agrárias, a preocupação que surge, segundo pesquisa atuarial, é que isso pode levar a uma cobrança em cascata, podendo resultar em um custo financeiro final aos produtores rurais de, no mínimo 12,86%, o que já é inacessível para a maioria dos produtores ou mesmo chegar ao máximo de até 28,3% ao ano, sem contar os dispêndios relativos à garantia real. Tem-se, portanto, que tais encargos financeiros são excessivamente elevados e incompatíveis com a rentabilidade do setor rural ou com a competitividade da agricultura em uma economia aberta e globalizada.[49] Essa questão, se caracterizada, pode levar ao argumento de defeito da cártula por onerosidade excessiva, matéria que será analisada no Capítulo III deste livro.

Podem ser enumerados como encargos, dentre outros que as partes vierem a acordar:

1. Juros remuneratórios;
2. Custo do aval bancário;
3. Despesas cartorárias;
4. Despesas de transporte e prêmio de seguro;
5. Correção monetária;
6. Multa;
7. Pagamentos de tributos e
8. Juros de mora.

Um dos principais encargos da CPR são os *juros remuneratórios*. Como se trata de compromisso de entrega de um produto rural com preço de mercado, o credor da CPR pode tomar como base um provável preço futuro de comercialização desse produto e assim ou (a) desconta antecipadamente do valor a repassar ao produtor rural os juros remuneratórios ou (b) os acrescenta ao produto que ele terá de entregar lá adiante, dependendo do que ficar acordado, o equivalente a uma taxa razoável, mas que levará em consideração o custo financeiro que variará de acordo com fonte de recursos a que ele tiver acesso. Isso vale para qualquer CPR,

---

[49] Como se verifica, os únicos instrumentos que não impõem desembolso inicial aos produtores rurais são as operações de Aquisição do Governo Federal (AGF), quando o Governo paga o preço mínimo para a formação de estoques públicos, e no Empréstimo do Governo Federal (EGF), que financia os produtores a taxas de juros prefixados de 8,75% ao ano enquanto esperam melhores oportunidades de negócios na entressafra. Desta forma, embora o surgimento de novos instrumentos de comercialização seja importante para aumentar a liquidez das operações rurais, os custos financeiros ainda necessitam de adequações para que possam vir a desempenhar eficientemente o seu papel no financiamento dos negócios agropecuários.

já que a de liquidação financeira nada mais é do que a conversão do produto a entregar por dinheiro.

No entanto, o que ocorre normalmente, é que para obter algum lucro financeiro com a CPR, o credor não repassa ao produtor exatamente o custo da sua fonte de recursos, mesmo que tenha tido acesso a taxa de juros prefixada de 8,75% ao ano do crédito rural, que é o preço do dinheiro mais barato que tem no mercado, ou mesmo aquela de custos mais elevados, como é da taxa Selic, que tem variado nos últimos tempos entre 11% e 18% ao ano, ou até mesmo recursos externos de variação cambial mais juros de 12% ao ano. O credor repassa essa taxa mais o lucro que entender cabível. Dessa forma, a título de juros remuneratórios o produtor acaba pagando um mix de encargos, que pode eleva em muito o custo financeiro da operação representada pela CPR.

Não incidindo no vício de onerosidade excessiva, os juros remuneratórios assim pactuados são plenamente válidos, já que na CPR não existe limitação de remuneração como ocorre na cédula de crédito qualquer que seja a sua especificidade.

Outro encargo que pesa sobre a CPR é o custo do aval bancário que pode ou não vir a ser cobrado dependendo se a CPR é de mercado organizado ou é de *gaveta*.

Assim, o custo do aval de uma CPR via Banco do Brasil, por exemplo, depende do perfil do cliente e também do estágio de desenvolvimento da lavoura. Para o estágio até o plantio da lavoura, o custo de aval é de 7,8% ao ano. Depois da planta emergente, o custo cai para 6,6% ao ano e, perto da colheita, reduz para 5,4% ao ano.

Essas taxas podem ter desconto de até 30%, que corresponde a um bônus fidelidade de entrega da produção nas últimas 4 operações. Desta forma, o custo de aval oscila de um mínimo de 3,78% ao ano a 7,8% ao ano.

O aval bancário, como garantia da CPR, portanto, como contrato adjetivo, é também oneroso, como se verá mais adiante.

Além de arcar com os juros remuneratórios e o custo do aval, o emitente da CPR também paga as despesas cartorárias necessárias a inscrição da garantia real oferecida, como no caso da hipoteca, do penhor da safra ou da alienação fiduciária de bens.

O parâmetro para cobrança destas despesas é a cédula de crédito rural, conforme previsão do art. 12, § 3º, da Lei nº 8.929/91, parágrafo acrescido pela Lei nº 10.200/01.

E o art. 34 do Decreto-Lei nº 167/67, que trata dos títulos de crédito rurais, estabelece os valores e os respectivos percentuais incidentes para a inscrição das cédulas de crédito rural. Como o valor ali fixado está ainda em cruzeiro, portanto defasado, tem-se que a inscrição da cédula será pelo máximo, que é ¼ (um quarto) do salário mínimo

Na CPR-Física pode ficar acordado que o emitente do título arcará com as despesas de transporte do produto rural e do respectivo prêmio de seguro.

Na CPR-Exportação isso pode decorrer do próprio INCOTERMS (*International Commercial Terms* – Termos de Comércio Internacional) aprovado pela CCI – Câmara de Comércio Internacional – que for acordado pelas partes. Assim, se é (a) FAS (*Free Alongside Ship* – Livre no Costado do Navio) – significando que a responsabilidade do produtor rural é a de colocar o produto rural, desembaraçado para exportação, no costado do navio ou (b) FOB (*Free on Board* – Livre a Bordo) – significando que a obrigação do produtor rural é a de colocar o produto rural, desembaraçado para exportação, a bordo do navio, em tais situações as despesas de transporte e o necessário seguro são de responsabilidade do produtor rural.

Já na CPR-Financeira, como sua estrutura é a de conversão do produto para liquidação em dinheiro, não há, por óbvio, a incidência de despesas de transportes e o pagamento de prêmio de seguro.

Embora o produto rural acompanhe o preço de mercado, o que significaria concluir que sofreria natural correção, nada impede que as partes da CPR consignem no bojo do título como encargo a incidência de correção monetária tanto do período da emissão do título até o vencimento de forma embutida, como depois, essa sim, de forma expressa.

Conforme entendimento jurisprudencial pacificado, a correção monetária se dará pelo IGP-M, pois é o índice que melhor recompõe o poder aquisitivo da moeda corroído pela inflação.

É possível que a CPR preveja a incidência de multa como encargo.

O percentual da multa, após o advento da Lei nº 9.298/96, uma vez contratada e verificada a mora, deve ser de 2%, considerando o disposto no art. 52, § 1º, do CDC, e Súmula nº 285 do STJ.

A emissão e circulação da CPR geram a cobrança de tributos que podem ser assim exemplificados:

Na CPR-Física incidem tributos, como por exemplo: ICMS, INSS, PIS, FINSOCIAL, todos eles de responsabilidade tributária do emitente da cédula, cabendo, no entanto, ficar estabelecido seu ressarcimento pelo credor.

Na CPR-Exportação, além dos tributos próprios da CPR-Física, ainda incide os necessários para colocação do produto em condições de exportação. Estes impostos, salvo disposição expressa em sentido contrário, são, de regra, por conta do emitente.

Qualquer que seja a CPR, desde que haja rendimentos, incide o Imposto de Renda consoante normas regulamentadoras da Secretaria da Receita Federal.

A grande novidade é que nos mercados de bolsas e de balcão envolvendo a CPR não há cobrança de IOF, conforme expressa determinação do § 2º do art. 19 Lei 8.929/94, que textualmente assim se refere:

Art. 19...

§ 2º Nas ocorrências da negociação referida neste artigo, a CPR será considerada ativo financeiro e não haverá incidência do imposto sobre operações de crédito, câmbio e seguro, ou relativas a títulos ou valores mobiliários.

Nada impede que as partes convencionem na CPR que, vencido o título e não pago, sobre ele incida juros de mora, já que tal instituto jurídico é pressuposto de incidência em todo inadimplemento obrigacional. A questão que agora surge é sobre o percentual de tais juros.

Durante muito tempo grassou na doutrina e na jurisprudência brasileiras discussão sobre a interpretação que de deveria dar à chamada *Lei da usura* ou mais especificamente ao art. 1º do Decreto nº 22.626, de 7 de abril de 1933, que definia como sendo ilegal a cobrança de juros acima de 12% ao ano sob o fundamento de que a fixação além deste patamar seria exorbitante porque punha em perigo o patrimônio pessoal, a estabilidade econômica e sobrevivência pessoal do tomador de empréstimo. A essa cobrança contrária à lei a doutrina rotulou de *juros onzenários* e credor de tal cobrança seria alcunhado de *agiota* e, na esfera penal, tal ação constituiria *crime contra a economia popular* (art. 4º, letra *a*, da Lei nº 1.521/51).

Além disso, fixando a lei que os juros seriam anuais, seu fracionamento para 1% ao mês constituiria *anatocismo,* que é cobrança indevida de juros sobre juros. A capitalização dos juros, ou seja, a transformação dos juros e capital só poderia ocorrer depois de um ano.

E a questão tomou vulto nos empréstimos bancários ante a existência de dispositivo constitucional, art. 192, § 3º, que limitava os juros a 12% ao ano. Esta matéria foi escoimada do texto da Constituição pela Emenda Constitucional nº 40, de 29 de maio de 2003, e, diante disso, a doutrina e a jurisprudência passaram a admitir o respeito à autonomia de vontade na fixação dos juros, especialmente depois do advento do novo Código Civil, que no seu art. 406, diz, *in verbis*:

Art. 406. Quando os juros moratórios não forem convencionados, ou o forem sem taxa estipulada, ou quando provierem de determinação da lei, serão fixados segundo a taxa que estiver em vigor para a mora do pagamento de impostos devidos à Fazenda Nacional.

O que parecia ser a pedra de toque da questão ensejou uma nova discussão porque a partir de sua leitura passou-se a aplicar a taxa SELIC (*Sistema Especial de Liquidação e de Custódia*) especialmente nas dívidas representadas por títulos federais. Ocorre que na composição desta taxa estão embutidos, além de juros, os efeitos inflacionários da moeda, daí porque a discussão tomou novo rumo.

Mas, discussão à parte, porque a relevância agora é meramente histórica, penso que em se tratando de CPR, qualquer que seja seu tipo, não ficando estabelecida pelas partes qual a taxa dos juros de mora a ser cobrada sobre a obrigação vencida (produto rural ou dinheiro), matéria típica do autonomismo de vontade, caracterizada a mora, não incide a SELIC, mas o disposto no artigo 161, § 1º, do Código Tributário Nacional, por remissão do art. 406 do CC, que dispõe:

> Art. 161...
>
> § 1º Se a lei não dispuser de modo diverso, os juros de mora são calculados à taxa de um por cento ao mês.

É bom que o leitor fique esclarecido que a nova sistemática dos juros moratórios, mesmo que sua taxa não tenha sido acordada pelas partes, será de 1% (um por cento) ao mês, o que significa sua capitalização no mês seguinte. Logo, por força legal, ficou afastada a discussão sobre o *anatocismo*.

15.1.25. Do controle do credor sobre o produto rural prometido a entregar

A CPR se caracteriza por formalizar um compromisso de entrega de produtos rurais em data e local certos, como já afirmado. E só. A lei, como diferentemente ocorreu com a cédula de crédito rural, não fixou qualquer outra obrigação ao emitente.

No entanto, como manifestação típica do princípio da autonomia de vontade, parâmetro maior em que a CPR se espelha, as partes podem muito bem fixar cláusulas que permitam ao credor ou mesmo aos avalistas a possibilidade de fiscalizarem a evolução da formação do produto rural, inclusive que isso seja feito nos mesmos moldes da cédula de crédito rural, especialmente quanto a garantia nela inserida é o penhor da safra futura.

Portanto, percorrer as instalações do emitente; ter livre acesso à propriedade; verificar o plantio, o crescimento, a colheita, a industrialização, o transporte ou armazenamento do produto, bem como a situação das garantias, e, no caso de irregularidades, adotar as medidas administrativas ou judiciais necessárias ao fiel cumprimento do que foi assumido na cédula, e tudo o mais que se fizer necessário, são formas de controle que as partes podem fixar a título de controle.

Também as partes podem delegar a terceiros, empresas especializadas na atividade rural, que exerçam a atividade de controle de formação do produto rural objeto da CPR, inclusive fixando os honorários para esse trabalho.

Estabelecido o controle de forma expressa na CPR, seu impedimento pode caracterizar inadimplemento por força do art. 14 da Lei nº 8.929/94 e, portanto, ensejar a cobrança por via executiva como prevê o art. 15 da Lei citada. O impedimento deve ficar demonstrado através de notificação prévia.

15.1.26. *Da possibilidade de negociação em bolsa e balcão*

Além de a CPR estruturar a criação de uma relação jurídica linear e direta entre o emitente e o credor, estendendo-se até a substituição deste por outro através do endosso, ela também possibilita a negociação nos mercados de bolsa e de balcão, consoante permissivo expresso do art. 19 da Lei nº 8.929/94, envolvendo, com isso terceiros que não participaram da negociação inicial. Estes terceiros participam, isso sim, de uma negociação secundária e não podem alterar aquilo que ficou estabelecido na formação do título.

Enquanto representativa de uma relação linear, ela não precisa de outras exigências senão aquelas inerentes à existência do próprio título.

No entanto, quando são negociadas nos mercados de bolsa ou de balcão, a CPR ganha exigências formais próprias, como (a) necessitar de registro em entidade autorizada pelo Banco Central do Brasil através de procedimento próprio e (b) será considerada ativo financeiro, com a benesse de não incidir IOF.

A mutação da CPR de simples título cambial de circulação restrita em ativo financeiro de circulação ampla faz com que o título ganhe características próprias como:

a) sua circulação deixa de ser cartular e passa a ser escritural ou eletrônica enquanto permanecer registrada no sistema de registro e de liquidação financeira;

b) os negócios ocorridos durante o período em que estiver registrada não serão transcritos no verso do título;

c) a entidade responsável pelo registro assume a responsabilidade por manter a cadeira de registro dos negócios ocorridos no período.

Observa-se que a CPR transformada para ser negociada nos mercados de bolsa e de balcão, em verdade, é um novo tipo de cártula que vem sendo utilizada, como já observei em momento oportuno deste livro, com enorme sucesso, inclusive através de ofertas diretas pelos próprios produtores, cooperativas, ou por investidores, indústria e exportadores, mostrando-se um título de crédito singular e de grandes perspectivas no cenário jurídico.

15.1.27. Da necessidade de registro no sistema de registro e de liquidação financeira administrada por entidade autorizada pelo Banco Central

No tópico anterior ficou dito que a CPR poderia ser negociada nos mercados de bolsa ou de balcão, transformando o título pela possibilidade de criar uma cadeia própria de outros negócios.

Essa operação consiste no ato de negociar a cédula através do Sistema de Registro de Custódia de Títulos do Agronegócio (SRCA) criado pela BM&F, que indica o registro das negociações e publica todas as informações e conteúdo da Cédula de Produto Rural.

Esse registro garante aos compradores a existência e da veracidade do conteúdo da Cédula.

O que deve ficar claro é que essa negociação nos mercados de bolsa e de balcão não modifica o título originário. As operações partem de uma realidade concretizada e com ela lidam. Assim, nenhuma operação pode modificar, por exemplo, o tipo de produto rural a ser entregue ou a sua quantidade ou, vou mais longe, o tipo de cédula originalmente criada.

No entanto, é possível que surjam discussões sobre a legitimidade originária da cártula. Esse fato, por superveniente, naturalmente que produzirá efeitos em toda cadeia do mercado de bolsa ou de balcão.

15.1.28. Da natureza de ativo financeiro

Ativo financeiro, na linguagem econômica, é o título que outorga a seu detentor o direito a pagamentos futuros em valores e circunstâncias determinadas, ou o direito ao exercício de termos específicos de negociação em transações futuras entre o emissor e o adquirente

O art. 19, § 2º, da Lei nº 8.929/94, caracteriza a CPR negociada nos mercados de bolsas e de balcão como ativo financeiro, ou seja, como crédito e valor realizáveis independentemente de autorização orçamentária, bem como os valores numerários e, além disso, conforme a parte final deste mesmo artigo, sobre essa transação não haverá incidência do imposto sobre operações de crédito, câmbio e seguro, ou relativas a títulos ou valores mobiliários.

Não resta qualquer dúvida que estas duas medidas constituem atrativos para tornar a CPR ainda mais circulável.

15.1.29. Do endosso na CPR

A CPR é um título de crédito líquido e certo, conforme expressa dicção do art. 4º da Lei nº 8.929/94, e, como tal, admite o endosso.

Endosso, do latim *in dorsum*, no dorso, nas costas, é o ato escrito no verso de um título de crédito, ou documento, por meio do qual se transmite a sua propriedade. Entre as várias espécies de endosso, duas chamam mais a atenção: o *endosso em branco*, conhecido como incompleto, não qualificado ou subtendido e o *endosso em preto*, também chamado nominativo, pleno completo, qualificado ou expresso.

De forma expressa, a Lei nº 8.929/94, no seu art. 10, inciso I, só admite o endosso em preto, a que chama de *completo*.

Isso significa que há permissão legal expressa para que o credor de uma Cédula de Produto Rural possa endossar a outrem desde que mencione o nome do endossatário, que, em verdade, passa a ser o novo credor do título.

Numa visão tópica e didática, este fato pode ser explicado da seguinte maneira: um produtor rural se compromete a entregar determinada quantidade de produto rural a outrem por venda ou por qualquer outro negócio juridicamente permissível, como tenho sustentado. Este credor, de posse da CPR, poderá transferir o título para um terceiro certo, identificado, cujo nome deverá ser declarado no próprio título ou em documento à parte, desde que faça menção ao título endossado. Nessa relação cambial ele é chamado de *endossatário* e o antigo credor de *endossante* ou *endossador*.

O endosso é o instituto que transfere o título de crédito, mas pode envolver ágio ou deságio por dentro. Ou seja, o credor endossa o título pelo seu valor de face, por maior valor (ágio) ou por menor valor (deságio). Não há qualquer proibição nisso. Alias isso é muito comum nas negociações nos mercados de bolsa ou mesmo de balcão. Portanto, nada impede que isso também ocorra com uma CPR-Física.

Mas a grande novidade no endosso da CPR é que os endossantes não respondem pela entrega do produto, mas tão somente pela existência da obrigação, conforme disposição expressa do inciso II do art. 10 da Lei da CPR. Isso significa que, se o emitente não honrar o compromisso de entrega do produto rural, o credor endossatário não poderá se voltar contra aquele que lhe endossou o título, mas contra o próprio emitente. No campo do processo civil, a disposição legal torna o endossante parte ilegítima para figurar no litígio discutindo este a relação originária.

Ocorrendo endosso em branco, por ferimento à disposição expressa de lei, a transferência do título fica viciada.

15.1.30. Do protesto da CPR

O protesto, em linhas gerais, tem a função probatória e garantidora de direito de regresso, ou seja, da possibilidade do portador ou detentor da cambial de, protestando o título em tempo útil, poder reaver o seu valor do sacador, endossador e respectivos avalistas, acrescido de juros e demais despesas, conforme dispõe o artigo 32 do Decreto 2.044, de 31.12.1908, que, apesar do tempo, continua a regrar a letra de câmbio, a nota promissória e, de forma geral, todas as operações cambiais no País, embora o cheque e a duplicata tenham disposições próprias.

O art. 10, *caput*, da Lei n° 8.929/94, determina que sejam aplicadas à CPR, as normas de direito cambiais, no que forem cabíveis, com as exceções que especifica.

Portanto, o Decreto n° 2.044/1908, é plenamente aplicável à CPR, respeitando-se a regulamentação imposta pela Lei n. 9.492/97. Ou seja, para que o titular da CPR possa exercer o direito de regresso contra o *endossante* há necessidade do prévio protesto.

No entanto, há um equívoco em se aplicar o art. 60, do Decreto-Lei 167/67 que trata dos títulos de créditos rurais à CPR. Neste dispositivo, o legislador afasta de forma clara a necessidade de protesto cambial contra o *endossante* e o *avalista*. Na Lei n° 8.929/94, art. 10, inciso III, como exceção expressa, o protesto é dispensado apenas contra os avalistas, como será visto mais adiante.

Em outras palavras, para que haja a pretensão de regresso contra o endossante, há necessidade do protesto cambial. Sem ele o título perde sua característica de cambial e, dessa forma, perde sua força executiva.

No entanto, para constituí-los em mora dever-se-á protestá-los previamente, não importando as mesmas condições para os avalistas.

15.1.31. Da inscrição e averbação no Registro de Imóveis

A CPR não necessita de registro para que tenha validade entre as partes. No entanto, para ter eficácia contra terceiros, faz-se necessário o seu registro no Cartório de Registro de Imóveis, sendo competente o cartório do domicílio do emitente.

Ademais, se a CPR tiver como garantias a hipoteca e penhor será, ainda, averbada na matrícula do imóvel hipotecado e no cartório de localização dos bens outorgados em penhor.

A inscrição ou averbação da CPR ou dos respectivos aditivos deverão ser efetuadas no prazo máximo de três dias úteis, a contar da apresentação do título, sob pena de responsabilidade funcional do oficial encarregado de promover os atos necessários.

A ausência de inscrição e de averbação torna a CPR inábil para o ajuizamento de processo de execução

Como já salientado em outras oportunidades, a sistemática da CPR é bem diferente da que o legislador outorga às cédulas de crédito rural através Decreto-Lei nº 167/67. Aqui, o título de crédito será sempre registrado no Registrado de Imóveis. Na CPR, apenas nas circunstâncias já referidas.

15.1.32. Do vencimento antecipado

A obrigação principal do emitente da CPR é a de entregar determinado produto rural na data e no local estabelecido no corpo do título, na CPR-Física ou de Exportação, ou a de pagar determinada quantia em dinheiro na CPR-Financeira. Porém, nada impede que, além dessa obrigação, ele assuma outras, como a de garantir esse compromisso através do penhor, da hipoteca, da alienação fiduciária ou do aval, que são obrigações secundárias, ou ainda a de pagar tributos ou mesmo despesas inerentes ao negócio subjacente ao compromisso.

No entanto, antes do vencimento de qualquer das obrigações assumidas, não tem o emitente o dever de adimplir o que assumir nem pode o credor dele exigir o seu cumprimento. Isso porque, embora a CPR seja um título de crédito, a ela são aplicáveis os dispositivos inerentes aos contratos por interpretação subsidiária. E o art. 476 do Código Civil é claro quando diz:

> Art. 476. Nos contratos bilaterais, nenhum dos contratantes, antes de cumprida a sua obrigação, pode exigir o implemento da do outro.

Trata-se do que a doutrina chama de *exceptio non adimpleti contractus* ou a exceção do contrato não cumprido.

Mas, se isso é da natureza de qualquer obrigação qual a razão de ter o legislador inserto o art. 14 da Lei nº 8.929/94, nestes termos?

> Art. 14. A CPR poderá ser considerada vencida na hipótese de inadimplemento de qualquer das obrigações do emitente.

Primeiro isso significa que não só a não entrega do produto rural será causa do vencimento, mas toda obrigação a ela vinculada pela simples conclusão de que não haveria necessidade de se afirmar que a não entrega do produto rural seria causa de inadimplemento da CPR porque isso seria o óbvio.

E em segundo lugar quer me parecer que o disposto legal teria ali sido colocado como previsão de que situações anormais se vierem a acontecer, também poderão constitui causas do vencimento da CPR.

Tome-se o seguinte exemplo: o emitente de uma CPR-Física se compromete a entregar 1.000 sacos de soja tipo X para semente proveniente de lavoura por ele cultivada e sob a fiscalizada do credor. O emitente simplesmente não planta a lavoura na época certa. Por óbvio, que, nesta situação, ele não terá condições de cumprir o que se comprometeu. Portanto, tem-se aqui a exceção à regra da *exceptio non adimpleti contractus*.

Evidentemente que o inadimplemento das obrigações pressupõe a existência de vontade consciente do emitente, portanto a existência do dolo ou culpa.

É bom que fique esclarecido que a lei fala em vencimento antecipado quando houver descumprimento de obrigação cedular por parte do emitente da CPR, e não por outro obrigado que eventualmente figure no título como o terceiro garantidor.

Além disso, o vencimento da CPR não ocorre de pleno direito, de modo que a declaração de vencimento da cédula por parte do credor deverá ocorrer de forma expressa. A notificação com aviso de recebimento ou o protesto cambial são formas de manifestação expressa do credor de considerar inadimplente o emitente da CPR.

15.1.33. Do pagamento da CPR

A obrigação principal do emitente da CPR é a de entregar o produto rural prometido, no caso da CPR-Física ou de Exportação, ou a de pagar determinada importância em dinheiro equivalente ao valor produto,[50] na CPR-Financeira, como, aliás, diz o art. 4º da Lei nº 8.929/94, nestes termos

> Art. 4º A CPR é título líquido e certo, exigível pela quantidade e qualidade de produto nela previsto.

No dispositivo fica demonstrado o caráter cambial da cédula de produto rural, pois o legislador expressamente afirmou constituir ela título líquido e certo, exigível pela quantidade e qualidade de produto nela previsto.

No entanto, havendo acordo, poderá ocorrer o cumprimento parcial, desde que seja anotada no verso da cédula, ou mesmo em documento apartado que faça referência expressa ao título, tornando-se exigível apenas o saldo, consoante previsão do parágrafo único do mencionado art. 4º:

> O cumprimento parcial da obrigação de entregar produto rural, não descaracteriza este grau de liquidez, certeza e exigibilidade e na sua ocorrência deve ser anotado, sucessivamente, no verso da cédula, tornando-se exigível apenas o saldo.

---

[50] O objeto da CPR-Financeira é um produto rural, apenas na sua liquidação este produto é substituído por dinheiro. Não fora isso o tão só compromisso de pagar determinada importância se caracterizaria como nota promissória.

Como a CPR-Financeira foi criada pela Lei nº 10.200/01, é possível interpretar-se que, havendo acordo, o pagamento em dinheiro também poderá ser parcial.

Ainda como dispositivo vinculado ao pagamento, é de se observar o art. 13 da citada lei quando diz:

Art. 13. A entrega do produto antes da data prevista na cédula depende da anuência do credor.

Assim, como o credor não pode exigir do emitente a entrega do produto rural na CPR-Física ou de Exportação ou a importância equivalente em dinheiro na CPR-Financeira antes do vencimento do título da mesma forma não pode este pretender entregar o produto ou mesmo efetuar o pagamento sem o consentimento daquele.

As obrigações resultantes da CPR obedecem ao clássico *pacta sunt servanda* através do qual o que foi pactuado é o que deve ser cumprido. Mesmo que aparentemente a entrega do produto ou o pagamento do título possam antever benefícios para o credor, razões de ordem fática ou mesmo contábil podem impedir que aceite a antecipação do adimplemento.

15.1.34. Da responsabilidade do emitente pela evicção

Evicção, do latim *evictio, e-vincere, e-victus*, significa ser vencido num pleito relativo a uma coisa adquirida a terceiro. *Evicção*, portanto, no seu conceito clássico, é perda, total ou parcial, de um *bem* por motivo de *decisão judicial*

Trata-se de um defeito do negócio jurídico singular porque consiste na perda que o adquirente de uma coisa sofre, no todo ou em parte, em virtude de sentença, que a atribui a outrem por direito anterior ao contrato de aquisição.

O art. 11 da Lei nº 8.929/94, embora de forma implícita reconheça ser possível discutir-se a evicção no negócio envolvendo uma CPC, no entanto, afasta qualquer possibilidade do emitente vir a beneficiar-se de seus efeitos. Assim, sofrendo o beneficiário do título sentença que declare ser terceiro detentor, por exemplo, do produtor que seria entregue, fica o emitente responsável em substituí-lo ou mesmo a indenizar o valor correspondente.

Como decisão judicial deve ser entendida aquela que transitou em julgado.

15.1.35. Da não invocação do emitente do caso fortuito ou de força maior

Caso fortuito é o acontecimento possível mais estranho à ação e à vontade humana, de efeito previsível ou imprevisível, porém sempre inevitável e irresistível, como são exemplos a enchente, a enfermidade, o terremoto, o incêndio.

Já *força maior* é o acontecimento inopinado e inevitável, previsível, ou não, produzido por força da natureza, ou humana, a que não se pôde resistir. Veja-se que os conceitos são próximos.

Na teoria geral dos vícios insanáveis, o caso fortuito e a força maior sempre se constituíram como elementos justificadores do inadimplemento obrigacional por constituírem defeitos absolutos e com isso sempre se caracterizaram-se como motores de sustentação da *teoria da imprevisão*, doutrina criada para relativar a higidez do *pacta sunt servanda*.

No entanto, de forma expressa, o caso fortuito ou de força maior foram descaracterizados como defeitos absolutos e, como pragmatismo tópico, não podem vir a ser alegados pelo emitente. Trata-se de uma exceção e encontra explicação no fato de que a CPR precisa garantir a plena circulação para possibilitar o endosso (art. 10 da Lei nº 8.929/94) e poder ser negociada nos mercados nos de bolsas e de balcão (art. 19 da mesma Lei).

15.1.36. Da prescrição

Um dos temas mais discutidos a respeito da CPR é a prescrição, talvez porque a Lei nº 8.929/94 nada diga a seu respeito, diferentemente de outras legislações como a que trata da letra de cambio e da nota promissória e a do cheque.

Mas a CPR é prescritível.

Segundo o art. 10 da lei citada, são aplicáveis à CPR as normas de direito cambial. Ora, direito cambial ou direito cambiário é o ramo do direito comercial que envolve um conjunto de normas que regulam os direitos, deveres e obrigações, nas relações de natureza cambiária especialmente dos títulos de créditos que tem na letra de câmbio e na nota promissória seus pilares.

O Decreto nº 2.044, de 31 de dezembro de 1908, estabeleceu no seu art. 52 que a prescrição da ação cambial era de 5 (cinco) anos dessa forma:

> Art. 52. A ação cambial, contra o sacador, aceitante e respectivos avalistas, prescreve em cinco anos. A ação cambial contra o endossador o respectivo avalista prescreve em 12 meses.

No entanto, a Lei Uniforme Relativa às Letras de Câmbio e Notas Promissória, recepcionada no País pelo Decreto nº 57.663, de 24 de janeiro de 1966, no seu art. 70, dispôs diferentemente, nestes termos:

Art. 70. Todas as ações contra o aceitante relativas a letras prescrevem em 3 (três) anos a contar do seu vencimento.

As ações do portador contra os endossantes e contra o sacador prescrevem num ano, a contar da data do protesto feito em tempo útil, ou da data do vencimento, se se trata de letra que contenha cláusula "sem despesas".

As ações dos endossantes uns contra os outros e contra o sacador prescrevem em 6 (seis) meses a contar do dia em que o endossante pagou a letra ou em que ele próprio foi acionado.

Assim, derrogando a Lei Uniforme o Decreto nº 2.044/1908, tem-se que as ações de execução decorrentes da CPR prescrevem da seguinte forma:

a) contra o emitente – em 3 (três) anos à contar do seu vencimento;

b) do credor contra o endossante – em 1 (um) ano a contar da data do protesto;

c) do endossante contra o endossatário – em 6 (seis) meses, a contar do dia em que pagou o título.

Não havendo previsão expressa de prescrição contra o avalista ou contra qualquer outro garantidor hipotecário, pignoratício ou fiduciário, aplica-se a regra geral disposta no art. 206, § 3º, inciso VIII, do Código Civil que diz:

Art. 206. Prescreve:

§ 3º Em três anos:

VIII – a pretensão para haver o pagamento de Título de crédito, a contar do vencimento, ressalvadas as disposições de lei especial;

Perdendo a CPR sua característica de título de crédito por qualquer forma, inclusive a prescrição, subjaz a pretensão do credor de buscar ressarcimento por enriquecimento sem causa, inclusive através de ação monitória regulada pela lei nº 9.079/95, aplicando-se de forma subsidiária a Súmula 299 do STJ que diz: "É admissível a ação monitória fundada em cheque prescrito".

Nesse caso, a prescrição é regrada pelo art. 206, § 3º, inciso VI, do Código Civil que estabelece:

Art. 206. Prescreve:

§ 3º Em três anos:

IV – a pretensão de ressarcimento de enriquecimento sem causa.

Aplicando-se o principio da razoabilidade é de se entender que a ação de ressarcimento por enriquecimento sem causa tem seu prazo de início a partir do momento que o título perdeu sua característica executiva.

15.1.37. Das ações típicas que envolvem a CPR

a) *Ações de execução*

A Lei nº 8.929/94, em seu art.4º, § 2º e art. 15, reconhece a força executiva da Cédula de Produto Rural de duas formas distintas:

Art. 4º...

§ 2º. Para a cobrança da CPR com liquidação financeira, cabe ação de execução por quantia certa.

Art.15. Para a cobrança da CPR, cabe a ação de execução para a entrega de coisa incerta.

A execução por quantia certa é espécie mais conhecida das execuções e tem regulação à partir do art. 646 do CPC, com as modificações introduzidas pela Lei 11.382/2006. Daí por que remete-se o leitor às obras específicas sobre o tema.

Mas, a aplicação de tal execução à CPR é uma excepcionalidade e novidade.

A excepcionalidade porque somente aplicável para a CPR-Financeira e a novidade porque, originariamente, esta modalidade de execução inexistia, tendo sido criada pela Lei nº 10.200/2001, que incluiu o art. 4º-A nestes termos:

Art. 4º-A – Fica permitida a liquidação financeira da CPR de que trata esta Lei, desde que observadas as seguintes condições:

I – que seja explicitado, em seu corpo, os referenciais necessários à clara identificação do preço ou do índice de preços a ser utilizado no resgate do título, a instituição responsável por sua apuração ou divulgação, a praça ou o mercado de formação do preço e o nome do índice;

II – que os indicadores de preço de que trata o inciso anterior sejam apurados por instituições idôneas e de credibilidade junto às partes contratantes, tenham divulgação periódica, preferencialmente diária, e ampla divulgação ou facilidade de acesso, de forma a estarem facilmente disponíveis para as partes contratantes;

III – que seja caracterizada por seu nome, seguido da expressão "financeira".

§ 1º A CPR com liquidação financeira é um título líquido e certo, exigível, na data de seu vencimento, pelo resultado da multiplicação do preço, apurado segundo os critérios previstos neste artigo, pela quantidade do produto especificado.

§ 2º Para cobrança da CPR com liquidação financeira, cabe ação de execução por quantia certa.

É de se observar que, ante a dificuldade gerada pela execução de uma CPR-Física ou de Exportação, como se analisará em seguida, buscou uma forma alternativa de acelerar a liquidação do título, assemelhando-a a uma nota promissória.

O que se deve observar é que o legislador forneceu elementos ao credor para, ao invés de propor uma discussão judicial sobre o que cobrar, apresentar ao emitente um valor líquido e certo via parâmetros legais. Todavia, não seguindo essas condicionantes, o credor será carecedor de ação de execução.

Mas a execução típica da CPR é a execução para entrega de coisa incerta, prevista no art. 15 da Lei nº 8.929/94.

O conceito de *coisa incerta* é dado pelo Código Civil, no artigo 243, quando diz:

Art. 243. A coisa incerta será indicada, ao menos, pelo gênero e pela quantidade.

Dessa forma, a execução para a entrega de coisa incerta objetiva inicialmente individualizar a coisa a ser entregue.

Logo, o credor executará o emitente da CPR para que este individualize o bem, nos termos do artigo 629 do Código de Processo Civil.

Como matéria de contraditório, o art. 630 do CPC estabelece que as partes poderão impugnar a escolha feita pela outra, no prazo de 48 horas, cabendo ao juiz decidir de plano ou nomear perito.

No caso da CPR, o emitente será citado para satisfazer a obrigação constante do título e, assim, deverá *entregar* o produto, e nesta situação a obrigação estará satisfeita (art. 624, CPC) e o processo deverá ser extinto com decisão de mérito, arcando o devedor com a sucumbência a ser fixada pelo juiz. Todavia, por existência de defeito ou nulidades na CPR poderá pretender o emitente apresentar embargos à execução. Nessa situação, para segurança de juízo, deverá *depositar* o produto. Portanto, são duas situações diferentes. Na primeira, o devedor entrega o produto como forma de pagamento do título, Na segunda, o produto será depositado como garantia de juízo para fins de embargos.

O STJ já se manifestou nessa mesma direção, em decisão monocrática da lavra do Ministro Aldir Passarinho Júnior:

Com efeito, a Lei 8.929/94, que institui a Cédula de Produto Rural, quando trata da cobrança do título, apenas faculta a ação de execução para entrega de coisa incerta, não proibindo, taxativamente, a utilização da ação de execução para entrega de coisa certa. MC 008289. Requerente: José Valdinei Camargo. Requerido: Agrosul Comércio de Produtos Agropecuários Ltda. Relator Ministro Aldir Passarinho Júnior. Brasília, 21 de maio de 2004.

Não custa lembrar que a execução para entrega de coisa certa como forma de cobrança da CPR somente será possível se houver descrição minuciosa do produto. Havendo qualquer dúvida, a execução se dará por quantia incerta nos termos do artigo 631 do Código de Processo Civil.

b) *Ação de busca e apreensão*

Já foi observado que as ações para a cobrança da CPR, nos termos da Lei nº 8.929/94, tem forma executiva quer seja na modalidade de execução para entrega de coisa incerta (art. 15) quer seja para a execução por quantia certa (art. 4º-A, § 2º).

Mas, no tocante às garantias, a mesma Lei nº 8.929/94, no seu art. 16, como medida cautelar, assegurou a possibilidade de ajuizamento de busca e apreensão do bem alienado fiduciariamente sem que isso cause impedimento da posterior ação de execução, inclusive da hipoteca e do penhor.

Com as devidas reservas, porque penso que a CPR não tem como negócio antecedente apenas a compra e venda, mas qualquer negócio jurídico válido, é bom trazer à colação a lição de Lutero de Paiva Pereira,[51] invocando as lições de Luiz Rodrigues Wambier, quando comenta:

> Tratando a CPR, como temos visto, de um título que materializa uma compra e venda, segue-se que o documento para demonstrar a titularidade do autor da ação de busca e apreensão, além do próprio título, é certo, deve ser aquele que comprove de forma cabal e efetiva o pagamento feito pelo credor ao emitente, do valor do bem prometido à entrega, cujo contrato se encontra então garantido pela alienação fiduciária. Sem tal prova, entendemos que o juiz não poderá despachar favoravelmente o pleito mandando buscar e apreender o bem fiduciariamente alienado, em face da incerteza quanto à existência do próprio direito de crédito.

A garantia da alienação fiduciária tem no Decreto-Lei nº 911/69 seu instrumento jurídico regulador que também estabelece as regras aplicáveis à busca e apreensão do bem alienado. Este decreto-lei sofreu várias modificações através da Lei nº 10.931/04.

A lei trouxe modificações importantes, especialmente quanto ao processo de busca e apreensão, tornando-o mais ágil, como se verá.[52]

---

[51] PEREIRA, Lutero de Paiva. Ob. cit., p. 110-111.

[52] O art. 2º do Decreto-Lei nº 911/69 tem gerado uma série de discussão doutrinária e jurisprudencial, mas que foram afastadas pelo STF sob o entendimento da constitucionalidade do referido dispositivo. A verdade é que no afã de se pretender aplicar os princípios do devido processo legal e do contraditório ao artigo citado, se olvida que o que se está sendo vendido não é um bem do devedor, mas do credor que o devedor apenas está na posse, pois na alienação fiduciária o credor é o proprietário do bem desde a concessão do crédito financiado até o pagamento integral. O devedor apenas se mantém na posse direta do bem, usufruindo do mesmo. Desta forma, não há falar em inconstitucionalidade ou até mesmo, como sustentam alguns, em confisco de bens. Afinal de contas o bem dado em garantia na alienação fiduciária não integra o patrimônio do devedor até que ocorra o pagamento integral da dívida. O art. tem esta redação: "No caso de inadimplemento ou mora nas obrigações contratuais garantidas mediante alienação fiduciária, o proprietário fiduciário ou credor poderá vender a coisa a terceiros, independentemente de leilão, hasta pública, avaliação prévia ou qualquer outra medida judicial ou extrajudicial, salvo disposição expressa em contrário prevista no contrato, devendo apli-

Inicialmente, a busca e apreensão impende que o credor demonstre a existência de um crédito e o art. 2º do Decreto-Lei nº 911/69 é claro quando define a sua composição.

Caracterizado o crédito, que é a base material da busca e apreensão, há necessidade que também se demonstre a mora do devedor, mediante carta registrada expedida por intermédio de Cartório de Títulos e Documentos ou pelo protesto do título, conforme os §§ 2º e 3º do mesmo art. 2º.[53]

É verdade que o art. 10, inciso III, da Lei nº 8.929/94 diz que é dispensado o protesto cambial para assegurar o direito de regresso contra avalistas. Como a alienação fiduciária e o aval são garantias estanques, naturalmente que a exigência do art. 2º, § 2º, não lhe diz respeito.

Preenchidos os requisitos formais de admissibilidade da ação, o juiz defere a liminar de busca e apreensão, com base no art. 3º do decreto-lei em comento:

> Art. 3º O Proprietário Fiduciário ou credor, poderá requerer contra o devedor ou terceiro a busca e apreensão do bem alienado fiduciàriamente, a qual será concedida liminarmente, desde que comprovada a mora ou o inadimplemento do devedor.[54]

A primeira inovação produzida pela Lei nº 10.931/04 foi no § 1º do art. 3º, ao afirmar que, após 5 dias da efetivação da liminar de busca e apreensão do bem dado em garantia, poderá o credor requerer junto às repartições competentes a expedição de novo certificado de registro de propriedade, em nome do próprio credor ou de terceiro por ele indicado, livre do ônus.

O legislador deu à liminar força executiva traslativa da propriedade. Em outras palavras, tendo ficado caracterizado a existência da dívida e

---

car o preço da venda no pagamento de seu crédito e das despesas decorrentes e entregar ao devedor o saldo apurado, se houver".

[53] A esse respeito o STJ assim se manifestou: A falta de prova da entrega da notificação no endereço do devedor impede a propositura da ação de busca e apreensão (STJ, 4ª Turma, RESP 468348, Relator: Min. Ruy Rosado de Aguiar, j. 25.03.2003). 1 – Para a comprovação da mora do devedor, não basta que a notificação tenha sido expedida pelo Cartório de Títulos e Documentos: deve demonstrar-se que a carta tenha sido por ele recebida. (STJ, 4ª Turma, RESP 111863, Min. Barros Monteiro, relator, j. 19.12.2002). 2 – Válida a notificação para constituição em mora do devedor efetuada em seu endereço, ainda que não lhe entregue pessoalmente. (STJ, 4ª Turma, RESP 448236, Relator: Min. Aldir Passarinho Junior, j. 01.10.2001) 3 – Não é exigido por lei que a notificação para a constituição em mora do devedor traga o valor atualizado do débito. Suficiente, pois, ao atendimento da formalidade, a ciência que é dada ao inadimplente pelos meios preconizados no art. 2º, § 2º, do Decreto-Lei n. 911/69. (STJ, 4ª Turma, RESP 469406, Relator: Min. Aldir Passarinho

[54] Mas o STJ, diante do caso concreto, assim decidiu: 1. As máquinas indispensáveis à atividade da empresa devedora, apreendidas em ação de busca e apreensão, podem permanecer na posse da ré, durante a tramitação do processo, fato que não enseja violação ao artigo 3º do Decreto-Lei 911/69. (STJ, 3ª Turma, RESP 440700, Relator: Min. Castro Filho, j. 22.05.03) 2. Pelo poder geral de cautela, pode o juiz, diante das circunstâncias do caso, deixar de conceder a liminar de busca e apreensão, como no caso. (STJ, 4ª Turma, RESP 151272, Relator: Min. Sálvio de Figueiredo Teixeira, j. 10.12.2002).

a mora no seu pagamento, a decisão judicial não só determinará a busca e apreensão do bem alienado, como ensejará a que o credor consolide, à posse assim obtida, também a propriedade, inclusive impondo às repartições públicas a obrigatoriedade de procederem a expedição de novo certificado depois de decorridos 5 (cinco) em que ela com concedida, agora em nome do credor, inclusive fazendo constar que o bem está livre do ônus fiduciário. A dicção tem uma direção certa já que na sua grande maioria a alienação fiduciária incide sobre veículos automotores.

Concedida a liminar e dela intimado o devedor, poderá ele no interstício dos 5 (cinco) pagar a integralidade da dívida. É de se observar que uma coisa é o momento do pagamento e outra, o do registro do bem em nome do credor. Por óbvio que o segundo só será efetivado se houver silêncio do devedor quanto ao primeiro.

Trata-se de outra mudança significativa imposta pela Lei 10.931/04. Portanto, não há mais possibilidade de purgação da mora pelo devedor, já efetuado o pagamento de 40% do preço financiado, como ocorria. Agora, por força do § 2º do art. 3º, o devedor somente terá a faculdade de no quinquidio depois da efetivação da liminar, pagar integralmente a dívida pendente, ou seja, o total do valor financiado, excluídos os juros futuros, conforme planilha de cálculo apresentada na petição inicial. Somente assim, o bem será devolvido ao requerido, livre do ônus da alienação fiduciária.

Cumprida a liminar e não tendo o credor pago a integralidade da dívida, abre-se-lhe o prazo de contestação de 15 (quinze) dias. Aqui também houve alteração na regra anterior que era de 3 (três) dias, conforme agora estabelece o § 3º do art. 3º, contados da execução da liminar.

Dúvida pode ocorrer porque no revogado § 1º do Decreto-Lei nº 911/69, estava expresso que, depois de executada a liminar, o réu seria citado para oferecer sua defesa.

Quer me parecer que houve uma omissão do legislador, mas plenamente suprível, já que por força do art. 214 do CPC a citação é ato indispensável para a validade de qualquer processo. Assim, cabe ao credor requerer e ao juiz, depois de deferir a liminar, também determinar a citação do réu e, após decorridos os 5 (dias) de sua execução, é que começará a fluir o prazo para resposta. Entende-se essa dilação de prazo porque exatamente neste período tem o devedor o direito de pagar a integralidade da dívida. Se não paga, em verdade, seu prazo será de 20 (vinte dias) para responder.

Não me parece razoável a interpretação de que a contestação começará a fluir depois de efetivação da liminar, independente da citação do mesmo. Isso implicaria em ferimento ao princípio do devido processo legal.

Situação interessante criada pela Lei 10.931/04 é a possibilidade de o devedor apresentar resposta após o pagamento integral da dívida e ter-lhe sido restituído o bem sem qualquer gravame. Trata-se de uma novidade pragmática calcada na experiência da vida forense. Sabe-se que, quando o devedor tem qualquer alegação a fazer e que é desconstitutiva de seu débito, com base na doutrina, ele ajuíza *exceção de pré-executividade* que, aceita, suspende o processo de execução.

A novidade é que, quando se tratar de busca e apreensão de bem dado em alienação fiduciária em garantia, o devedor terá que pagar o que lhe é cobrado pelo credor calcado na aparente liquidez e certeza da dívida. Mas, pretendendo repetição do indébito do que pagou a maior, tendo como base o art. 876 do Código Civil e o art. 42 do Código de Defesa do Consumidor, ao invés de ajuizar uma ação autônoma, apresentará contestação na busca e apreensão existente.

Dessa forma, o credor deverá ter a cautela de não requerer a imediata extinção do processo, mas, se requerida, deverá o juiz não deferi-la, senão após decorrido o prazo de resposta. Até que isso ocorra o pagamento feito pende de condição legal. Penso que havendo resposta do devedor mesmo depois do pagamento, a liberação do que foi paga só será possível quanto à parte incontroversa.

Na discussão que se travará é cabível toda produção de prova, inclusive a realização de perícia contábil para apuração de valores.

É bom deixar claro que a possibilidade de ajuizamento da exceção de pré-executividade não ficou afastada com a previsão legal, apenas foi limitada na especificidade prevista pelo legislador. Logo, questões que tornem a CPR defeituosa ou nula poderão ser alegadas.

Acréscimo importante imposto pela Lei nº 10.931/04 diz respeito com a improcedência da ação.

Ocorre que, havendo julgamento improcedente da ação de busca e apreensão, além das verbas de sucumbência normais, como honorários de advogado e despesas processuais, o juiz também condenará o credor ao pagamento de multa, em favor do devedor, equivalente a 50% do valor originalmente financiado, devidamente atualizado, caso o bem já tenha sido alienado. Esta multa não exclui a responsabilidade do credor por perdas e danos, como se observa nos §§ 6º e 7º, art. 3º do Decreto-Lei nº 911/69, com as alterações verificadas.

Assim sendo, antes da venda do bem, para evitar a multa prevista, deverão ser analisadas todas as possibilidades de improcedência da ação e que possam motivar contestação e discussão do devedor, mormente no que tange a cláusulas e encargos previstos no contrato, bem como sobre os valores efetivamente pagos pelo devedor.

Questão que merece ser enfocada nestes comentários é a que diz respeito à possibilidade de prisão do devedor no caso de conversão da ação de busca e apreensão em ação de depósito por força da previsão do art. 4º do Decreto-Lei nº 911/69.[55]

Embora aqui e ali ainda surjam decisões cada vez mais isoladas, o STF pautou a conduta da jurisprudência no sentido de entender que a prisão somente é cabível no caso de alimentos, sustentando plenamente aplicável o Pacto de San José da Costa Rica e que resultou na Súmula Vinculante nº 25 do STF.

Por fim, duas peculiaridades tópicas deverão ser respeitadas na busca e apreensão de bem dado em garantia fiduciária na CPR.

A primeira delas é a do art. 8º da Lei nº 8.929/94, quando diz:

> Art. 8º A não-identificação dos bens objeto de alienação fiduciária não retira a eficácia da garantia, que poderá incidir sobre outros do mesmo gênero, qualidade e quantidade, de propriedade do garante.

A previsão legal é típica da intenção de se dar maior eficácia à CPR. Assim, mesmo que o bem objeto da garantia fiduciária não seja identificado quer porque foi insuficientemente descrito no momento da emissão do título, quer porque não foi plenamente localização por ocasião da execução, outros poderão ser identificados para substituí-lo, desde que comprovadamente sejam de propriedade do garantidor.

E a segunda é a do art. 16 e de seu parágrafo único da Lei nº 8.929/94 acima transcritos que, demonstrando a cautelaridade da busca e apreensão, possibilita que o credor promova o processo de execução, inclusive da hipoteca ou do penhor, desde que tenha restado saldo a pagar, podendo desentranhar o título para embasar o processo.

15.2. Das Garantias da CPR

A emissão de uma CPR, segundo o art. 1º da Lei nº 8.929/94, que a criou, gera para o produtor rural, sua associação ou cooperativa, um compromisso de entregar em data certa quantidade fixa de produtos rurais, no caso das CPRs Física e de Exportação, ou de pagar quantia certa correspondente a tais produtos, na CPR-Financeira.[56]

---

[55] O art. 4º tem esta redação: Art. 4º. Se o bem alienado fiduciariamente não for encontrado ou não se achar na posse do devedor, o credor poderá requerer a conversão do pedido de busca e apreensão, nos mesmos autos, em ação de depósito, na forma prevista no Capítulo II do Título I do Livro IV, do Código de Processo Civil.

[56] Esse enunciado, segundo grande parte da doutrina, afastaria qualquer vinculação com o negócio antecedente gerador da obrigação. O pressuposto desse pensamento tem vinculação direta com o princípio da autonomia da cartularidade presente nos títulos cambiais, circunstância que lhes garantiria circulação ampla e presunção de exequibilidade através de processo executivo onde a segurança do juízo é pressuposto fundamental para a interposição de defesa através de embargos. Apesar disso,

Apesar de se caracterizar como uma promessa de entrega de produtos rurais, a emissão de uma CPR pode vir a ser reforçada com outra garantia para que, se tal compromisso não for cumprido, as obrigações dele decorrentes serão saldadas. Assim, além da obrigação direta resultante do próprio título, a entrega de produtos rurais ou o pagamento de um valor correspondente, o emitente assumiria uma segunda obrigação que seria executada no caso de não adimplida a primeira.

Mas, a questão que surge reside em se definir se essa garantia é específica, portanto, limitada por fixação legal, ou genérica, no sentido de que, desde que não contrária ao direito, qualquer uma garantia seria permitida.

É sabido em direito, como regra de teoria geral, que a escolha de garantias para amarrar o cumprimento dos negócios jurídicos bilaterais fica no campo da possibilidade jurídica que envolver o negócio e a consequente garantia e na opção das partes envolvidas de escolherem esta ou aquela que melhor se adapte ao objeto pactuado e às próprias conveniências[57]. Essa situação caracteriza a aplicação da autonomia de vontade contratual também nos contratos adjetos de garantias. As exceções ficariam para aqueles negócios jurídicos tutelados pelo estado, em que a garantia é específica por determinação legal.

Quanto às garantias da CPR, surgiu uma dúvida razoável quando o legislador, que não se utilizou da boa técnica legislativa, declarou no art. 5º da Lei nº 8.929/94, que as garantidas dadas nas CPRs poderiam consistir em *hipoteca, penhor* e *alienação fiduciária*.

Ocorre que esse dispositivo legal pode levar a uma interpretação no sentido de que as garantias na CPR estariam limitadas às modalidades nominadas no texto legal. Todavia, tal exegese estaria equivocada e, de outro lado, teria cunho de restrição, porquanto, em verdade, a interpretação mais consentânea com a própria criação da CPR é de que inexiste

---

tal qual ocorreu com os títulos cambiais cujo postulado era no início *juris et de jure*, o certo é que a doutrina e a jurisprudência transformaram esse pressuposto apenas em presunção de legitimidade, no sentido de que é sempre possível enfrentar-se a negócio jurídico antecedente à emissão da CPR, se este teve origem em situação que a legislação considera defeituosa ou inválida. É bom que se diga que a resistência é muito mais intensa na economia do que no direito. Não fora por esta razão precedente, o que derruba toda a doutrina autonomista de existência de uma CPR absoluta e inquestionável, pode ser formulada na seguinte pergunta: *se a CPR não se vincula a um negócio antecedente, como explicar que um simples compromisso de entregar produtos rurais ainda possa ser garantido através de hipoteca, penhor ou alienação fiduciária, todas elas com a força de garantias reais?* Ora, isso fere o princípio da razoabilidade porque não tem lógica que alguém além de assumir um compromisso de entregar produtos rurais ainda garanta esta entrega com a constrição de seus bens ou de terceiros

[57] Não existe disposição legal estabelecendo preferência de garantias. No entanto, quando a garantia se destina a secundar empréstimo de dinheiro tomado de bancos, especialmente no chamado crédito rural, crédito comercial ou industrial, o credor "cria" uma preferência por bens de raízes, as chamadas garantias imobiliárias.

limitação quanto a qualquer garantia a ser dada ao título de crédito rural, desde que compatível.

A menção do legislador à hipoteca, ao penhor e à alienação fiduciária é porque, para estas, buscou estabelecer tratamento diferenciado daquilo que normalmente prescrevia.

Em primeiro lugar, quando afirmou textualmente que *a garantia cedular da obrigação poderá consistir em...*, o fez significando que o *poderá* seria uma faculdade na contratação destas garantias, já que as garantias citadas são de cunho real e a CPR é um título de crédito onde a tônica é a garantia pessoal.

Não fora isso, existe outros dispositivos expressos na própria lei demonstrando que a intenção do legislador foi a de não limitar as garantias possíveis, mas a de tão somente regrar sobre algumas dessas garantias por pura adaptação à especificidade do título rural. Dessa forma, a faculdade de se poder utilizar qualquer dos outros tipos de garantias na CPR não foi limitada pelo art. 5º da Lei nº 8.929/94, o que ocorreu foi um regramento especial de garantias clássicas que passaram a ter formalização diferentemente das normais gerais existentes.

Observe-se que, já no § 1º desse mesmo artigo, o legislador possibilitou a oportunidade de se adotar qualquer outra garantia além das que nominava ao dispor que: "§ 1º – Sem caráter de requisito essencial, a CPR poderá conter outras cláusula sem seu contexto".

Além disso, o art. 10 da mencionada lei manda aplicar, às CPRs, *no que forem cabíveis, as normas de direito cambiário*, o que abre a possibilidade de se poder dar em garantia o aval, que é um dos mais importantes institutos de direito cambiário, já não há qualquer incompatível com a CPR.

Finalmente, o inciso III do citado art. 10 menciona, como exceção às regras cambiárias gerais, a dispensa do protesto cambial *para assegurar o direito de regresso contra avalistas*. Pela regra de interpretação, a lei tem que ser vista dentro de um contexto e se há regra sobre direitos em face de avalistas, é porque o título em tela comporta a concessão de aval, como uma de suas cláusulas não essenciais.

15.2.1. Da possibilidade de instituição da garantia na própria CPR ou em documento apartado

As garantias na CPR ficam a cargo das partes envolvidas como já afirmado no tópico anterior.

Mas, se estas garantias forem formalizadas através da hipoteca, do penhor ou da alienação fiduciária, por pragmatismo do legislador representativo de típico mecanismo jurídico facilitador das relações agrárias, ficou estipulado que tais garantias poderiam ser dadas na própria CPR, conforme prescrição do art. 3º, inciso VI, da citada Lei nº 8.929/94, e não através de documentos externos.

Mas também admitiu, em outra vertente facilitadora voltada às ralações rurais, que estas garantias pudessem ser instrumentalizadas em documentos à parte (art. 3º, §2º, da lei citada), desde que assinadas pelo emitente, bastando que se mencionasse esse fato no título.

Observa-se, dessa forma, que a formalização do contratado de garantia na CPR, como ocorre com outros títulos de crédito agrários, como as cédulas de crédito rural, por exemplo, difere do normal destas garantias que exigem instrumento público, como é o caso da garantia hipotecária prestadas em outros negócios jurídicos.

O pragmatismo do legislador agrário se explica como forma de desburocratização e barateamento do negócio jurídico agrário.

15.2.2. Da emissão da CPR sem garantia

Importante notar que a cédula de produto rural poderá ser firmada sem a presença de garantia, aliás, como preceitua o art. 1º da Lei 8.929/94.[58]

Note-se que a CPR tendo ou não a presença de garantia não muda seu *nomen iuris*, o mesmo não ocorre com a cédula de crédito rural tratada pelo Dec.-Lei 167/67, em que a ausência de garantia real faz com que o título se denomine Nota de Crédito Rural.

15.2.3. Da descrição simplificada das garantias

A Lei nº 8.929/94, ao instituir a Cédula de Produto Rural, não só contribuiu para o aumento do fomento financeiro rural com a possibilidade de incremento de capital privado na atividade primária, onde antes só havia o crédito oficial instrumentalizado através das cédulas de crédito rural, como também tratou de instituir mecanismos jurídicos simplificados.

Assim, além da inserção das garantias reais no corpo da própria cédula ao invés de instrumento público, como já observado, ainda estabeleceu que a descrição dos bens vinculados em garantia deveria ser de modo simplificado e, quando fosse o caso, essa simplificação deveria ocorrer apenas com a identificado do bem por sua numeração própria e, quando imóveis, pelos números de registro ou matrícula no registro oficial competente, sendo desnecessária a indicação das respectivas confrontações.

---

[58] O artigo citado tem este teor: Art. 1º Fica instituída a Cédula de Produto Rural (CPR), representativa de promessa de entrega de produtos rurais, *com ou sem garantia cedularmente constituída*.

15.2.4. Dos tipos de garantias na CPR

a) *Hipoteca*

A hipoteca é a primeira garantia real a ser regrada de forma expressa pela Lei nº 8.929/94, através do art. 5º, inciso I, na CPR.

De outro lado, essa escala de valoração também é institucional pela própria estrutura de importância histórica da hipoteca no contexto das garantias obrigacionais. Isso decorre do fato de a garantia hipotecária ser oferecida, de regra, pelo próprio emitente do débito, e, talvez como circunstância relevante, se constituir pelo chamado *bem de raiz*, fato que, pela própria estrutura do bem, torna o inadimplemento do título mais difícil.

Mas a natureza jurídica da hipoteca é civil e se encontra regulada precisamente no Código Civil, arts 1.473 a 1.488, aplicando-se estes dispositivos na sua integralidade, desde que não colidam as disposições que criaram a CPR, conforme ressalva feita no art. 6º, parágrafo único, da citada Lei nº 8.929/94.

Embora seja juridicamente admissível que a hipoteca para garantir a CPR possa vir a ser alongada, a realidade decorrente da prática rural é de que isso seja de difícil aplicação, no entanto, fica a regra de possibilidade de sua prorrogação condicionada a que, ao invés desta prorrogação constar de instrumento público, ela será formalizada por simples aditamento no próprio título ou em documento separado, desde que seja datado e assinado pelo emitente e pelo credor e se faça menção desse fato no corpo da cédula, consoante dispõe o art. 9º da Lei nº 8.929/94.

E se por acaso isso vier a ocorrer incide também a regra de que, decorrido os 20 anos, a hipoteca só poderá subsistir se houver a reconstituição da nova cédula, garantindo-se, no entanto, a precedência.

b) *Penhor cedular*

A CPR também admite como garantia o penhor, conforme a disposição expressa do art. 5º, inciso II, da Lei nº 8.929/94, com as modificações que apresenta nos artigos que lhe seguem.

O penhor, como forma de garantia na CPR, só perde na valoração para a hipoteca. Embora possa ser dada por terceiro, a regra é de que o bem ou bens apenhados sejam de propriedade do emitente da CPR, o que de certa forma torna mais seguro o compromisso do emitente do título.

Penhor, do latim *pignus*, é um contrato de cunho real, embora acessório, pelo qual o devedor, ou terceiro, entrega ao credor ou a quem o represente, uma coisa móvel, que é por ele retida com o fim de assegurar ou garantir, preferencialmente, o cumprimento da dívida contraída. É a exegese que se retira do art. 1.431 do Código Civil.

No entanto, quando se tratar de penhor rural, industrial, mercantil e de veículos, as coisas empenhadas continuam em poder do devedor, que as deve guardar e conservar, situações típicas de um segundo contrato acessório de depósito, porém autônomo na sua estrutura formal.

Segundo o art. 7º da Lei nº 8.929/94, pode ser objeto de *penhor cedular* os bens suscetíveis de penhor rural e de penhor mercantil, bem assim os bens suscetíveis do próprio penhor cedular previstos em lei.

Por sua vez, o penhor rural é dividido em *penhor agrícola* e *penhor pecuário*.

Nos termos do artigo 6º da Lei nº 492/37, podem ser objeto de *penhor agrícola*:

I – colheitas pendentes ou em via de formação, quer resultem de prévia cultura, quer de produção espontânea do solo;

II – frutos armazenados, em ser, ou beneficiados e acondicionados para a venda;

III – madeira das matas, preparada para o corte, ou em toras, ou já serrada e lavrada;

IV – lenha cortada ou carvão vegetal;

V – máquinas e instrumentos agrícolas.

Quanto ao *penhor pecuário*, assim dispõe o art. 10 da mencionada Lei nº 492/37:

Art. 10. Podem ser objeto de penhor pecuário os animais que se criam pascendo para a indústria pastoril, agrícola ou de laticínios, em qualquer de suas modalidades, ou de que sejam eles simples acessórios pertencentes de sua exploração.

O *penhor cedular* também é tratado pelo Dec.-Lei 167/67, que cuida da instrumentalização dos títulos de crédito rural:

Art. 55. Podem ser objeto de penhor cedular os gêneros oriundos da produção agrícola, extrativa ou pastoril, ainda que destinados a beneficiamento ou transformação.

Art. 56. Podem ainda ser objeto de penhor cedular os seguintes bens e respectivos acessórios, quando destinados aos serviços das atividades rurais:

I – caminhões, camionetes de carga, furgões, jipes e quaisquer veículos automotores ou de tração mecânica;

II – carretas, carroças, carros, carroções e quaisquer veículos não automotores;

IV – máquinas e utensílios destinados ao preparo de rações ou ao beneficiamento, armazenagem, industrialização, frigorificação, conservação, acondicionamento e transporte de produtos e subprodutos agropecuários ou extravios, ou utilizados nas atividades rurais, bem como bombas, motores, canos e demais pertencentes de irrigação;

V – incubadoras, chocadeiras, criadeiras, pinteiros e galinheiros desmontáveis ou móveis, gaiolas, bebedouros, campânulas e quaisquer máquinas e utensílios usados nas explorações avícolas e agropastoris.

Já o *penhor mercantil* é tratado pelo Código Civil, que diz:

Art. 1.447. Podem ser objeto de penhor máquinas, aparelhos, materiais, instrumentos, instalados e em funcionamento, com os acessórios ou sem eles; animais utilizados na indústria; sal e bens destinados à exploração das salinas; produtos de sinocultura, animais destinados à industrialização de carnes e derivados; matérias-primas e produtos industrializados.

Diante de tais especificidades, o art. 1.442 do Código Civil, que enumera os objetos do penhor rural é apenas exemplificativo, porque as leis especiais são bem mais abrangentes e a lei civil por estabelecer uma faculdade e uma generalidade não as revogou.

O penhor como garantia da CPR não fica na posse do credor do título, como ocorre com o penhor em geral, mas em poder do emitente, que responde por sua guarda e conservação como fiel depositário. Isso é o que diz o § 1º do art. 7º da Lei nº 8.929/94. A exceção é quando essa garantia se constituir de títulos de crédito.

Circunstância interessante é a do § 2º do art. 7º da citada lei, que afirma que, quando o penhor se constituir por ato de terceiro, o emitente da cédula responderá solidariamente com o empenhador pela guarda e conservação dos bens. Diante diso, não tem aplicação no penhor cedular o art. 1.433 do CC, que trata dos direitos do credor pignoratício.Tampouco é aplicável o art. 1.435 do mesmo CC, quando trata dos deveres do credor pignoratícia quando afirma.

Já se disse que o penhor na CPR é um contrato acessório de garantia de cumprimento de um compromisso constituído no contrato principal que tem como objeto a entrega de produtos rurais ou o pagamento de um valor correspondente. Assim, a existência desse compromisso é condição mesma da existência da garantia. Dentro da autonomia da vontade, as partes convencionam a data de vencimento do compromisso. Portanto, vencido o compromisso e não entregue os produtos rurais ou não pago o seu valor exsurge a possibilidade de execução do penhor pelo credor pignoratício.

O art. 1.425 do Código Civil, de aplicação subsidiária ao penhor cedular, no entanto, enumera as possibilidades do vencimento antecipado da dívida garantida pelo penhor.

O contrato de penhor existe enquanto existir a obrigação por ela garantida. No caso da CPR, entregue o produto rural no local e na data convencionados pelas partes (na CPR-Física) ou pago o valor a ele correspondente (no caso da CPR-Financeira), extinto o contrato de garantia. O Código Civil, no entanto, prevê situações tópicas a partir do art. 1.421 e que tem aplicação subsidiária ao penhor cedular na CPR.

O penhor é formalizado através de contrato acessório e se constitui como garantia de dívida consolidada em contrato principal. Na Cédula de Produto Rural, o penhor é formalizado no próprio corpo deste título como se fora tão somente uma sua cláusula. No entanto, apesar desse pragmatismo característico das relações agrárias, são-lhe aplicadas as regras do Código Civil que não se choquem com a Lei nº 8.929/94, consoante determinação expressa do art. 7º, §3º. Dessa forma, quando o art. 1.436 do Código Civil estabelece as formas de extinção do penhor, também está se referindo as forma de extinção do respectivo contrato e isto tem aplicação plena ao penhor cedular na CPR.

A Lei nº 8.929/94, no seu art. 7º, § 1º, permitiu o penhor de títulos de crédito, apenas ressalvando que, nesta situação, diferentemente dos demais bens apenhados que ficariam na posse do emitente da CPR, os títulos ficariam na posse do credor pignoratício. Esta novidade foi encampada pelo Código Civil de 2003, através do art. 1.459.

Situação inovadora e de grande repercussão no negócio jurídico envolvendo o penhor constituído por terceiro é a de que o emitente da CPR assume perante o credor do título solidariedade na sua exação, consoante o disposto no art. 7º, §2º, da Lei nº 8.929/94.

O penhor cedular na CPR necessita de averbação no Cartório de localização dos bens apenhados, conforme o disposto no art. 12, § 1º, da Lei nº 8.929/94. Não se pode esquecer que além desta averbação, a CPR também deverá ser inscrita no Cartório de Registro de Imóveis do domicílio do emitente para que adquira eficácia contra terceiros, segundo o disposto no art. 12, *caput*, da mencionada lei.

c) *Alienação fiduciária*

A alienação fiduciária é a terceira hipótese de garantia cedular na CPR prevista no inciso III do art. 5º da Lei nº 8.929/94, que mereceu disposição especial do legislador.

A alienação fiduciária, na ordem de valoração de garantias, só perde para a hipoteca e para o penhor. Isso porque, embora o bem dado em garantia fiduciária seja do próprio emitente da CPR, a sua transferência para o garantidor criar dificuldade para ser operacionalizado nas relações agrárias.

No Direito Romano, a alienação fiduciária era conhecida de forma um pouco diferente da estabelecida nos dias atuais. *Fidúcia* era um contrato de confiança, onde pessoas entregavam seus bens a outras com o intuito de protegê-los de circunstâncias aleatórias, com a ressalva de serem esses devolvidos quando entendia o proprietário que não necessitava mais dessa medida acautelatória.

Por isso, era conhecida como *fiducia cum amico* e não tinha finalidade de garantia.

Mas essa modalidade se transformou passando a ser a chamada *fiducia cum creditore*, onde o devedor transferia a propriedade do bem ao credor até que efetuasse o pagamento da dívida.

Alienação fiduciária é a transferência pelo devedor ao credor do domínio de um bem, em garantia de pagamento. É a garantia pessoal de pagamento de um título de crédito dada por terceiro (avalista), pessoa física ou jurídica ao emitente devedor ou endossante (avalizado).

Segundo conceituação clássica da doutrina, a alienação fiduciária em garantia é o negócio jurídico pelo qual o devedor, para garantir o pagamento da dívida, transmite ao credor a propriedade de um bem, retendo-lhe a posse indireta, sob a condição resolutiva de saldá-la.

Dessa forma, é possível alargar-se o conceito de que se trata de contrato bilateral, oneroso, acessório e formal. Bilateral, porque cria obrigações tanto para o alienante quanto para o adquirente; oneroso, porque beneficia a ambos, proporcionando instrumento de crédito para o alienante e instrumento assecuratório ao adquirente; acessório, porque sua existência depende de uma obrigação principal que visa a garantir; é formal, pois exige instrumento público.

O conceito de alienação fiduciária foi criado pela Lei nº 4.728/65, e sofreu nova redação pelo art. 1º do Decreto-Lei nº 911/69, que, no entanto, foi revogado pela Lei nº 10.931/2004, o novo Código Civil ao estabelecer no art. 1.361:

> Art. 1361. Considera-se fiduciária a propriedade resolúvel de coisa móvel infungível que o devedor, com escopo de garantia, transfere ao credor.

A alienação fiduciária tem natureza instrumental, por ser um negócio-meio que viabiliza a realização de um negócio-fim, daí por que sua condição de contrato acessório que, na sua forma mais usual, destina-se a garantir uma dívida do devedor em favor do credor.

As partes que figuram na alienação fiduciária em garantia são o devedor, fiduciante ou alienante e o credor, fiduciário ou adquirente.

Não há disposição expressa sobre o objeto da alienação fiduciária a ser dada e garantia na CPR.

Mas, por disposição do artigo 8º da Lei 8.929/94, quando afirma que a ausência de qualquer vinculação do bem prometido na CPR como objeto da alienação fiduciária não retira a eficácia da garantia, sendo possível sua incidência sobre outros bens desde que do mesmo gênero, qualidade e quantidade e de propriedade do garante, é possível se concluir que o objeto da alienação fiduciária na CPR é o bem móvel fungível.

Aliás, essa interpretação encontra respaldo na Medida Provisória nº 2.160, que acrescentou o art. 66-A a Lei nº 4.728/65, tratando expressamente da alienação fiduciária de coisa fungível.

Assim, por ser regra especial, não tem aplicação a regra geral do art. 1.361, acima transcrito, quando afirma que a fidúcia só seria possível sobre coisa móvel infungível.

Penso que, ante a especialidade da alienação fiduciária em garantia na CPR se constituir regra de direito agrário que tem como princípio a interpretação extensiva em benefício dos seus beneficiários, é aplicável a forma excepcional criada pela Lei nº 9.514, de 20-11-1997, que instituiu a alienação fiduciária de coisa imóvel, estabelecendo que poderá ela ser contratada por qualquer pessoa, física ou jurídica, não sendo, portanto, privativa do Sistema de Financiamento Imobiliário, situação que veio consolidar a jurisprudência e a doutrina que já a admitiam.

Na forma clássica a alienação fiduciária requer instrumento escrito (público ou particular), qualquer que seja o seu valor. Ademais, para valer contra terceiros e tornar pública a garantia, deve o instrumento ser registrado, por cópia ou microfilme, no Registro de Títulos e Documentos do domicílio do credor (§ 1º do art. 66 da Lei 4.729 e art. 129, nº 6, parte final, da Lei 6.015/73). Se o bem alienado fiduciariamente for veículo automotor, a menção à garantia deve constar do Certificado de Registro (§ 10 do art. 66 da Lei nº 4.729). Tratando-se de coisa imóvel, o contrato de alienação fiduciária será formalizado por escritura pública, a qual deve ser inscrita no Registro Imobiliário competente (art. 23, *caput*, da Lei 9.514/97).

No entanto, a alienação fiduciária como garantia da CPR pode ser constituída no próprio corpo deste título, conforme faculdade do art. 3º, inciso VI, que estabelece a descrição dos bens cedularmente vinculados em garantia, ou mesmo em documento à parte, como também faculta o § 3º, inclusive de modo simplificado, como reza o art. 4º, todos da Lei nº 8.929/94.

E, de forma pragmática, o legislador ainda acrescenta que mesmo que os bens que servirem de objeto da alienação fiduciária não tenham sido identificados, a garantia manterá sua eficácia com a incidência sobre outros bens do mesmo gênero, qualidade e quantidade, desde que seja de propriedade do garante. É o que diz o art. 8º da lei citada.

A Lei nº 8.929/94 não estabelece de forma expressa a necessidade de averbação da alienação fiduciária, como especificamente faz com relação a hipoteca e o penhor, através do § 1º, do art. 12 ao afirmar que estas garantias, deverão, respectivamente, ser averbadas na matrícula do registro de imóveis hipotecado e no cartório de localização dos bens apenhados, além da inscrição da própria CPR no Cartório de Registro de Imóveis do domicílio do emitente determinado no *caput* do mesmo artigo.

É bom deixar claro que nestas situações a lei determina a necessidade de *dois* registros, um da CPR e o outro da garantia no tocante a hipoteca e ao penhor.

Assim, ao não especificar sobre o registro da alienação fiduciária, concluiu-se que a validade desta garantia independe de averbação no Registro de Imóveis, salvo se o objeto da alienação for bem imóvel.

Para espancar dúvidas penso que também não se aplica o entendimento de forma subsidiária no sentido de que, como no tocante à alienação fiduciária envolvendo os negócios jurídicos consubstanciados em cédulas de crédito comercial, industrial, exportação e rurais, a lei, de forma expressa, prevê a necessidade de registro, haveria necessidade do registro desta garantia no tocante à CPR por também se tratar de cédula, consoante dispõe o Decreto-Lei n° 413/69 combinado com a Lei n° 6.313/75. Aqui também se aplica a interpretação de que se o legislador pretendesse isso, te-lo-ia feito de forma expressa.

É sabido que a alienação fiduciária em garantia é o negócio jurídico em que uma das partes, chamada de *fiduciante*, aliena a propriedade de um bem móvel ao financiador, conhecido como *fiduciário*, até que se extinga o contrato pelo pagamento ou pela inexecução. Diante disso, o credor passa a deter a propriedade resolúvel do bem (significando com isso que ela volta ao devedor quando paga a obrigação), gravada com o encargo de, em caso de inadimplemento, poder vendê-la a um terceiro, pois lhe é proibido o pacto comissório.

Observa-se, portanto, que um dos grandes atrativos da alienação fiduciária é o fato de a posse continuar com o fiduciante. A propriedade do bem é transferida para o fiduciário, pelo *constituto possessorio*, também o é a posse indireta. A posse direta, porém, continua com o alienante, ainda que não mais a título de proprietário, e sim de fiduciante, podendo permanecer na fruição do bem.

No caso da CPR em que haja garantia fiduciária, apesar do instituto transferir a propriedade e a posse indireta, é possível a busca e apreensão do objeto na posse direta do garantidor e ainda ensejar o ajuizamento da execução, inclusive com relação às outras garantias (hipoteca e penhor), podendo até mesmo ser o título desentranhado dos autos para tal fim (artigo 16 da Lei 8.929/94), como já se observou no Capítulo I deste livro.

De acordo com a lei, é como depositário que o devedor fiduciante tem a posse direta do bem alienado, o que tem suscitado controvérsia, porque ele não recebe a coisa *para guardar*, como no autêntico depósito. Como já referido, a questão está superada pela Súmula Vinculante n° 25 do STF.

No caso da não entrega dos produtos rurais ou do impagamento em dinheiro do valor correspondente, ou mesmo de qualquer outra forma de inadimplemento de obrigações assumidas pelo emitente, por força do art. 14 da Lei 8.929/94, a CPR poderá ser considerada vencida, permitindo a sua cobrança através de ação de execução para entrega de coisa incerta, no caso da CPR Física (art. 15 da Lei citada), ou ação de execução por quantia certa, no caso da CPR Financeira (art. 4°-A, § 2°, também da lei citada).

No entanto, além destas ações que protegem o próprio direito emanado da CPR, é possível o credor se utilizar da ação cautelar de busca e apreensão, se a CPR é garantida através do instituto da alienação fiduciária, cuja previsão é regida pelo Dec.-Lei nº 911/69 ou até mesmo da criticada venda extrajudicial do bem, consoante permissivo do art. 2º do citado Dec.-Lei nº 911/69, que autoriza que o credor aliene o bem dado em garantia, aplicando o preço da venda no pagamento do seu crédito e das despesas da cobrança e entregando ao devedor o saldo, ficando apenas proibido que o titular da garantia fique com a coisa garantida.

d) *aval*[59]

Nos tópicos anteriores foram analisadas as garantias reais cabíveis na CPR. Agora, analisa-se o aval, típica garantia pessoal, mas que também é cabível nesse título de crédito rural.

Diferentemente das demais garantias reais que podem ser dadas pelo próprio emitente da CPR, fato de grande envergadura nas relações agrárias pela facilitação que isso cria, o aval exige necessariamente a presença de um terceiro garantidor, o que já desloca o negócio jurídico para fora do círculo inicial.

O *aval* é a garantia ou o abono que uma pessoa presta a favor de qualquer obrigado ou coobrigado num título de crédito. Embora pouco mencionado como contrato, em verdade, sua estrutura de garantia não deixa qualquer dúvida de que se trata de uma manifestação de vontade de alguém em benefício de uma dívida de outrem.

Discute-se se o aval surgiu do árabe *hawâla* (uma obrigação em garantia) ou do latim *vallare* (munir com um valor, no sentido de reforçar uma defesa excepcional). Segundo a doutrina, no entanto, o mais comum é admitir-se que o aval surgiu da expressão comum *vale*, em decorrência do lugar em que é usualmente colocado, *ao pé, embaixo*.

Embora sua origem seja cambial, hoje, no entanto, por força do art. 897 do novo Código Civil Brasileiro, o aval foi estendido também aos títulos de créditos civis.[60]

---

[59] O aval é admissível como garantia da CPR, o mesmo não se pode dizer da fiança. Isso porque, embora se caracterizem como garantias pessoais de um crédito, o que diferencia um da outra é que o aval e garantia pessoal típica de um título crédito, enquanto a fiança é de um crédito instrumentalizado por um contrato, consoante o disposto no art.818, do CC. E o art. 4º, da Lei nº 8.929/94 é claro ao dizer que a CPR é um título de crédito líquido e certo.

[60] O aval é instituto de direito cambiário, consistente na garantia do pagamento do título de crédito. O avalista torna-se devedor solidário, porém de maneira autônoma, passando a sua obrigação a independer da relação obrigacional garantida, entre o devedor avalizado e o credor, cujas eventuais exceções de pagamento não lhe dizem respeito e por ele não podem ser invocadas. Como o avalista é normalmente um terceiro, sem proveito direto resultante da dívida contraída, as regras de direito cambiário dão a ele o direito de, pago o débito, sub-rogar-se nos direitos do credor e se fazer reembolsar perante o devedor originário, seu avalizado. Não obstante, perante o credor – o legítimo portador da cártula – o avalista ocupa a mesma posição do avalizado, sendo idêntica a obrigação de pagamento. É importante ressaltar que, embora se admita o aval parcial, ou seja, a garantia de apenas parte da dívida, a natureza da obrigação do avalista é sempre idêntica à do avalizado, ou seja, é

O aval se formaliza com a tão só assinatura no verso ou no anverso da cédula. Dessa forma, não existe a garantia de aval instituído por instrumento independente do título de crédito a que ele visa garantir. As cláusulas que garantem sua existência são especificadas na lei.

O contrato de aval pode ter as seguintes modalidades: (a) – *em branco*, (b) – *em preto*, também chamado de *pleno* ou *completo*, (c) – *sucessivo* e (d) – *simultâneo*, conhecido como *conjunto* ou *cumulativo*:

Em branco – quando contém no título, apenas a assinatura do próprio punho do avalista;

Em preto, pleno ou completo – quando designa expressamente a pessoa em favor de quem é dado, por meio da cláusula "por aval de";

Sucessivo – quando é dado em branco, superposto a outros, e em que o avalista posterior garante o anterior e todos eles o mesmo obrigado principal;

Simultâneo, conjunto ou cumulativo – se é completo ou em preto e prestado conjuntamente com outros, em abono do mesmo obrigado ou coobrigado.

O aval pode ser classificado como a declaração cambial através da qual uma pessoa (avalista) se torna responsável pelo pagamento de um título de crédito nas mesmas condições de seu avalizado.

Pode ser dado ao emitente ou ao endossante, em que o avalista do emitente a este se equipara e, assim, responderá pela promessa de entrega de produtos rurais ou liquidação financeira, no caso de CPR Financeira.

Por fim, é importante salientar que o avalista do endossante só responde pela existência da obrigação.

Embora o diploma legal criador da CPR não tenha disposições expressas sobre a concessão de avais, não pode restar dúvida quanto à possibilidade e à legalidade de tal prestação de garantia.

O artigo 3º da Lei nº 8.929/94 disciplina, nos seus oito incisos, todos os requisitos essenciais que deverão obrigatoriamente constar do título. Apesar de inexistir qualquer menção ao aval, o § 1º do mesmo artigo é claro ao dispor que, *sem caráter de requisito essencial, a CPR poderá conter outras cláusulas em seu contexto*, entre as quais, a nosso ver, não haveria razão para se excluir o aval.

Ademais, o art. 10 manda aplicar às CPRs, *no que forem cabíveis, as normas de direito cambiário*, com as modificações que seguem nos três inci-

---

aquela constante do título. Se o título estabelece uma obrigação pecuniária, de pagar, esta será também a obrigação do avalista. Apesar de se afirmar que o aval é autônomo, tem que se entender esta autonomia no seu aspecto estrutural porque a existência do aval pressupõe a preexistência de uma dívida. Não existe o aval por si só. Trata-se de uma garantia acessória. Embora seja regra imposta que a nulidade da obrigação avalisada não atinja a responsabilidade emergente do aval, no entanto, se o defeito decorrer do próprio aval (como por exemplo, o aval dado por incapaz), naturalmente que existe nulidade. Não existe aval parcial e, pagando o avalista a dívida representada pelo título de crédito, tem ele ação de regresso contra o avalizado e demais coobrigados anteriores.

sos. Ora, o aval é um dos mais importantes institutos de direito cambiário, e não há motivo para considerá-lo incompatível com a CPR.

Finalmente, o inciso III do citado artigo 10 menciona, como exceção às regras cambiárias gerais, a dispensa do protesto cambial *para assegurar o direito de regresso contra avalistas*. Ora, a lei não usa palavras inúteis, e se há regra sobre direitos em face de avalistas, é porque o título em tela comporta a concessão de aval, como uma de suas cláusulas não essenciais.

O aval, diferentemente do endosso na CPR, fica dispensado do protesto cambial para assegurar o direito de regresso, consoante o disposto no inciso III do artigo 10 da Lei nº 8.919/94.

e) *Seguro*

O seguro também é possível como forma de garantia na emissão da CPR. Como o aval, o seguro desloca a garantia para fora do círculo no negócio jurídico inicial, já que ele é dado por um terceiro. Além disso, o seguro impõe o pagamento de prêmio, o que nas relações agrários, é mais um ônus a ser suportado.

O seguro rural é um dos mais importantes instrumentos de política agrícola, por permitir ao produtor proteger-se contra perdas decorrentes principalmente de fenômenos climáticos adversos.

Contudo, é mais abrangente, cobrindo não só a atividade agrícola, mas também a atividade pecuária, o patrimônio do produtor rural, seus produtos, o crédito para comercialização desses produtos, além do seguro de vida dos produtores.

O objetivo maior do seguro rural é oferecer coberturas que, ao mesmo tempo, atendam ao produtor e à sua produção, à sua família, à geração de garantias a seus financiadores, investidores, parceiros de negócios, todos interessados na maior diluição possível dos riscos, pela combinação dos diversos ramos de seguro.

A Lei nº 8.929/94 não especifica de forma direta, como fez com as garantia reais da hipoteca, do penhor ou da alienação fiduciária, ou de forma indireta, quando referenciou o aval, mas, pela própria natureza da garantia, é plenamente cabível o seguro na CPR.

Isso porque o seguro de Cédula do Produto Rural tem por objetivo garantir ao segurado o pagamento de indenização, na hipótese de comprovada falta de cumprimento, por parte do tomador, de obrigações estabelecidas na CPR.

Garante ao credor a entrega da mercadoria especificada na cédula, ou o seu valor correspondente, até ao valor fixado na apólice em decorrência do inadimplemento das obrigações por parte do Tomador/Produtor Rural.

16. Previdência social rural[61]

16.1. Evolução da previdência social rural no Brasil

Nem o Estatuto da Terra, com seu vanguardismo, se preocupou a fundo com a previdência social rural.

A doutrina coloca que a evolução da previdência social no Brasil começou com criação de Caixas de aposentadorias e pensões nas empresas ferroviárias em 1923, através da Lei Eloy Chaves. Depois de 1930, a cobertura de aposentadorias e pensões passou a contemplar quase toda a categoria profissional, com administração estatal e assim prosseguiu nas décadas de 40 e 50 quando foram incluídos quase todos os trabalhadores urbanos e a maioria dos trabalhadores autônomos, mas algumas categorias profissionais ficaram fora da cobertura: entre estes estavam os trabalhadores rurais, as empregadas domésticas e os profissionais autônomos.

Somente na década de 1960, foram tomadas as primeiras iniciativas para estender a cobertura previdenciária aos trabalhadores rurais.

A primeira dessas iniciativas, o Estatuto do Trabalhador Rural, de 2 de março de 1963, regulamentou os sindicatos rurais, instituiu a obrigatoriedade do pagamento do salário mínimo aos trabalhadores rurais e criou o Fundo de Assistência. Este diploma legal teve pelo menos três efeitos: 1) possibilitou o desenvolvimento comercial em áreas onde havia grande número de trabalhadores rurais assalariados; 2) permitiu a dispensa de trabalhadores rurais de muitas plantações, pois havia proprietários que administravam ineficientemente suas fazendas e não podiam enfrentar o pagamento do salário mínimo; 3) ensejou o aumento do preço dos produtos agrícolas e transformação de muitos estabelecimentos agrícolas em fazendas de criação de gado, que requerem menor força de trabalho. Na prática, a cobertura previdenciária aos trabalhadores rurais não se concretizou, pois os recursos (financeiros e administrativos) necessários à sua efetivação não foram previstos na legislação.

---

[61] O autor não pretende exaurir neste tópico o estudo sobre a previdência social no País. Mas apenas destacar aquilo que existe de diferente no campo da previdência social rural.

Mas também outras medidas foram tomadas via legislativa. Entre elas, a Portaria nº 395, de 17 de julho de 1965, que estabeleceu o processo de fundação, organização e reconhecimento dos sindicatos; o Decreto-Lei nº 276, de 1967, que transferiu para o comprador a obrigação de recolher a contribuição de 1% sobre os produtos rurais e restringe o plano de benefícios, preconizado no Estatuto do Trabalhador Rural; o Decreto-Lei nº 789, de 27 de agosto de 1969, que redefiniu, para fins de sindicalização, o significado de Empregador Rural e Trabalhador Rural, introduzindo o módulo rural como elemento diferenciador, restringindo a existência de um único sindicato, em cada município, para representar a mesma categoria profissional.

No campo da previdência em geral foi em 1966, que os diferentes institutos encarregados da previdência social foram unificados (com exceção do IPASE, o instituto que prestava benefícios e serviços ao funcionalismo público federal), criando-se o Instituto Nacional de Previdência Social (INPS). A administração do novo instituto passou a ser feita pelos funcionários estatais, sendo excluídos dos conselhos administrativos os representantes dos trabalhadores.

Em 1971, foi lançado o Programa de Assistência Rural (PRORURAL), ligado ao FUNRURAL, que previa benefícios de aposentadoria e o aumento dos serviços de saúde até então concedidos aos trabalhadores rurais.

Com a Constituição de 1988, complementada pelas Leis nº 8.212 (Plano de Custeio) e nº 8.213 (Planos de Benefícios), ambas de 1991, e suas inúmeras modificações, é que se passou a prever o acesso universal de idosos e inválidos de ambos os sexos do setor rural à previdência social, em regime especial, desde que comprovassem a situação de *produtor, parceiro, meeiro e o arrendatário rurais, o garimpeiro e o pescador artesanal, bem como respectivos cônjuges que exercessem suas atividades em regime de economia familiar, sem empregados permanentes* (Constituição Federal, 1988, art. 195, § 8º).

Salvo algumas adaptações tópicas quanto à qualidade de segurados e quanto à base para a incidência das contribuições, a previdência social rural, hoje, está em igualdade de condições com a previdência urbana. Isso, sim, significa um grande progresso, especialmente quando se toma conhecimento que a mulher rural foi a mais aquinhoada nesta equiparação, como observará no tópico Benefícios logo em seguida.

16.2. Segurados rurais

O conceito de segurados rurais tem sofrido variações intensas desde a sua criação.

Hoje, o art. 11 da Lei nº 8.213/91, com alterações posteriores, classifica os segurados rurais desta forma:
- empregado rural;
- contribuinte individual;
- trabalhador avulso;
- segurado especial.

16.2.1. Empregado rural

O art. 11, inciso I, letra *a*, da Lei nº 8.213/91, diz que se constitui segurado obrigatório para fins de previdência social na condição de empregado, a pessoa física presta serviço de natureza urbana ou rural à empresa, em caráter não eventual, sob sua subordinação e mediante remuneração, inclusive como diretor empregado.

Vê-se que o conceito de segurado obrigatório do empregado rural não difere do empregado urbano.

O dispositivo legal está assim redigido:

Art. 11. São segurados obrigatórios da Previdência Social as seguintes pessoas físicas.

I – como empregado:

a) aquele que presta serviço de natureza urbana ou rural à empresa, em caráter não eventual, sob sua subordinação e mediante remuneração, inclusive como diretor empregado.

16.2.2. Contribuinte individual

Já o segurado rural obrigatório classificado como contribuinte individual vem sofrendo alterações desde a sua inclusão originária.

Atualmente, art. 11, inciso V, da Lei nº 8.213/91, com as modificações imposta pela e Lei nº 11.718/08, é a seguinte:

Art. 11. São segurados obrigatórios da Previdência Social as seguintes pessoas físicas.

V – como contribuinte individual;

a) a pessoa física, proprietária ou não, que explora atividade agropecuária, a qualquer título, em caráter permanente ou temporário, em área superior a 4 (quatro) módulos fiscais; ou, quando em área igual ou inferior a 4 (quatro) módulos fiscais ou atividade pesqueira, com auxílio de empregados ou por intermédio de prepostos; ou ainda nas hipóteses dos §§ 9º e 10 deste artigo;

b) a pessoa física, proprietária ou não, que explora atividade de extração mineral – garimpo, em caráter permanente ou temporário, diretamente ou por intermédio de prepostos, com ou sem o auxílio de empregados, utilizados a qualquer título, ainda que de forma não contínua;

(...)

f) o titular de firma individual urbana ou rural, o diretor não empregado e o membro de conselho de administração de sociedade anônima, o sócio solidário, o sócio de indústria, o sócio gerente e o sócio cotista que recebam remuneração decorrente de seu trabalho em empresa urbana ou rural, e o associado eleito para cargo de direção em cooperativa, associação ou entidade de qualquer natureza ou finalidade, bem como o síndico ou administrador eleito para exercer atividade de direção condominial, desde que recebam remuneração;

g) quem presta serviço de natureza urbana ou rural, em caráter eventual, a uma ou mais empresas, sem relação de emprego;

16.2.3. Trabalhador avulso

Na terceira categoria de segurados rurais obrigatórios está o trabalhador avulso, conforme definição do art. 11, inciso VI, da Lei nº 8.213/91, conceituado como aquele que presta a diversas empresas, sem vínculo empregatício, serviço de natureza rural definidos no regulamento da lei.

O dispositivo legal tem esta redação:

Art. 11. São segurados obrigatórios da Previdência Social as seguintes pessoas físicas.

VI – como trabalhador avulso: quem presta, a diversas empresas, sem vínculo empregatício, serviço de natureza urbana ou rural definidos no Regulamento.

16.2.4. Segurado especial

E, por fim, na categoria de segurado rural obrigatório da Previdência Social está o chamado segurado especial, consoante o disposto no art. 11, inciso VII, da Lei nº 8.213/91, com a redação que lhe deu a Lei nº 11.718/2008.

O dispositivo tem esta redação:

Art. 11. São segurados obrigatórios da Previdência Social as seguintes pessoas físicas.

VII – como segurado especial a pessoa física residente no imóvel rural ou em aglomerado urbano ou rural próximo a ele que, individualmente ou em regime de economia familiar, ainda que com o auxílio eventual de terceiros, na condição de:

a) produtor, seja proprietário, usufrutuário, possuidor, assentado, parceiro ou meeiro outorgados, comodatário ou arrendatário rurais, que explore atividade;

1. agropecuária em área de até 4 (quatro) módulos fiscais;

2. de seringueiro ou extrativista vegetal que exerça suas atividades nos termos do inciso XII do caput do art. 2º da Lei nº 9.985, de 18 de julho de 2000, e faça dessas atividades o principal meio de vida;

b) pescador artesanal ou a este assemelhado que faça da pesca profissão habitual ou principal meio de vida; e

c) cônjuge ou companheiro, bem como filho maior de 16 (dezesseis) anos de idade ou a este equiparado, do segurado de que tratam as alíneas a e b deste inciso, que, comprovadamente, trabalhem com o grupo familiar respectivo.[62]

---

[62] Para que não houvesse dúvida, o legislador tratou de conceituar o que entendia por regime de economia familiar, quando disse no § 1º do mesmo art. 11 da lei em comento: § 1º Entende-se como

Diante da abertura que possibilitou com a inclusão de classes rurais na categoria de segurados especiais e que não eram abrangidas pela lei na sua redação originária, com a outra mão, o legislador tratou de estabelecer limitações dizendo o seguinte, nos §§ 8º e 9º do art. 11 da Lei nº 8.213/91, com a redação dada pela Lei nº 11.718/2008:

§ 8º Não descaracteriza a condição de segurado especial

I – a outorga, por meio de contrato escrito de parceria, meação ou comodato, de até 50% (cinquenta por cento) de imóvel rural cuja área total não seja superior a 4 (quatro) módulos fiscais, desde que outorgante e outorgado continuem a exercer a respectiva atividade, individualmente ou em regime de economia familiar;

II – a exploração da atividade turística da propriedade rural, inclusive com hospedagem, por não mais de 120 (cento e vinte) dias ao ano;

III – a participação em plano de previdência complementar instituído por entidade classista a que seja associado em razão da condição de trabalhador rural ou de produtor rural em regime de economia familiar; e

IV – ser beneficiário ou fazer parte de grupo familiar que tem algum componente que seja beneficiário de programa assistencial oficial de governo;

V – a utilização pelo próprio grupo familiar, na exploração da atividade, de processo de beneficiamento ou industrialização artesanal, na forma do § 11 do art. 25 da Lei nº 8.212, de 24 de julho de 1991; e

VI – a associação em cooperativa agropecuária; e (Redação dada pela Lei nº 12.873, de 2013)

VII – a incidência do Imposto Sobre Produtos Industrializados - IPI sobre o produto das atividades desenvolvidas nos termos do § 12. (Incluído pela Lei nº 12.873, de 2013)

§ 9º Não é segurado especial o membro de grupo familiar que possuir outra fonte de rendimento, exceto se decorrente de:

I – benefício de pensão por morte, auxílio-acidente ou auxílio-reclusão, cujo valor não supere o do menor benefício de prestação continuada da Previdência Social;

II – benefício previdenciário pela participação em plano de previdência complementar instituído nos termos do inciso IV do § 8º deste artigo;

III – exercício de atividade remunerada em período não superior a 120 (cento e vinte) dias, corridos ou intercalados, no ano civil, observado o disposto no § 13 do art. 12 da Lei nº 8.212, de 24 de julho de 1991; (Redação dada pela Lei nº 12.873, de 2013);

IV – exercício de mandato eletivo de dirigente sindical de organização da categoria de trabalhadores rurais;

V – exercício de mandato de vereador do Município em que desenvolve a atividade rural ou de dirigente de cooperativa rural constituída, exclusivamente, por segurados especiais, observado o disposto no § 13 do art. 12 da Lei nº 8.212, de 24 de julho de 1991;

---

regime de economia familiar a atividade em que o trabalho dos membros da família é indispensável à própria subsistência e ao desenvolvimento socioeconômico do núcleo familiar e é exercido em condições de mútua dependência e colaboração, sem a utilização de empregados permanentes, com a redação da Lei nº 11.718/2008.

VI – parceria ou meação outorgada na forma e condições estabelecidas no inciso I do § 8º deste artigo

VII – atividade artesanal desenvolvida com matéria-prima produzida pelo respectivo grupo familiar, podendo ser utilizada matéria-prima de outra origem, desde que a renda mensal obtida na atividade não exceda ao menor benefício de prestação continuada da Previdência Social; e

VIII – atividade artística, desde que em valor mensal inferior ao menor benefício de prestação continuada da Previdência Social.

16.3. Contribuição

A previdência social rural, como a previdência social em geral, é financiada, além dos recursos provenientes dos orçamentos da União, dos Estados e dos Municípios, do Distrito Federal e dos Municípios, também pelas contribuições sociais do empregador rural, da empresa e de entidades a elas equiparadas através de alíquotas incidentes sobre a folha de salários, receita ou faturamento e lucro, consoante o disposto no art. 195, inciso I, da Constituição Federal.

No entanto, o que é mais importante para a compreensão do tema, é que, de forma específica, e com o intuído de abranger a heterogeneidade das atividades rurais, a Constituição Federal no seu § 8º, criou uma modalidade própria de contribuição sócia rural, nestes termos:

O produtor, o parceiro, o meeiro e o arrendatário rurais e o pescador artesanal, bem como os respectivos cônjuges, que exerçam suas atividades em regime de economia familiar, sem empregados permanentes, contribuirão para a seguridade social mediante a aplicação de uma alíquota sobre o resultado da comercialização da produção e farão jus aos benefícios nos termos da lei.

A Lei nº 8.212/91, no seu art. 25, regulamentando este dispositivo, diz que a contribuição do empregador rural pessoa física, é de:

I – 2% da receita bruta proveniente da comercialização da sua produção;

II – 0,1% da receita bruta proveniente da comercialização da sua produção para financiamento das prestações por acidente do trabalho.

E para o conceito de produção, o mesmo art. 25 da lei citado, no seu § 3º, diz que são todos os produtos de origem animal ou vegetal, em estado natural ou submetidos a processos de beneficiamento ou industrialização rudimentar, assim compreendidos, entre outros, os processos de lavagem, limpeza, descaroçamento, pilagem, descascamento, lenhamento, pasteurização, resfriamento, secagem, fermentação, embalagem, cristalização, fundição, carvoejamento, cozimento, destilação, moagem, torrefação, bem como os subprodutos e os resíduos obtidos através desses processos.

Além disso, no § 10 do mesmo artigo, também define que compreende a receita bruta, além dos valores decorrentes da comercialização da produção relativa aos produtos a que se refere o § 3º do artigo 25, a receita proveniente:

I – da comercialização da produção obtida em razão de contrato de parceria ou meação de parte do imóvel rural;

II – da comercialização de artigos de artesanato de que trata o inciso VII do § 10 do art. 12 da Lei;

III – de serviços prestados, de equipamentos utilizados e de produtos comercializados no imóvel rural, desde que em atividades turística e de entretenimento desenvolvidas no próprio imóvel, inclusive hospedagem, alimentação, recepção, recreação e atividades pedagógicas, bem como taxa de visitação e serviços especiais;

IV – do valor de mercado da produção rural dada em pagamento ou que tiver sido trocada por outra, qualquer que seja o motivo ou finalidade; e

V – de atividade artística de que trata o inciso VIII do § 10 do art. 12 da Lei.

Não deixando qualquer dúvida de interpretação, ainda no § 11, diz que processo de beneficiamento ou industrialização artesanal é aquele realizado diretamente pelo próprio produtor rural pessoa física, desde que não esteja sujeito à incidência do Imposto Sobre Produtos Industrializados – IPI.

Buscando não deixar qualquer vazio, como ocorria anteriormente, o art. 25-A da Lei nº 8.212/91, estendeu ao conceito de empregador rural pessoa física o consórcio simplificado de produtores rurais formado pela união de produtores rurais pessoas físicas, que outorgar a um deles poderes para contratar, gerir e demitir trabalhadores para prestação de serviços, exclusivamente, aos seus integrantes, mediante documento registrado em cartório de títulos e documentos.

E no § 1º deste mesmo artigo disse que o documento deverá conter a identificação de cada produtor, seu endereço pessoal e o de sua propriedade rural, bem como o respectivo registro no Instituto Nacional de Colonização e Reforma Agrária – INCRA – ou informações relativas a parceria, arrendamento ou equivalente e a matrícula no Instituto Nacional do Seguro Social – INSS – de cada um dos produtores rurais.

Além disso o § 2º especifica que o consórcio deverá ser matriculado no INSS em nome do empregador a quem hajam sido outorgados os poderes, na forma do regulamento.

E por fim o § 3º estabeleceu que os produtores rurais integrantes do consórcio serão responsáveis solidários em relação às obrigações previdenciárias.

16.4. Benefícios

Os benefícios concedidos aos segurados rurais são idênticos aos dos segurados urbanos. Isso foi uma grande conquista advinda com a Constituição Federal de 1988.[63]

São eles:

I – quanto ao *segurado*:
 a) aposentadoria por invalidez;
 b) aposentadoria por idade;
 c) aposentadoria por tempo de contribuição;
 d) aposentadoria especial;
 e) auxílio-doença;
 f) salário-família;
 g) salário-maternidade;
 h) auxílio-acidente.

II – quanto ao *dependente*:
 a) pensão por morte;
 b) auxílio-reclusão.

III – quanto ao *segurado e dependente*:
 a) (Revogado)
 b) serviço social;
 c) reabilitação profissional.

---

[63] Segundo dados divulgados pelo Ministério da Previdência Social, ao final de dezembro de 2008, as mulheres são as maiores beneficiárias dos recursos previdenciários no Brasil. Dos 25 milhões de benefícios concedidos, 57% foram para mulheres. O volume de pensões recebidas em dezembro por mulheres ficou 86,5%, cabendo aos homens 13,5%. Além do mais, elas ficaram também com as maiores pensões concedidas pelo Instituto Nacional do Seguro Social (INSS), uma vez que o valor do benefício reflete o que seus maridos ganhavam quando estavam vivos. Outro dado importante é que a maioria das aposentadorias concedidas por idade também ficou com as mulheres, 61% do total, enquanto os homens ficaram com os 39% restantes. No caso da aposentadoria por tempo de contribuição, no entanto, os homens foram maioria. Eles ficaram com 73% do total e elas, com 27%. Mas é na zona rural que se observa a grande diferença: 69% dos benefícios (7,9 milhões no total) pagos em dezembro de 2008 foram para mulheres, que receberam R$ 1,685 bilhão. O benefício foi criado pela Constituição de 1988, pois até então a mulher da zona rural só podia receber pensão em caso da morte do cônjuge. Segundo o ministério, a extensão do benefício à mulher ampliou o processo de redistribuição de no país propiciado pelo pagamento dos benefícios previdenciários. Ainda de acordo com o Ministério da Previdência, houve aumento da proteção social das mulheres trabalhadoras, no período 2006-2007, conforme revela a Pesquisa Nacional por Amostra de Domicílios, do Instituto Brasileiro de Geografia e Estatística (IBGE). A proteção à mulher ocupada, com idade entre 16 a 59 anos, aumentou de 61,9%, em 2006, para 62,8% em 2007, passando de 21,6 milhões para 22,3 milhões de trabalhadoras, ou 3,2% a mais no período. O número de mulheres que comandam famílias também subiu. Em 1996, eram 18,6 milhões e, no ano seguinte, 19,8 milhões, com aumento de 6,9%. Textualmente, destaca o Ministério da Previdência Social: O aumento da inserção da mulher no mercado de e a redução das desigualdades entre trabalhadores e trabalhadoras têm contribuído para ampliar a importância feminina no econômico e social do país, bem como sua posição na vida familiar.

17. Exercícios de revisão de conteúdo[64]

17.1. Temas para dissertação

1) O dirigismo estatal no Direito Agrário

2) A indivisibilidade do imóvel rural

3) Terras devolutas

4) O Poder Judiciário na reforma agrária

5) A fase administrativa da desapropriação por interesse social

6) Módulo rural

7) Módulo fiscal

8) A prescrição no imposto sobre a propriedade territorial rural

9) O conceito de posse na usucapião especial rural

10) A decadência no imposto sobre a propriedade territorial rural

11) Os contratos agrários e a função social da propriedade

12) A ação de prestação de contas nos contratos agrários

13) A possível importância dos contratos agrários na reforma agrária

14) A adjudicação nos contratos agrários

15) O Crédito rural e o contrato bancário

---

[64] Como disse na introdução, a ideia inicial deste livro foi a de servir de base para as minhas aulas na cadeira de direito agrário, daí a inserção de exercícios de revisão de conteúdo para aplicá-los aos alunos. Passado o tempo, ocorre que o livro também serve de base para a grande maioria dos professores de direito agrário em várias regiões do país e, consultando alguns sobre a possibilidade de inserir respostas aos exercícios de aferição objetiva, a grande maioria respondeu que o livro deveria permanecer com o formato inicial, já que os alunos com a simples leitura do conteúdo poderiam facilmente responder as questões.

17.2. Questões objetivas de escolha múltipla

O Poder Judiciário na Reforma Agrária
( ) – intervém em qualquer fase do processo, administrativa ou judicial, desde que acionado;
( ) – só intervém na ação desapropriatória;
( ) – não intervém em respeito ao poder desapropriatório do Presidente da República;
( ) – age de ofício, em respeito ao direito de propriedade;
( ) – nenhuma das respostas.

Módulo fiscal
( ) – é sinônimo de módulo rural;
( ) – é uma medida de área fixa;
( ) – é uma medida jurídica de terra;
( ) – é um índice para cobrança do I.T.R.;
( ) – nenhuma das respostas.

O Imposto Sobre a Propriedade Territorial Rural
( ) – é cobrável por via do processo discriminatório;
( ) – é fixado pelo Ministério da Economia;
( ) – sempre foi de competência da União;
( ) – é de competência do Estado;
( ) – nenhuma das respostas.

O Processo Discriminatório
( ) – é o procedimento administrativo para reclamação do imposto sobre a propriedade territorial rural;
( ) – é a forma de classificação dos sem-terras na reforma agrária;
( ) – é o procedimento utilizado pelo INCRA para classificar as propriedades passíveis de desapropriação;
( ) – é o procedimento utilizável para registrar as terras devolutas;
( ) – nenhuma das respostas.

"A propriedade obriga"
( ) – foi princípio na Constituição do Brasil de 1824;
( ) – é o mesmo que função social da propriedade;
( ) – existe no Código de Napoleão;
( ) – foi enunciado pelo Papa Pio XII;
( ) – nenhuma das respostas.

Módulo Rural
( ) – é sinônimo de módulo fiscal;
( ) – é uma medida de área fixa;
( ) – é uma medida agronômica de terra;
( ) – varia de acordo com o tipo de proprietário;
( ) – nenhuma das respostas.

A reforma agrária é:
( ) – fazer a política dos sem-terras;
( ) – desapropriar a má propriedade;
( ) – em conceito lato, reformular toda a estrutura do campo;
( ) – produzir mais alimentos;
( ) – nenhuma das respostas.

A desapropriação por interesse social
( ) – é de competência do Ministério da Agricultura;
( ) – abrange imóveis urbanos;
( ) – tramita na Comarca de situação do imóvel;
( ) – é ato exclusivo do Executivo Federal;
( ) – nenhuma das respostas.

O processo discriminatório
( ) – é de competência exclusivamente judicial;
( ) – é de competência exclusivamente administrativa;
( ) – é o procedimento para a legislação de terras devolutas do INCRA;
( ) – é o procedimento administrativo para reclamação de natureza fiscal;
( ) – nenhuma das respostas anteriores.

A propriedade rural no direito agrário tem como característica fundamental:
( ) – a intervenção do Estado na propriedade;
( ) – o respeito ao direito de propriedade;
( ) – a função social da propriedade;
( ) – a satisfação plena do trabalhador rural;
( ) – nenhuma das respostas.

A reforma agrária é
( ) – desapropriar por interesse social;
( ) – retirar a propriedade do mau proprietário;
( ) – reformular toda a estrutura do campo;
( ) – distribuir terra
( ) – nenhuma das respostas.

O Imposto Territorial Rural
( ) – sempre foi de competência da União;
( ) – sempre foi de competência do Estado;
( ) – já foi de competência do Município;
( ) – é sempre progressivo;
( ) – nenhuma das respostas.

O cadastro rural
( ) – tem a função de meramente servir para a fixação do I.T.R.;
( ) – é um programa meio para a reforma agrária;
( ) – é a meta de toda a reforma agrária;
( ) – no Brasil, está vinculado ao registro de imóveis;
( ) – nenhuma das respostas.

Quem executa a reforma agrária é o
( ) – IBRA;
( ) – Ministério da Agricultura;
( ) – Delegacia de Agricultura do Estado;
( ) – MIRAD;
( ) – nenhuma das respostas.

O Direito Agrário tem autonomia
( ) – orçamentária, legislativa e jurisprudencial;
( ) – legislativa, didática, jurisprudencial e judicial;
( ) – judiciária, legislativa, política e jurisprudencial;
( ) – legislativa, didática e jurisprudencial;
( ) – nenhuma das respostas.

O Direito Agrário é um ramo
( ) – do direito privado;
( ) – do direito público;
( ) – do direito civil;
( ) – do direito social;
( ) – nenhuma das respostas.

O princípio da função social da propriedade
( ) – é atributo exclusivo do imóvel rural;
( ) – é conceito filosófico inaplicável ao nosso direito;
( ) – está presente no Código Civil;
( ) – sempre esteve presente em nossas Constituições;
( ) – nenhuma das respostas.

O decreto desapropriatório por interesse social
( ) – é o único caminho para a reforma agrária;
( ) – dá ao governo estadual poderes para fazer a reforma agrária;
( ) – retira a propriedade do proprietário na data da sua publicação;
( ) – é impugnável no Superior Tribunal de Justiça;
( ) – nenhuma das respostas.

O Poder Judiciário na reforma agrária:
( ) – não pode conceder liminar;
( ) – interfere exclusivamente no processo judicial;
( ) – não interfere para respeitar a soberania do Poder Executivo;
( ) – não aceita discussão sobre o valor depositado;
( ) – nenhuma das respostas.

A usucapião especial
( ) – tramita na Justiça Federal;
( ) – é direito do arrendador;
( ) – é direito do parceiro-outorgado;
( ) – é possível em terras devolutas;
( ) – nenhuma das respostas.

A ação de preempção é procedimento legítimo:
( ) – do arrendatário;
( ) – do parceiro-outorgado;
( ) – para qualquer parte nos contratos agrários;
( ) – dos descendentes do arrendador;
( ) – nenhuma das respostas.

No crédito rural
( ) – há plena liberdade de contratação;
( ) – existe dirigismo estatal;
( ) – a cobrança é por via sumariíssima;

( ) – é sempre possível a penhora da propriedade imóvel qualquer que seja seu tamanho;
( ) – nenhuma das respostas.

A ação de preempção é procedimento legítimo
( ) – do arrendatário;
( ) – do parceiro outorgado;
( ) – para qualquer parte nos contratos agrários;
( ) – dos descendentes do arrendador;
( ) – nenhuma das respostas.

Os contratos de arrendamento rural:
( ) – não necessitam de registro para o exercício do direito de preferência;
( ) – como os de parceria, admitem a preempção;
( ) – necessitam do registro para adjudicação;
( ) – podem ser pactuados por prazo inferior a 3 anos;
( ) – nenhuma das respostas.

A cédula rural hipotecária é título de crédito
( ) – que tem como garantia a penhora;
( ) – representativa da compra de imóvel rural;
( ) – utilizável em qualquer transação rural;
( ) – circula igualmente a dinheiro;
( ) – nenhuma das respostas.

No arrendamento rural
( ) – a viúva do arrendatário tem direito à preferência na adjudicação do imóvel;
( ) – a viúva do parceiro-outorgado tem direito à adjudicação do imóvel;
( ) – o aluguel não pode ser pago em serviço;
( ) – a interdição do proprietário é causa extintiva;
( ) – nenhuma das respostas.

Quanto ao Imposto Territorial Rural
( ) – somente a propriedade constitui fato gerador;
( ) – somente a posse constitui fato gerador;
( ) – a posse também é fato gerador;
( ) – é de competência do Estado;
( ) – nenhuma das respostas.

17.3. Questões práticas

ANTONIO SANTOS e seus quatro irmãos se tornaram herdeiros de uma área produtiva de 60 ha. O módulo mínimo da imóvel determinado pelo INCRA é de 15 ha. A herança foi pela morte do pai em 1986. ANTONIO SANTOS é o representante do espólio.

Quanto ao imóvel:
( ) – pode ser partilhado tranquilamente entre os herdeiros;
( ) – pode ser objeto de usucapião especial por parte de ANTONIO SANTOS, que não reside no imóvel;
( ) – os quatro irmãos podem arrendar suas partes a ANTONIO SANTOS;
( ) – o imóvel não pode ser dado em parceria a terceiros;
( ) – nenhuma das respostas.

Quanto ao inventário:
( ) – tramitará no domicílio do *de cujus*;
( ) – tramitará no domicílio do inventariante;
( ) – tramitará na comarca da situação do imóvel;
( ) – tramitará no domicílio dos herdeiros;
( ) – nenhuma das respostas.

Quanto à reforma agrária:
( ) – o imóvel é desapropriável por interesse social para fins de construção de uma escola rural pelo Estado;
( ) – o imóvel é desapropriável por necessidade pública para fins de reforma agrária;
( ) – o imóvel é desapropriável por interesse social para fins de reforma agrária;
( ) – o imóvel não é desapropriável para fins de reforma agrária;
( ) – nenhuma das respostas.

ANTONIO PINTO ajuizou ação de usucapião especial de uma área rural de 15 ha sob o fundamento de que seu pai, JOÃO PINTO, falecido há poucos meses, a possuíra com os requisitos do art. 191 da Constituição Federal. ANTONIO PINTO é proprietário de um apartamento onde reside com sua mãe, JÚLIA PINTO, esposa do *de cujus* e inventariante do espólio.

Diante desse fato, assinale as respostas certas (uma para cada grupo) nas seguintes questões:

Quanto à ação
( ) – ela será proposta no domicílio do *de cujus*;
( ) – ela será proposta no domicílio de ANTONIO PINTO;
( ) – ela será proposta no domicílio de JÚLIA PINTO;
( ) – por ser proprietário, ANTONIO PINTO é carecedor de ação; não por ser herdeiro;
( ) – nenhuma das respostas.

Quanto ao espólio;
( ) – não pode inventariar a posse usucapienda;
( ) – é parte ilegítima para contestação a ação;
( ) – JÚLIA PINTO poderá se opor à ação sob o fundamento de que, como compossuidora, a área lhe pertence integralmente;
( ) – JÚLIA PINTO não tem qualquer direito;
( ) – nenhuma das respostas.

Quanto ao proprietário do imóvel:
( ) – antes do usucapião poderá ajuizar ação reintegratória de posse;
( ) – poderá ajuizar ação de manutenção de posse em decorrência de seu direito de propriedade;
( ) – se não citado, poderá opor ação anulatória mesmo que o imóvel já esteja registrado em nome de ANTONIO PINTO;
( ) – se não citado, poderá opor ação rescisória;
( ) – nenhuma das respostas.

JOÃO FAGUNDES é proprietário, dentre outros imóveis rurais, de uma área rural de 100 ha no município de Bagé, neste Estado, onde cria gado extensivamente. Seu imóvel tem uma produção acima de 80% da média regional e está classificada contendo 10 módulos fiscais.

Certo dia, ao ler o jornal local, foi surpreendido com a notícia de que o Prefeito Municipal tinha desapropriado sua propriedade por interesse social para distribuí-la entre os sem-terras de seu município.

Diante do caso concreto assinale a resposta correta:

Teoricamente, a propriedade de JOÃO FAGUNDES é desapropriável para reforma agrária?
( ) – Não, porque como uma propriedade de porte médio em termos legais não é passível de desapropriação para reforma agrária;
( ) – Não, porque como uma propriedade produtiva que é não é passível de desapropriação para reforma agrária.
( ) – Sim, porque embora a propriedade seja média seu proprietário tem outras propriedades rurais.
( ) – Nenhuma das respostas.

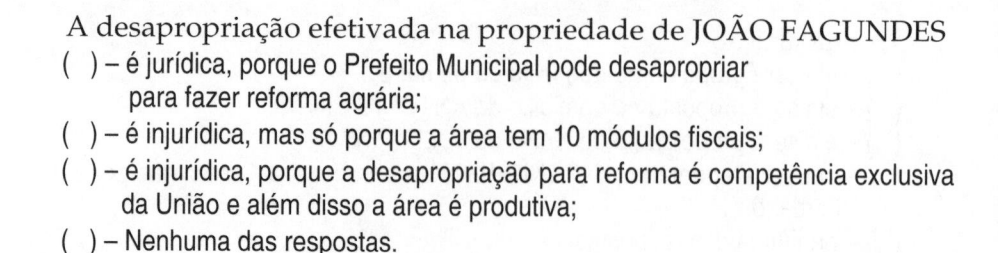

A desapropriação efetivada na propriedade de JOÃO FAGUNDES
( ) – é jurídica, porque o Prefeito Municipal pode desapropriar
para fazer reforma agrária;
( ) – é injurídica, mas só porque a área tem 10 módulos fiscais;
( ) – é injurídica, porque a desapropriação para reforma é competência exclusiva
da União e além disso a área é produtiva;
( ) – Nenhuma das respostas.

ANTONIO PINTO, proprietário de uma área rural improdutiva, no município de Caçapava do Sul, de 45 módulos fiscais, teve parte dessas terras desapropriadas pela União para ampliação da chamada Estrada da Produção ligando as Missões com o porto de Rio Grande, julgada essencial para escoamento da produção de grãos do estado. Em decorrência disso, esse poder público ajuizou a ação desapropriatória na comarca de situação do imóvel e tomando por base o decreto anteriormente expedido depositou a indenização pela área em dinheiro, tendo como parâmetro o valor cadastral do imóvel correspondente ao ano de 1990, último ano de atualização cadastral.

Todavia, alegando urgência, imediatamente após a edição do decreto desapropriatório, a União se imitiu na posse do bem *ad referendum* do Poder Judiciário com o argumento de que havida urgência para início das obras, pois, afinal, constitucionalmente tinha o poder de desapropriar e que por isso não podia ficar à mercê de um proprietário improdutivo.

Comente o caso aplicando os institutos de direito a ele pertinentes.

ANTONIO PINTO é proprietário de uma área rural improdutiva de 1.800 hectares no município de Caçapava do Sul, neste Estado. Situada numa região íngreme, seu módulo fiscal foi fixado em 120 hectares.

Apesar de sua localização, o INCRA ajuizou ação de desapropriação por necessidade pública, para fins de reforma agrária, na comarca de situação do imóvel, com o intuito de assentar os colonos que a haviam invadido, alegando urgência e argumentando seu poder constitucional de desapropriar imóveis improdutivos e que não poderia ficar à mercê de um mau proprietário, o Órgão Público comunicou que havia se imitido diretamente na posse ad referendum do Poder Judiciário, pedindo ainda o depósito posterior das TDAs, eis que não autorizadas pelo Congresso Nacional.

Como advogado do proprietário, o que você responderia em contestação?

RAMÃO RODRIGUES, preocupado com a reforma agrária, faz a seguinte consulta a seu advogado:

Sou proprietário de uma área rural de 850 ha, no município de Bagé, neste Estado. Como os campos são acidentados por existência de pedras e córregos, construí uma barragem que inundou 250 ha onde crio peixe. Além disso, tenho 450 ha plantados de acácia negra para carvão e 50 ha são abrangidos pelos currais, casas de moradias e galpões. No restante da área crio gado.

O INCRA fixou o módulo fiscal para Bagé em 50 ha. Produzo na propriedade o que a média dos outros proprietários produz.

Minha propriedade é passível de reforma agrária?

Assinale a resposta correta que você daria
a) ( ) – não, ela é um imóvel de tamanho médio e produtiva;
b) ( ) – sim, ela é uma grande propriedade improdutiva;
c) ( ) – não, ela é uma média propriedade, embora improdutiva;
d) ( ) – não, ela é uma grande propriedade, porém produtiva;
e) ( ) – não, ela é uma pequena propriedade, só que produtiva.

JOÃO FAGUNDES é proprietário de uma área rural improdutiva de 450 hectares no município de Ijuí, neste Estado. Situada numa região altamente produtora, seu módulo fiscal foi fixado em 30 hectares.

Em decorrência de sua localização, o INCRA ajuizou ação de desapropriação por necessidade pública, para fins de reforma agrária, na comarca de situação do imóvel, com o intuito de assentar os colonos que a haviam invadido. Alegando urgência e argumentando seu poder constitucional de desapropriar imóveis improdutivos e que não poderia ficar à mercê de um mau proprietário, o Órgão Público comunicou que havia se imitido diretamente na posse ad referendum do Poder Judiciário, pedindo ainda o depósito posterior das TDAs, eis que não autorizadas pelo Congresso Nacional.

Como advogado do proprietário, o que você responderia em contestação?

JOÃO PINTO é proprietário de uma área rural com 1.000 ha, situada no município de Passo Fundo, neste Estado. Sua casa, as casas de seus empregados os galpões e silos tomam 50 ha. O IBAMA estabeleceu que 50 ha de mata virgem é intocável.

Preocupado com a ecologia, JOÃO PINTO reflorestou 200 ha com eucalipto. No restante da área explora trigo/soja.

O INCRA estabeleceu que o módulo rural para um imóvel com estas características é de 25 ha, e o módulo fiscal de Passo Fundo é de 50 ha.

Diante do caso concreto, assinale a resposta correta:

Quais os módulos rural e fiscal dessa propriedade, respectivamente:
a) ( ) – 45 e 18
b) ( ) – 40 e 20
c) ( ) – 28 e 14
d) ( ) – 45 e 20
e) ( ) – 28 e 18

ANTONIO PINTO ajuizou ação de usucapião especial de uma área de 30 ha sob o fundamento de que seu pai, JOÃO PINTO, falecido há poucos meses, a possuíra com os requisitos do art. 191 da CF. ANTONIO PINTO é proprietário de um apartamento onde reside com sua mãe, JÚLIA PINTO, esposa do *de cujus* e inventariante do espólio.

Responda com objetividade:

Se você fosse proprietário da área o que poderia alegar em contestação?

17.4. Questões objetivas de falsa ou verdadeira

( ) – é possível a denúncia vazia no arrendamento rural.
( ) – A indenização na desapropriação por interesse social será sempre prévia, justa e em títulos da dívida agrária no tocante à terra nua.
( ) – A viúva do parceiro-outorgado tem direito à preferência na aquisição do imóvel rural em parceria.
( ) – Nos arrendamentos rurais há necessidade do prévio registro para o exercício do direito de preferência.
( ) – é legal a fixação do preço do arrendamento em percentual inferior a 15% da produção.
( ) – Existe intervencionismo do Estado no crédito rural.
( ) – é possível a ação de prestação de contas nos contratos de arrendamento rural.
( ) – A função social é atributo exclusivo do imóvel rural.
( ) – O Poder Judiciário intervém em qualquer fase do processo desapropriatório, desde que provocado.
( ) – O módulo rural é medida de área específica do direito agrário.
( ) – O contrato de arrendamento rural só admite denúncia motivada.
( ) – A indenização na desapropriação por interesse social será sempre prévia, justa e em dinheiro para as benfeitorias voluptuárias.
( ) – A viúva do parceiro-outorgado só tem direito à preferência na aquisição do imóvel rural em parceria se for participante do conjunto familiar explorador do objeto do contrato.

( ) – Nos arrendamentos rurais não há necessidade do prévio registro para o exercício do direito de preferência.
( ) – é legal a fixação do preço do arrendamento em percentual inferior a 15% do lucro obtido pelo arrendatário.
( ) – A interdição do proprietário de um imóvel rural é causa extintiva do contrato de arrendamento.
( ) – Desapropriar para fins de reforma agrária é competência tanto da União como dos Estados.
( ) – O não uso pelo parceiro-outorgado do imóvel rural conforme o objeto do contrato é causa de sua rescisão.
( ) – Como ocorre na locação urbana, é possível a denúncia vazia no arrendamento rural.
( ) – O cadastro rural tem finalidades econômicas.
( ) – A viúva do parceiro-outorgado tem direito à preferência na aquisição do imóvel rural em parceria.
( ) – Como ocorrem nas locações urbanas, os contratos de arrendamento rurais necessitam de registro para o exercício do direito de preferência.
( ) – O zoneamento estabelece, com exclusividade, as regiões críticas para a colonização.
( ) – O imóvel rural tem no módulo rural uma medida de área uniforme em todo o País.
( ) – O foro competente para a desapropriação por interesse social é o da situação do imóvel, e o Juiz de Direito dessa Comarca, a autoridade processante.
( ) – O Poder Judiciário não controla os atos administrativos praticados na desapropriação por interesse social.
( ) – Uma área rural de 240 hectares situada no Rio Grande do Sul, improdutiva, não pode ser desapropriável para fins da reforma agrária.
( ) – A escritura pública é o documento exigido para a venda do imóvel desapropriado ao parceleiro.
( ) – O minifundiário, por já ser proprietário, pode ser beneficiário de uma parcela de terra distribuída na reforma agrária.
( ) – As decisões da Comissão Agrária são soberanas.
( ) – é absolutamente livre a manifestação de vontade nos contratos agrários.
( ) – O contrato agrário que afronte o Estatuto da Terra é anulável somente se houver manifestação da parte interessada.
( ) – A obtenção do lucro pelo proprietário rural é um dos requisitos que atende o princípio da função social da propriedade.
( ) – O zoneamento, como função-meio do Estado, é diretriz de política agrária.
( ) – O Município de Porto Alegre, na qualidade de proprietário rural, é isento do IMPOSTO TERRITORIAL RURAL.

( ) – Colonização significa, essencialmente, o povoamento de áreas rurais ainda não produtivas.
( ) – A benfeitoria voluptuária aceita pelo arrendador enseja o exercício do direito de retenção.
( ) – A adjudição de imóvel rural pelo BANCO DO BRASIL, por exemplo, extingue o arrendamento.
( ) – O decreto do Presidente da República que desapropria um imóvel para fins de reforma agrária sob a alegação de utilidade pública não sofre o controle do Poder Judiciário.
( ) – Toda a propriedade de área inferior a 250 hectares, mesmo que improdutiva, está fora da reforma agrária.
( ) – A Comissão Agrária é um órgão permanente da reforma agrária.
( ) – Os contratos agrários se caracterizam pelo dirigismo estatal a diminuir a liberdade das partes.
( ) – A ação de desapropriação por interesse social tramita na Comarca da situação do imóvel.
( ) – O valor da desapropriação é o venal do imóvel.
( ) – O Tribunal Federal de Recursos é a instância competente para apreciar mandado de segurança impetrado contra o decreto desapropriatório do Presidente da República.
( ) – Pelos contratos agrários, o poder público busca atingir também o princípio da função social da propriedade.
( ) – é indispensável a escritura pública para a venda do imóvel parcelado.
( ) – O conceito de propriedade rural no Estatuto da Terra é mais limitado do que no Código Civil.
( ) – Zoneamento, como atividade-meio do Estado, é diretriz de política econômica.
( ) – O Município de Porto Alegre, na qualidade de proprietário rural, é imune ao **IMPOSTO SOBRE A PROPRIEDADE TERRITORIAL RURAL**.
( ) – A ação de desapropriação por interesse social tramita na comarca de situação do imóvel.
( ) – Colonização significa, essencialmente, o povoamento de áreas rurais ainda não produtivas.
( ) – A individualidade do imóvel rural é princípio exclusivo do direito agrário.

Impressão:
Evangraf
Rua Waldomiro Schapke, 77 - POA/RS
Fone: (51) 3336.2466 - (51) 3336.0422
E-mail: evangraf.adm@terra.com.br